商人、企業與外資

戰後臺灣經濟史考察（1945 - 1960）

洪紹洋 著

目錄

CONTENTS

推薦序

敝陽明交大同事洪紹洋教授為政大經濟系第一位以經濟史為課題，取得博士學位的秀異學者，爾後在其恩師東京大學田島俊雄教授的長年提攜之下，以《近代臺灣造船業的技術轉移與學習》（遠流，2011）為始，本書為其第二本專書。

本書以臺灣由日本殖民地出發，歷經戰後初期中國新附領土的過渡、1950 年代以降獨立國民經濟體的變身，到經濟快速成長前夕，就歷史研究課題而言，也就是臺灣資本主義初生階段為論述範疇。如同本書所言，這段期間的臺灣政經社會的變遷過程，學術界有著從過去黨國威權時代的官方說法，到近年臺灣民主化之後各種新興且極具啟發性的見解，也有從 1980 年代興起新自由主義經濟學的角度，對過去臺灣政府當局對工業發展積極施政的評述。

歷史研究有時很像乘坐飛機開始從空中著陸的情形，隨著飛機高度的下降，乘客從機艙窗戶看到地面的細節越來越清楚，而且更進一步發覺各個細節之間的關聯，眼中所呈現的景象也隨之由簡單到繁複。就歷史研究而言，這種的繁複必須借助各種不同來源與性質的史資料，甚至是當事人或同時代人的經驗或口述。戰後臺灣這種研究條件從無到有，與近數十年民主化的進展有直接關係，因此本書應可說受惠於臺灣這種迄今仍方興未艾向上的變革。從本書論述的字裡行間，可知作者運用各種史料與資料用心之深，令人感佩不已，由於本書提點了許多今日可取得的研究

黃紹恆（國立陽明交通大學客家文化學院院長）

資源，因此也揭示了戰後臺灣經濟史／臺灣資本主義史研究的可能性及可循之路徑。

另外，以往的政策相關論述，多偏向所謂「民可使由之，不可使知之」之類菁英主義的觀點，暗默假設只要政治菁英下對策略，經濟發展或工業化自然水到渠成。本書令人印象更為深刻的是，經由諸多行政文書與個人資料的爬梳整理與論述，直接在以往「當事人不在」的研究取徑外，另闢路徑，使得讀者清楚認知相關的企業、個人、政策執行者，這些「當事人」在面對當時臺灣及全球的大環境時，所作的取捨應對。由此更「寫真」地示唆戰後臺灣工業化可有今日的局面，其更重要的先決條件係從荷西時期起，經鄭氏政權時期、清王朝領土時期、日本殖民統治時期，所蘊蓄、成形的臺灣社會及臺灣人本身之資質，外來政權基於其政治利益的政策導引，就止於導引而已。換言之，戰後開發中國家工業化諸如進口替代、出口導向的指標性政策，並非放諸四海皆可成功，同時所呈現之樣貌各有不同。獨立後的韓國雖然與臺灣被學者稱為「亞洲四小龍」，然後前者的工業化卻是在累積債務的情境下，辛苦達成，與臺灣的工業化過程有很大的不同。從歷史的角度看，很難不認為臺灣就是臺灣，而且是獨一無二的臺灣。

以上淺見希望能成為本書錦上添花的文字，最後祝賀本書付梓出版。

一、如何認識戰後臺灣經濟史：歷史研究與經濟學

　　1950 年代在冷戰對立的氛圍下，西方經濟學與馬克思經濟學對後進國家的發展前景，有著截然不同的觀點。持西方經濟發展理論者，大都預想後進國可透過先進國家的技術援助與投資達到經濟自立。[1] 但信奉馬克思經濟學的學者，則認為後進國家在技術與市場受到先進國家政府與跨國公司的支配下，對其發展表示悲觀。[2]

　　從事後的觀點而論，同時期大多數非共產世界的後進國曾接受以美國為首的經濟援助，如東亞的臺灣、南韓等部分國家的經濟即透過援助達到成長。綜觀經濟援助對後進國家帶來的貢獻，主要建構在基礎部門與社經制度等層面。另外，後進國家從進口替代走向出口擴張階段時，尚仰賴外資以積極的投資或提供本地技術的參與，甚至透過其商業網絡將產品銷售至國外。後進國家走向成長的過程中，政府試圖在經濟體系中採行各項政策，希望動用本地與海外資本，促成新興工業順利發展。

　　透過圖 1 的解讀，可知悉戰後臺灣的經濟成長率從 1960 年代起至 1970 年代後期，除了 1974 年歷經石油危機的衝擊，多維持在兩位數的成長。關於戰後臺灣經濟成長歷程的討論，有的關注於政府扮演賢明角色的論述，[3] 也有強調 1960 年代以後中小企業與外資為首的投資，建構起臺灣經濟以對外出口為導向的成長模式。[4]

圖 1. 戰後臺灣經濟成長率（1952-1980）

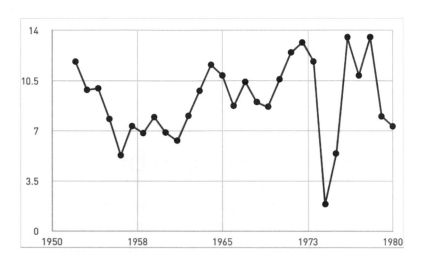

資料來源：Taiwan Statistic Data Book（歷年）

　　上述研究的出發點，有的偏重對中國大陸撤退來臺的中華民
國政府官僚角色的考察，抑或否定殖民地時期的貢獻。另一派的
論述，則認為在 1970 年代十大建設以前，中華民國政府在臺的投
資相當有限，臺灣經濟的基盤主要仰賴戰前日本所遺留的公共建
設與工業投資。此外，尚有論述著重於對政府或民間企業考察，
說明對臺灣經濟所扮演的重要性。

　　本書試圖從資本積累的脈絡出發，考察早期企業與企業家的
經濟活動，以了解戰後臺灣經濟以中小企業與外資為核心作為成
長的發展歷程。透過這樣的討論，將可從企業個體說明臺灣經濟
在進入 1960 年代的經濟高度成長階段前，是如何從 1945 年的去
殖民地化的經濟為起點，走向 1950 年代以滿足國內市場為生產的
階段。

　　在討論視點上，伴隨 1970 年代以後新古典經濟學的抬頭，認
為政府應減少干預，採行自由市場模式。若依循以當前的經濟理
論檢討歷史經濟事件的方法，見到早期政府常以干預的政策促成

新產業的推動，多會給予負面的評價。但一昧地著重應用最新學理評價過去所的事件，可能會忽略經濟史研究中作為基礎的歷史事實。在此之下，本書將運用政府檔案、回憶錄和傳記等各方資料，就 1940 年代後期臺灣的經濟轉換期與 1950 年代的發展初始期間，從企業家的經濟活動與企業的創辦、營運過程進行考察；這樣的討論，將有助於說明經濟體系中的企業個體如何在各個階段中順應時代背景、市場機會而成長，或是因經營決策、資金周轉或產品品質尚未精良而中挫。

二、戰後臺灣經濟的歷史構造（1945-1960）

（一）既有的理解框架

　　1945 年 8 月 15 日日本敗戰，同年 10 月 25 日國民政府接手治理臺灣。對戰後初期臺灣的認識，許多民眾均關注在 1947 年的二二八事件，或是 1949 年 6 月 15 日以舊臺幣四萬元兌換新臺幣一元的幣制改革。[5] 接著，則述說同年年底中華民國政府撤退來臺後，政府實施以棉紡織業為首的進口替代工業化政策後，促使戰後臺灣經濟逐步邁入起飛階段。[6]

　　對於 1950 年代的討論，大眾的理解多侷限在美國對臺灣的援助，還有政府所推動土地改革。1950-1965 年由於美國的援助，集中在公營事業與公共建設的投資，為這段時期的臺灣經濟奠定基礎。[7] 至於對早期土地改革的討論，早期論點多宣稱政府將地主土地交給農民，為臺灣工業部門乃至經濟得以成長的成因之一。[8]

　　1950 年代，臺灣經濟在資金不足下是以外來援助為基礎，藉由政府對匯率、限制進口等多項政策的配合，推動進口替代工業化政策。另一方面，政府雖欲引進外資以填補工業化所需資金與技術，但在實施複式匯率與嚴格限制外資匯出利潤下，導致外來投資的金額與件數較少。政府因本身資金有限，本地資本家在臺

灣僅有三間商業銀行提供企業金融資金，呈現僧多粥少態勢。而政府尚未成立證券交易所，企業融資常透過地下金融途徑來進行。

持開發主義論點者，常強調 1953-1958 年經濟安定委員會體制下的工業委員會擬定各項工業投資計畫；該組織並非被動的根據人家提出的計劃進行審查，而是主動依據市場、技術、利益觀點推動能為臺灣節約外匯的新興工業。從投資規模來看，這些所推動的新興事業的單件投資規模高達 1,000-2,000 萬美元，而且大多數由民間企業所執行；例如 PVC 和人造纖維工業，都是由工業委員會所孕育。[9] 這段時期的政策討論，常以從上而下的觀點探討政府於產業發展初期扮演的政策性任務，以有限的資金與資源扶植本地企業投入生產。[10]

臺灣的中學歷史課程教科書多教條式的將 1950 年代臺灣經濟稱之為進口替代階段，1960 年代後則為出口擴張階段。學子雖能琅琅上口的背誦階段名稱，但中學教科書在有限的篇幅下，並未能真正了解這段時期經濟體系運行中的資本積累與企業興設情形。

稍詳言之，戰後臺灣從去殖民地後至 1950 年代政府在高度管制經濟的運作過程，企業家在經濟體系中的參與情形為何？新設企業的過程所面臨的經濟環境和遭遇的挑戰又是如何？哪些企業能把握這段時期的機會，逐漸朝向多角化經營成為企業集團？早期的外資來臺的過程與尋求的機會為何？本書即以具體的事例說明企業與企業家如何在戰後臺灣經濟歷經劇變的背景下追求商機，還有參與新事業的摸索過程。但在進入正題之前，有需要先就這段時期臺灣的經濟構造進行簡要說明，透過「見樹又見林」的框架介紹，才不致落入零碎的企業與企業家討論。

（二）臺灣經濟的內部結構與對外關係

就戰後臺灣經濟的理解，可從內部構造與對外關係兩個脈絡進行討論。從臺灣經濟的主體性來看，1945 年日本敗戰後臺灣脫離日本殖民統治，轉與中國大陸接軌，在中國經濟圈中運行。

1949 年底中華民國政府撤退來臺後，臺灣有別於日治、戰後初期依附在日本和中國大陸等大型經濟體中運行，成為獨立的經濟個體。要了解這段時期的臺灣企業與企業家的活動，可從內部構造與對外關係兩個面向說明臺灣經濟的特徵。

1. 內部結構

　　1951 年臺灣的人均 GDP 為 154 美元，遠低於 2019 年的 25,951 美元。[11]1951 年時，臺灣的國內生產毛額共為新臺幣 12,328 百萬元，第一級產業為新臺幣 3,980 百萬元，所佔比率為 32.3%；第二級產業為新臺幣 2,630 百萬元，所佔比率為 21.3%；第三級產業為 5,718 百萬元，所佔比率為 46.4%。大致上，1955 年臺灣第一級產業的產值為新臺幣 8,720 百萬元，佔總產值比率的 29.9%，達戰後最高，此後則逐漸下降。在第二級產業的產值，1959 年為新臺幣 14,045 百萬元，首次佔總產值的比重超越了第一級產業的 26.35%。[12]雖言這段時期第三級產業的產值最高，但實際上多是由政府的金融與服務業等，與 1980 年代以後國際化、自由化由許多本地與國外資本參與營運型態並不相同。

　　戰後初期至 1950 年代臺灣經濟的內部結構，戰後初期受到政權轉換與惡性通貨膨脹的背景下，部分統計數字存在調查上的疏漏，未必能精確的說明現實的情形。戰後臺灣統計數字在品質上得以提升的契機，是以建立國民所得統計制度的前提，需要以更為精確的調查與抽樣方式進行數據調查；1960 年由行政院主計處邀集中央與地方各單位代表組成國民所得工作小組，重新檢討與改善各部門統計數字，爾後臺灣統計數字的可信度才大幅提昇。[13]

　　由於早期統計數字可信度有限與數據種類不多，大幅限縮以統計為出發的解釋能力。欲掌握這段時期臺灣經濟的動態，可從戰後初期掌管臺灣重要生產體系公營事業體系的形成，還有 1950 年代美國對欠缺資金和資源的臺灣所提供的援助進行了解臺灣經濟的構造。

(1) 公營體制的建立

　　戰後國民政府接收臺灣後，戰前日本人所經營規模較大的生產事業由 1938 年成立於中國大陸、經辦國有部門工業體系的資源委員會予以接收，其中臺灣鋁業公司、中國石油公司高雄煉油廠和嘉義溶劑廠、臺灣銅礦公司由國家經營；臺灣電力公司、臺灣糖業公司、臺灣碱業公司、臺灣紙業公司、臺灣水泥公司、臺灣肥料公司、臺灣機械造船公司等 7 間公司則由資源委員會與臺灣省政府以六比四的持股比合資成立，但實際營運仍由資源委員會掌理。[14] 從戰後初期臺灣經濟的生產構造來看，由資源委員會經營的事業大多數是具有獨佔性的優勢。[15]

　　對於戰後初期臺灣經濟部門的接收，早期常強調資源委員會在短期間順利接收日本人所留下的事業並順利復工，並給予來自中國大陸的接收者集團高度評價。[16] 近期開始有論著開始對數所公營事業進行企業史的考察，得以對這段時期公營事業的經營管理技術銜接提供新的認識。例如對早期臺灣機械業規模最大的臺灣機械公司進行之討論，可知悉來臺接收者未必能熟悉本地的產業技術，僅能在管理層面上發揮優勢；例如在糖業機械的生產，因中國大陸的糖業並不發達，促使來臺接收的技術人員並不熟稔該機械的製造，戰後轉換期的生產僅能仰賴戰前即於廠區服務的臺灣人員工。[17]

　　另外，由資源委員會篩選後剩餘的生產事業進行整編，加上其他各類別事業，成立工礦、農林加工、交通、保險、醫藥、專賣、營造、書店、銀行、金融、貿易等 11 類種的省營事業體系。[18] 從銀行與金融部門而言，早期的第一、華南、彰化等三所商業銀行，均為接收日產、由臺灣省政府所經營的銀行。[19] 值得注意的是，與第一和第二級產業相關的臺灣農林公司與臺灣工礦公司，大都由接收戰前的中小資本所組成。這兩家企業在生產品目不具有獨佔性優勢，加上省政府缺乏資金奧援，經營十分困難。最終兩所企業的股票在 1953 年耕者有其田的政策下，作為對地主的補償。

(2) 美援

1950 年在韓戰爆發的背景下，美國恢復對中華民國政府的援助。[20] 從 1951 年起至 1965 年美援結束為止，每年提供臺灣約 1 億美元的援助。美國給予臺灣的援助，加上政府所推動的政策，對個體與總體經濟層面均發生影響。

美國援助臺灣初期，臺灣歷經通貨膨脹後的幣制改革，經由美援物資的挹注，有助於穩定臺灣物價。具體而論，棉花、黃豆和小麥等大宗物資多全數運用援助款項進口，俟物資出售後將收回的新臺幣存放於臺灣銀行的相對基金戶頭，透過回收通貨的途徑維持物價安定。此外，政府透過美援大量進口工業原料物資而不進口最終財，並以統籌的方式分配給廠商。[21] 這樣的運作機制除有助於緩解當時臺灣外匯有限的困境外，還能夠平抑物價。再者，政府運用美國援助所提供給生產者的各項資源，顯現出偏重以管制經濟的精神推動工業。

從資金的層面來看，美援提供的物資彌補了當時臺灣外匯不足的問題。1950-1961 年間美國提供臺灣的物資共 977 萬美元，佔當時進口總額的 38%；這段時期臺灣每年平均獲得的美援金額，相當於每年國民所得的 6.6%。[22]

在財政收支上，至 1966 年底美援用於補助政府財政支出列入預算者，共計新臺幣 89 億元，另外還補助公共衛生、教育、公路、工程等共新臺幣數十億元。這些支出若無美援補助的話，政府必須另行提列預算，可能將造成嚴重的財政赤字。[23]

美援除了提供臺灣經濟層面的資金與物資協助之外，還希望受援助國的經濟體系能夠走向市場開放的自由經濟模式。1958 年，行政院美援運用委員會提出「加速經濟發展計劃大綱」，提出以四年的時間帶動每年 8% 的經濟成長率，最終將促成臺灣經濟自立。1959 年 6 月，美國安全分署署長郝樂遜（W. C. Haraldson）提出美援可能中止的警示，呼籲臺灣應在結束之前爭取更多美援，並提出放寬貿易管制與建立資本市場等數點建議，吸引更多的民

間與外來投資，才能帶動臺灣經濟的持續成長。政府在參酌美方所提出的建議之後，便促成 1960 年政府所推動的「十九點改進財經措施」，大幅鬆綁臺灣的經濟管制政策，並建立與市場機制相連結的金融體系之雛形。[24]

總的來說，1950 年代的臺灣透過外來的援助，彌補發展初期資源與資金的欠缺。透過美國對臺灣的經濟支配，最終改變了臺灣自戰後初期以來長期奉行的管制經濟政策，而使得投資的機制得以朝自由市場的方向緩慢前進，並帶動 1960 年代以後出現的投資熱潮。

2. 對外關係的構造

（1）戰後初期臺灣的對外構造（1945-1949）

戰後初期，臺灣的進出口對象係以中國大陸的國內貿易為主，與日本的貿易規模較小。如表 1 所示，1949 年由於中華民國政府在國共內戰敗退的緣故，當年度臺灣對各地域的進出口數值，並未在官方統計中載明。1950 年臺日貿易重啟之後，日本遂成為臺灣對外貿易當中最重要的國家之一。經由統計數字的解讀，體現出臺灣與中國大陸間存在活絡的經貿關係；但伴隨國內貿易往來的人流與物流關係，卻無法從數字中窺見。除此之外，臺灣在去殖民地後與日本的經貿往來，還存在統計資料無法呈現的走私現象。

這段時期臺灣對日本與中國大陸的經貿往來型態，或可從國家權力與外向型資本家的經濟活動進行理解。最初臺灣省行政長官陳儀曾規劃以統制經濟的理念，由臺灣省貿易局全數支配臺灣與中國大陸的貿易往來，但因執行存在困難，便給予外向型民間資本家的活動空間。[25]

表 1 戰後初期臺灣進出口總值（1946-1950）

時間	出口金額				進口金額			
	合計	中國大陸	日本	國家	合計	中國大陸	日本	國家
1946	2,481,865 (100.00)	2,308,703 (93.02)	—	173,162 (6.98)	1,085,247 (100.00)	1,046,698 (96.45)	—	38,549 (3.55)
1947	36,144,398 (100.00)	33,441,587 (92.52)	1,111,781 (3.08)	1,591,030 (4.40)	23,497,120 (100.00)	20,738,245 (88.26)	187,571 (0.80)	2,571,304 (10.94)
1948	226,268,155 (100.00)	187,120,253 (82.70)	18,090,933 (8.00)	21,056,969 (9.30)	187,513,025 (100.00)	170,761,975 (91.07)	193,671 (0.10)	16,557,379 (8.83)
1949	240,917 (100.00)	—	—	—	186,828 (100.00)	—	—	—
1950	599,011 (100.00)	—	216,511 (36.14)	382,500 (63.86)	793,953 (100.00)	—	253,192 (31.89)	540,761 (68.11)

註：(1)1948 年以前為舊臺幣千元，1949 年以後為新臺幣千元。(2) 本表為一般進出口貿易金額，未包含美援。(3)1949 年對各地區貿易資料，未能尋獲。(4) 括號內單位為對外貿易中的百分比.(%)
資料來源：(1) 臺灣省政府主計處編，《臺灣貿易五十三年表(1896-1948)》（臺北：臺灣省政府主計處編，出版時間不詳）。(2) 行政院主計處編，《中華民國統計提要(1955)》（臺北：行政院主計處編，時間不詳）。(3) 財政部編，《財政金融資料輯要》（臺北：財政部，1952）。轉引自袁穎生，《光復前後的臺灣經濟》（臺北：聯經出版事業公司，1998），頁 133。

在臺日經濟上，1947 年政府在全中國為框架下開放臺灣商人赴日貿易，在屬性上有別於 1950 年 9 月臺日貿易簽署後的臺日貿易重啟。臺灣在戰前主要支配臺日物資流通的財閥資本消失後，理應提供臺灣人參與對日貿易的極佳契機；但政府對商人赴日貿易採取限制名額的政策，加上當時日本經濟由盟軍總部管轄與日本國內物資欠缺等背景，這些都成為臺灣商人赴日貿易的不利要素。

從資源取得的角度來看，戰前臺灣諸多民生物資與工業製品均仰賴日本供應；戰後因臺日間的物資供應鏈瓦解後，物資多轉由中國大陸提供。眾所皆知，戰後臺灣的民間資本參與工業部門投資要至 1950 年代後才逐漸熱絡，之前多以從事商業資本積累。臺灣在對外經濟轉向中國大陸時，提供諸多從事商業經營的臺灣商人機會。但過去對早期臺灣資本家參與經濟活動進行的考察，

主要著重在來自上海的資本家，或是對 1970 年代的企業集團進行考察，以了解臺灣中小企業發展之歷史；[26] 既有研究處理著重在民間資本轉入工業資本階段，較少關注其如何在戰後轉換期從事商業資本的積累。究竟有別於從事臺灣島內物資流通經營，當時以中國大陸和日本為主要事業經營場域的外向型資本家，其經濟活動是否與戰前的經歷具有延續性？對其往後的資本積累帶來怎樣的影響？

　　戰後在東亞政治疆界的重構下，臺灣在未具自主性的決策下限縮與日本間的經濟交流，對臺灣經濟重建的資源取得呈現不利局勢。但若對戰後日本經濟有所瞭解，可知當時由盟軍總部管理的日本亦處於物資限縮的背景，未必有餘力供應臺灣所需。若能釐清戰後初期臺灣與日本、中國大陸間的人員與資源流動，更能一窺戰後東亞經濟重整的過程。

（2）1950 年代對外經濟的從屬：對美日的貿易與投資

　　若欲瞭解 1950 年代臺灣對外經貿的特徵，可從進出口貿易與外來投資金額切入。如表 2 所示，依據 1951、1955、1960 年三個時點，顯示日本與美國為臺灣進出口貿易最重要的國家。1951 年，臺灣的進出口方面又以日本最為重要。1955 年以後，美國成為臺灣最大的進口國。由此可見，1950 年代前期日本、美國與臺灣的經貿往來相當密切。

　　透過表 3，可知 1950 年代臺灣的外來資金以美援為主，外來投資的金額並不高。臺灣最早的外來投資始於 1953 年，但整個 1950 年代期間，臺灣的外來投資金額以美國居冠、日本居次。投資金額多來自美國的原因，一是美國經濟力勝過日本，其次則是 1952 年臺灣政府為促進美國民間資本導入，與美國簽署「美臺投資保證協定」，保障了美國資本來臺投資之權益。來臺投資的美國企業，多與公營企業合作。[27] 至於抵臺日資的特徵為投資金額較小，而且多與臺灣的民間企業合作為主。

表 2 早期臺灣與日本、美國間的貿易進出口值（1951、1955、1960）
單位：美金千元

年份	出口			進口		
	日本	美國	總額	日本	美國	總額
1951	50,927 (52%)	5,786 (6%)	98,291 (100%)	64,812 (48%)	22,051 (16%)	133,966 (100%)
1955	73,322 (59%)	5,400 (4%)	123,275 (100%)	61,235 (30%)	95,543 (48%)	201,022 (100%)
1960	61,766 (38%)	18,853 (11%)	163,982 (100%)	104,855 (35%)	113,108 (38%)	296,780 (100%)

資料來源：經濟部統計處編，《中華民國臺灣地區經濟統計年報（1987）》（臺北：經濟部統計處，1988），頁 57、64。

表 3 來白美國與日本的投資金額與抵臺美援（1950-1959）
單位：美金千元

年份	日本	美國	美援
1950	0	0	20,545
1951	0	0	56,521
1952	0	0	89,062
1953	160	1,881	84,007
1954	14	2,028	87,840
1955	0	4,423	89,170
1956	0	1,009	96,486
1957	37	11	98,745
1958	1,116	0	82,339
1959	45	100	73,424

資料來源：整理自經濟部統計處，《中華民國歷年核准華僑及外國人投資、技術合作、對外投資、對外技術合作統計年報》（歷年）。行政院外匯審議委員會編，《中華民國臺灣輸出入結匯統計（包括美援及其他外匯輸入），民國三十九年至五十三年》（臺北：行政院外匯貿易審議委員會，1965），頁 1。

　　1950 年代，政府將外國人投資區分為輸入物資與技術合作兩類。輸入物資部分，係指外資企業以輸入原料、機器設備、資金

等形態出資入股本地事業，或提供貸款給本地企業的方式賺取利息收入。至於技術合作方面，為外資將生產技術傳授給本地廠商的途徑獲取權利金等報酬。如表 4 所示，在經濟部彙整自 1952 年 7 月至 1959 年 6 月止政府所核准的外國人投資案件中，21 件為輸入物資、43 件為技術合作。就國別而論，以日本的 43 件最高，美國的 17 件居次，巴拿馬 2 件第三，南非與西德各 1 件。[28] 在日本對臺的投資上，外國人直接投資僅佔 10 件，技術移轉則多達 33 件，但其中有 6 件為日資同時對同家公司輸入物資與進行技術合作。美國對臺灣的投資則有 9 件，技術合作則為 8 件，其中 1 件為同家公司以輸入物資的方式進行技術合作。

綜言之，1950 年代臺灣的外來投資中以輸入物資的直接投資較少，大多數是以技術合作展現的間接投資。外資以提供技術的間接投資，是與本地企業互相合作的型態所展現。

表 4 外國人直接投資（1952 年 7 月─1959 年 6 月） 單位：件數

投資來源	輸入物資	技術合作	小計
美國	9	8	17
日本	10	33	43
其他	2	22	4
總計	21	43	64

資料來源：統計自〈外國人投資簡表〉（1952 年 7 月─1959 年 6 月），經濟部（函），〈函送華僑及外國人投資簡表附查照〉（1959 年 12 月 30 日），《華僑及外國人來臺投資與技術合作、工業服務》，行政院國際經濟合作發展委員會檔案，檔號：36-19-001-002，藏於中央研究院近代史研究所檔案館。

對於 1950 年代先進國如何促成戰後臺灣經濟發展的研究論述，多關注於美援部分，較少討論當時的外來投資。[29]1950 年代政府雖欲引進外資以填補工業化所需之資金與技術，但在實施複式匯率與嚴格限制外資匯出利潤下，導致外來投資的金額與件數較少。直到 1959 年底，政府修改「外國人投資條例」，1960 年制訂「獎勵投資條例」，賦予外資來臺的保障與權益後，外來投資才

大幅成長。[30]

　　1960 年代後外資來臺的動機，有的是在政府推動自製率政策而限制部分工業商品的進口，為取得臺灣市場的銷售而來臺。另一方面，部分外資則覬覦本地廉價的勞動力，將臺灣視為加工基地後出口至海外。[31] 1950 年代臺灣經濟處於高度管制的背景下，而且是在發展初期的階段，了解這些為數不多的外資來臺所尋求的市場機會顯得相當重要。透過這段時期以日本和美國來臺外資的考察，除了能了解戰後外資來臺的前史外，還能掌握 1950 年代經濟體系中投資者的整體樣貌。

　　從臺灣經濟史的縱深來看，1950 年代日本資本來臺投資時除了存在戰前商貿網路的延續性之外，還應該注意到國際政治經濟的局勢與美國在亞洲的支配力量。對美國資本來臺投資進行考察，將能了解臺美經濟間除了美援以外的另一個面向。

三、章節安排

　　從產業的經營層面來看，戰後初期政府將戰前日本人的事業予以接收後成立公營事業，這些事業多控制早期臺灣重要的產業部門。近年來伴隨政府資料的公開，已有諸多案例性研究考察公營企業的經營史與其在臺灣產業經濟中扮演的位置。[32] 然而，戰後臺灣經濟走向高度成長的過程中，係由出口所創造的高度成長，這些事業多由民間資本與外資所構成。以往的討論常歌頌臺灣中小企業對經濟發展所帶來的貢獻，或關注 1990 年代後大型民間企業集團在臺灣經濟體系發揮的影響力；[33] 這類的討論多著重在1970 年代以後的討論，而且關注企業網絡或政府政策的關係。實際上，有些迄今尚存在的大型企業，1950 年代參與事業經營的起步時即是以中小企業的型態經營，但中小企業研究的討論尚未關注早期的企業經營。

　　另一方面，對於外資的論述，多圍繞在伴隨臺灣經濟高度成

長過程尋求本地市場或將臺灣當作出口的加工基地，[34] 對於早期外資的研究成果也相當有限。1960 年代以後與臺灣中小企業合資的外資，在 1950 年代即已建立起往後合作的信任關係。

迄今為止的研究較少以早期民營與外資企業作為研究對象的原因，在於民間企業資料的調查較不容易，企業主未必有的將本身的經營歷程予以記載，使得研究具有資料入手的困難性。

基於上述的說明，本書將還原戰後至 1950 年代本地與外來企業於戰後臺灣發展初期下的草創過程，以了解戰後臺灣企業史的歷史源流。

改朝換代的機會：臺灣商人的對外活動（第二章）

1945 年 8 月 15 日第二次世界大戰結束，同年 10 月 25 日國民政府接收臺灣後，促使臺灣經濟的對外聯繫出現變化。從對外關係的角度來看，戰前、戰後臺灣經濟的最大轉變為脫離日本經濟圈，轉與中國經濟圈相連結。此一型態要至 1949 年底中華民國政府因國共內戰敗退來臺後告終。俯視戰後初期的臺灣經濟，因政權更迭促使對外經貿主體的轉變，導致資本家的經濟活動均出現調整。資本家在大環境的改變下，將經濟活動的地域轉向中國大陸。

大眾可能會認為海峽兩岸的資本與商貿交流是以戰後為起點，但戰後初期臺灣與中國大陸間的部分人流與物流，應定置在近代日本向中國擴張的延長線探討。稍詳言之，戰前臺灣人即在日本向中國擴張的羽翼下前往中國大陸與滿洲國進行事業經營，[35] 日本敗戰後轉以本國國民的身分持續在中國大陸從事商貿活動。戰前在殖民地臺灣與日本間從事商業買賣的臺灣商人，戰後初期則轉往中國大陸，於兩岸間進行物資的貨通有無。1949 年政府撤退來臺後，部分商人開始投入工業經營，亦多角化經營多種事業。

戰後臺灣與日本間的經貿關係要至 1950 年才逐漸恢復，戰後初期臺灣對日本經貿往來的熱絡度遠不及對中國大陸的聯繫。臺

灣經濟在脫離與日本的殖民地從屬關係後，也有少數臺灣商人在國民政府的體制下前往日本從事商貿活動。臺日經貿除了官方網絡的正式途徑外，還透過非正式的走私途徑進行物資交流。

戰後初期的臺灣經濟面對惡性通貨膨脹與幣制改革等諸項背景，許多現象並不容易以年度統計資料刻劃出對外經貿關係的巨變。欲理解此一時期臺灣的對外關係對資本積累帶來怎樣的影響，可以透過對商人的活動體現出臺灣經濟的運行深受周邊地域的影響。

資本家的機會：走向工業（第三章）

1949 年底中華民國政府撤退來臺後，臺灣成為獨立的經濟個體，有別於日治與戰後初期依附在日本和中國大陸等經濟體運作。從臺灣資本主義的層面來看，戰前日本曾在臺灣以日本國內為中心的發展思維進行的工業化，1950 年代政府由上而下的以各項政策推動棉紡織業的發展，於短期間建立起事業基礎。

以往對 1950 年左右的產業發展，常討論政府推動以棉紡織工業化為首的進口替代政策，除了有美援提供的原料支持外，還仰賴上海資本家撤離中國大陸前帶來紡織機械作為發展初期所需的資材。[36] 近期的研究指出，紡織產業主要分為紡紗和織布兩個部門，紡紗業主要由來自中國大陸的資本家所投資，但織布業則由臺灣資本家所參與。也就是說，1950 年代起臺灣島內的民間投資，是由臺灣本地人與來自中國大陸移民兩個系統的資本匯集而成。[37]

大致上，這段時期臺灣經濟中的民間資本，包含臺灣本地和來自中國大陸的兩股系統。但從之前的經驗來看，本地資本多從此時才開始從事較具規模工業資本的經營，但來自中國大陸的資本家有的在過去已有從事大規模工業的經驗。從資本積累的角度來看，兩個群體的資本家有的透過以紡織業賺入的第一桶金為起點，逐步走向企業的成長。

其次，戰前與戰後初期以從事商業買賣或對外貿易為主的臺

灣商人，經由嫻熟日語的優勢擔任日本品牌在臺銷售的代理服務，爾後更進一步與日本方面合資在臺建立生產事業，亦為資本積累的另一種型態。復次，有些新設企業後計劃生產各種新產品，所需的技術來源主要由日本和美國的企業提供；但屬於組裝性工業的縫紉機，因需有諸多協力工廠的支援才得以生產，在欠缺零件標準化與外來技術的支援下，僅能滿足進口替代時期的國內需求，其市場的成長也出現侷限。

　　企業家除了透過上述幾種途徑投入新事業外，有些耳熟能詳的老企業則趁著經濟起飛的初始階段崛起。2020 年經營權易手的大同公司，1950 年代透過大量生產家用電器與電錶為起點，1960年代躍升為首屈一指的民間企業。至於早期臺灣塑膠的生產，原本政府邀請以發展紙業與塑膠加工的永豐何家生產 PVC 原料，但該家族評估市場太小與風險過高而放棄主導投資，改由王永慶接手經營，臺灣塑膠公司進展為臺灣石化業規模最大企業。

土地改革、民營化與資本積累（第四章）

　　近年來從政策史出發的土地改革討論，有以基層農民的角度重新檢討土地改革政策，[38] 抑或從政府意念的角度論述土地改革推動的實施背景。[39] 至於就土地改革與四大公司民營化的關連性討論，仍處於起步階段。[40]

　　學界對戰後民營化的討論，著重檢討 1980 年代後期伴隨世界潮流影響而在臺出現的公營事業民營化政策形成，以及 1990 年代後民營化的執行方式。[41]1950 年代臺灣因應土地改革推動的民營化政策，背景與實施方式有別於近期的公營事業民營化以股票在公開市場上市的途徑進行。

　　對於四大公司民營化政策的論述，以往官方宣稱其促使地主資金得以流入工商業，得以活絡臺灣經濟。從事後的角度觀之，民營化的四大公司僅有臺灣水泥公司因具寡占性優勢營運表現較佳，其餘三間多面臨市場銷售或財務上的困難。在官方論述與現

實有所落差下，有必要重新認識因應土地改革推動的四大公司民營化政策，探討民營化的決策過程與對臺灣民間的資本積累所帶來的影響。

1950 年代臺灣工礦、臺灣農林、臺灣水泥、臺灣紙業等四間公司被指定為民營化的公營事業，其股票作為耕者有其田補償地主土地資產損失的政策工具。就執行的方式觀之，臺灣工礦公司與臺灣農林公司以分廠出售的方式進行，有別於臺灣水泥公司與臺灣紙業公司採行整間公司直接轉移民間經營的整廠出售模式。

從歷史的縱深來看，1947 年成立的省營臺灣工礦公司，是合併戰前規模較小與戰時尚處於萌芽的日資工業群體而來，可視為戰前中小企業群的延續。伴隨民營化政策的推動下，公司的部分生產事業則標售給持有股票的民間人士經營，部分現在的大型企業集團的第一代經營者，亦透過這個契機參與新興工業的經營。對該公司民營化歷程的考察，不僅能重新檢討土地改革政策，還有助於梳理 1950 年代企業家崛起的一個重要脈絡。

臺日經濟關係的重啟與調整（第五章）

對於戰後臺日關係的研究成果，多集中在政治與外交面的論述，[42] 經濟關係的討論則著重以香蕉等臺灣物產銷日過程中的商人網絡，[43] 較少著墨日資來臺的過程。

戰後臺灣脫離日本的殖民統治後，撤退來臺的中華民國政府體認到拓展對外經貿之急迫性，於 1950 年與盟軍總部簽署「臺日貿易協定」，重啟臺日經濟。臺日兩地間的初期物資往來，大致延續戰前臺灣向日本出口農產品、自日本進口工業品的型態。[44] 但就性質上而言，臺日兩地從戰前的殖民地從屬關係，轉變為國際經貿往來過程中，政府對日本商業資本來臺採取較為保守的策略，至於對日本的工業資本來臺，則抱持歡迎之態度。日資以來臺設廠的直接投資，主要除了民間輕工業的需求外，還順應政府與軍方需求進行生產，逐步將影響力帶入臺灣。

若僅從投資金額指標來看日資,其規模固然遠不及美國。然而,1960 年代臺灣以民間企業為主的出口導向工業化中,不少日本企業相繼以直接設廠或提供技術的方式來臺,再將成品銷售到以美國為主的市場,形成開發經濟學所言的三角貿易型態。[45] 上述討論之現象為 1960 年代以後臺日經濟交流之特徵,有別於 1950 年代日本資本如何先在臺設立貿易商為首,並以設立分公司的紮根方式建立經營的基礎。

戰後臺灣不再為日本的殖民地,縱使臺日間的經貿交流初期存在殖民地時期商業網絡的延續,但其性質已不同於戰前的「宗主國─殖民地」關係,而是在兩岸分治下的外交角力、美蘇對立的冷戰體系下進行。1952 年以舊金山合約為基礎的中日和約簽訂後,日本選擇與在臺灣的中華民國政權建交。但伴隨 1949 年底兩岸分治,臺灣與中共政權均積極爭取日本的外交認同;日本在顧及本身利益下,採取「政經分離」的務實態度,因應兩個皆自稱代表「中國」的政權。並且在臺日兩國均屬於美國方面的自由陣營時,日本政府亦曾規劃參與美國對臺實施的經濟援助,臺灣政府則在反共的前提下,向日本提出由美國資助前往東南亞投資的構想,但最終均囿於務實面的困難未能順利實現。

臺美經濟下的援助體系與外來投資(第六章)

1950 年韓戰爆發後,美國恢復對中華民國政府在經濟、軍事等層面的援助。戰後在「美國和平」(Pax Americana)的態勢下,又受到兩岸對峙的影響,因此臺灣受到美國的影響甚鉅。

早期對臺美經濟關係的認識,僅初步勾勒出美援對臺灣經濟體系中所扮演的位置,[46] 或是透過政府對美援執行機制與政經結構的檢討,作為理論性的檢證。[47] 近期的研究則發現美援項目下以援助私人企業為主的小型民營工業貸款,有企業出現美元借款因臺幣貶值使得財務負擔增加,甚至無力還款而倒閉的現象。[48] 另外,尚有論著就中國大陸時期,美國與國民政府間的企業與技

術者交流進行討論，但撤退來臺的中華民國政府，對於美臺的經濟關係上有許多層面尚待釐清。[49]

　　戰後臺美經濟的聯繫，對臺灣經濟發展的資金、技術、人力資本與制度建立等層面影響甚鉅。透過對 1950 年代美國在臺灣的投資情形，將能了解美國對臺灣除了經濟援助以外，美國資本在臺灣經濟運行中於資金與設備投資上扮演的角色。

　　臺美雙邊的經濟構造，除應放在 1949 年政府從中國大陸轉進來臺的脈絡進行理解外，而且要著重臺灣在美國援助的體系下創造出與企業成長相關的體系，以及在冷戰脈絡下臺灣因本身資金與資源的欠缺下建構起對美國依存的框架，與從屬形態中美國在尋求本身利益優先所進行的決策。

　　首先，美國透過援助的過程要求對規模較小的民營企業提供貸款，並興辦小型民營工業貸款，試圖建立起產業金融的體系。其次，臺灣亦派遣大量的技術人員前往美國受訓與研修，建立起有別於 1949 年以前國府與美國間的技術者網絡。復次，1950 年代臺美間的商業網絡，部分是以國府時期的技術者為基礎，作為部分美國資本來臺投資的中間人。

　　另外，這段時期來自美國的部分投資事業，於覬覦冷戰時期的市場機會下抵達。在外交史和國際關係史的研究常強調這段時期臺灣的冷戰背景。[50] 若從經濟史的見地出發，或可歸結出臺灣在冷戰背景下衍生的是軍事市場的需求。從市場形成的角度來看，臺灣因美援與美軍進駐，進而帶動部分以軍事市場為中心的外資企業成立。另一方面，政府頒布「外國人投資條例」後，促使原本為服務中華民國政府、帶有軍事色彩的美國組織，進而轉型為「公司」經營，成為外資企業的一環。

　　但當時作為美國主導的非共產世界，除了希望後進國家能夠開放市場外，許多的經濟活動仍是將美國利益放置在前方。綜言之，理解戰後臺美經濟除了要把握經濟上的要因外，還要以國際政治經濟的角度來掌握當時來臺投資的美國企業。

註釋

1. Gerald M. Meier, "The Old Generation of Development Economist and the New," Gerald M. Meier & Joseph E. Stiglitz editors, *Frotiers od Development Economics: the future in perspective* (New York: Oxford University Press, 2000), pp.14-15.

2. Frank, Ander Gunder, *Latin America: Underdevelopment or Revolution* (New York: Month Review Press, 1970).

3. 瞿宛文，《臺灣戰後經濟發展的源起：後進發展的為何與如何》（臺北：中央研究院、聯經出版事業股份有限公司，2017）。郭岱君，《臺灣經濟轉型的故事：從計劃經濟到市場經濟》（臺北：聯經出版事業股份有限公司，2015）。

4. 石田浩著、石田浩文集編譯小組譯，《臺灣經濟的結構與開展：臺灣適用「開發獨裁」理論嗎？》（臺北：自由思想學 術基金會，2007）。Galenson, Walter, ed., Economic Growth and Structural Change in Taiwan: the Postwar Experience of the Republic of China (London: Cornell University Press, 1979).

5. 劉進慶著，王宏仁、林繼文、李明竣譯，《臺灣戰後經濟分析》（臺北：人間出版社，1995），頁 48-51。

6. 瞿宛文，〈重看臺灣棉紡織早期的發展〉，《新史學》第 19 卷第 1 期（2003 年 3 月），頁 167-228。

7. 趙既昌，《美援的運用》（臺北：聯經出版事業公司，1985），頁 7、159-186。

8. 殷章甫，《中國之土地改革》（臺北：中央文物供應社，1984）。黃俊傑，《戰後臺灣的轉型及其展望》（臺北：正中書局，1995），頁 96。

9. 李國鼎、陳木在，《我國經濟發展策略總論（下冊）》（臺北：聯經出版事業公司，1987），頁 275。嚴演存，《早年之臺灣》（臺北：時報文化出版企業有限公司，1989），頁 63-64。

10. 瞿宛文，《臺灣戰後經濟發展的源起：後進發展的為何與如何》，頁 206-208、230-232。

11. 行政院主計總處，《國民所得統計摘要（民國 40 年至 108 年）》（臺北：行政院主計總處，2020），頁 2。

12. 文大宇著、拓殖大学アジア情報センター編，《東アジア長期経済統計 · 別卷 2：台湾》（東京：勁草書房，2002），頁 171。

13. 行政院主計處編訂，〈國民所得統計改進計畫結束工作計劃書〉（1963 年 5 月），《1964 年度行政院主計處國民所得統計改進計畫》，行政院國際經濟合作發展委員會檔案，檔號：36-10-011-038，藏於中央研究院近代史研究所檔案館。

14. 吳若予，《戰後臺灣公營事業之政經分析》（臺北：業強出版社，1992），頁 29-30。

15. 劉進慶著，王宏仁、林繼文、李明竣譯，《臺灣戰後經濟分析》，頁 111-113。

16. 薛毅，《國民政府資源委員會研究》（北京：社會科學文獻出版社，2002）。

17. 洪紹洋，〈戰後臺灣機械公司的接收與早期發展〉，《臺灣史研究》第 17 卷第 3 期（2010 年 9 月），頁 151-182。

18. 吳若予，《戰後臺灣公營事業之政經分析》，頁 33、40、41。臺灣省政府建設廳，《臺灣建設行政概況》（臺北：臺灣省政府建設廳，1947），頁 2。

19. 臺灣省政府統計處，《中華民國三十五年度 臺灣省行政紀要（國民政府年鑑臺灣省行政部分）》（臺北：臺灣省政府統 計處，1947），頁 45。

20. 趙既昌，《美援的運用》（臺北：聯經出版事業公司，1985），頁 7。

21. 趙既昌，《美援的運用》，頁 13。

22. 葉萬安，《二十年來之臺灣經濟》（臺北：臺灣銀行，1967），頁 62。

23. 葉萬安，《二十年來之臺灣經濟》，頁 62-63。

24. 郭岱君，《臺灣經濟轉型的故事：從計劃經濟到市場經濟》，頁 177-178、182-183、185-186。趙既昌，《美援的運用》，頁 265-266。

25. 薛月順，〈陳儀主政下「臺灣省貿易局」的興衰〉，《國史館學術集刊》第 6 期（2005 年 9 月），頁 193-223。

26. 謝國興，〈1949 年前後來臺的上海商人〉《臺灣史研究》第 15 卷第 1 期（2008 年 3 月），頁 131-172。瞿宛文，〈臺灣戰後工業化是殖民時期的延續嗎？：兼論戰後第一代企業家的起源〉，《臺灣史研究》第 17 卷第 2 期（2010 年 6 月），頁 39-84。

27. 劉進慶著，王宏仁、林繼文、李明峻譯，《臺灣戰後經濟分析》，頁 252-254。

28. 〈外國人投資簡表〉（1952 年 7 月－1959 年 6 月），經濟部（函），〈函送華僑及外國人投資簡表附查照〉（1959 年 12 月 30 日），《華僑及外國人來臺投資與技術合作、工業服務》，行政院國際經濟合作發展委員會檔案，檔號：36-19-001-002，藏於中央研究院近代史研究所檔案館。

29. Wei-chen Lee, I-min CHANG, "US Aid and Taiwan." *Asian Review of World Historians*, 2(1)（January 2014): 48-80. 洪紹洋，〈中日合作策進會對戰後臺灣經建計劃之促進與發展〉，《臺灣文獻》第 63 卷第 3 期（2012 年 9 月），頁 91-124。

30. 劉進慶著，王宏仁、林繼文、李明峻譯，《臺灣戰後經濟分析》，頁 252、256-257。

31. 洪紹洋，〈外資、商業網絡與產業成長：論出口擴張期臺灣的日資動向〉，《臺灣史研究》第 26 卷第 4 期（2019 年 12 月），頁 107-108。

32. 洪紹洋，《近代臺灣造船業的技術移轉與學習》（臺北：遠流出版社，2011）。洪紹洋，〈戰後臺灣機械公司的接收與早期發展（1945-1953）〉，頁 151-182。林蘭芳，〈戰後初期資源委員會對臺電之接收（1945-1952）：以技術與人才為中心〉，《中央研究院近代史研究所集刊》，第 79 期（2013 年 3 月），頁 87-135。洪紹洋，〈臺灣基層金融體制的型構：從臺灣產業組合聯合會到合作金庫（1942-1949）〉，《臺灣史研究》，第 20 卷第 4 期（2013 年 12 月），頁 99-134。

33. 陳介玄，《臺灣產業的社會學研究：轉型中的中小企業》（臺北：聯經出版事業股份有限公司，1998）。高承恕，《頭家娘：臺灣中小企業「頭家娘」的經濟活動與社會意義》（臺北：聯經出版公司，1999）。瞿宛文，〈自由化與企業集團化的趨勢〉，《臺灣社會研究季刊》第 44 期（2002 年 9 月），頁 13-47。

34. 谷浦孝雄，《台湾の工業化－国際加工基地の形成》（東京：アジア経済研究所，1988）。

35. 許雪姬，〈1937-1947 在上海的臺灣人〉，《臺灣學研究》第 13 期（2012 年 6 月），頁 1-32。許雪姬、黃子寧、林丁國訪問、藍瑩如、林丁國、黃子寧、鄭鳳凰、許雪姬、張英明記錄，《日治時期臺灣人在滿洲國的生活經驗》（臺北：中央研究院臺灣史研究所，2014）。

36. 瞿宛文，〈重看臺灣棉紡織業早期的發展〉，《新史學》，第 19 卷第 1 期（2008 年 3 月），頁 167-227。

37. 謝國興，〈雙元繼承與合軌：從產業經營看一九三○－一九五○年代的臺灣經濟〉，收入財團法人臺灣研究基金會策劃，《三代臺灣人：百年追求的現實與理想》（新北：遠足文化事業股份有限公司，2017），頁 343–377。

38. 徐世榮、蕭新煌，〈臺灣土地改革再審視：一個「內因說」的嘗試〉，《臺灣史研究》

第 8 卷第 1 期（2001 年 6 月），頁 89-123。徐世榮、蕭新煌，〈戰後初期臺灣業佃關係之探討—兼論耕者有其田政策〉，《臺灣史研究》第 10 卷第 2 期（2003 年 12 月），頁 35-66。

39. 瞿宛文，〈臺灣戰後農村土地改革的前因後果〉，《臺灣社會研究季刊》第 98 期（2015 年 3 月），頁 11-68。

40. 莊濠賓，〈從產業緣故關係論臺灣農林公司的分廠分售（1946-1954）〉，李福鐘、若林正丈、川島真、洪郁如編，《臺灣與東亞近代青年學者研究論集：第二輯》（臺北：稻鄉出版社，2018），頁 245-289。

41. 吳若予，《戰後臺灣公營事業之政經分析》（臺北：業強出版社，1992），頁 203-205；薛琦、胡仲英，〈民營化政策的回顧與展望〉，收入周添城編，《臺灣民營化的經驗》（臺北：中華徵信所，1999），頁 4-16；朱雲鵬，〈經濟自由化政策之探討〉，收入施建生編，《1980 年代以來臺灣經濟發展經驗》（臺北：中華經濟研究院，1999），頁 133-170。

42. 廖鴻綺，《貿易與政治：臺日間的貿易外交（1950-1961）》（臺北：稻鄉出版社，2005）。川島真、清水麗、松田康博、楊永明，《日台関係史 1945-2020（増補版）》（東京：東京大学出版会，2020）。許珩，《戰後日華経済外交史 1950-1978》（東京：東京大学出版会，2019）。

43. 劉淑靚，《臺日蕉貿網絡與臺灣的經濟菁英（1945-1971）》（臺北：稻鄉出版社，2001）。

44. 廖鴻綺，《貿易與政治：臺日間的貿易外交（1950-1961）》，頁 12-13。

45. 石田浩著、石田浩文集編譯小組譯，《臺灣經濟的結構與開展：臺灣適用「開發獨裁」理論嗎》，頁 17。

46. 吳聰敏，〈美援與臺灣的經濟發展〉，《臺灣社會研究季刊》第 1 期（1988 年 2 月），頁 145-158。

47. 文馨瑩，《經濟奇蹟的背後：臺灣美援經驗的政經分析（1951-1965）》（臺北：自立晚報文化出版社，1990）。

48. 洪紹洋，〈1950 年代美國小型民營工業貸款與匯率制度之變革〉，《臺灣文獻》，第 61 卷第 3 期（2010 年 9 月），頁 331-360。洪紹洋，〈臺灣進口替代的摸索與困境：以 1950 年代自行車產業為例〉，《國史館館刊》第 66 期（2020 年 12 月），頁 205-247。

49. 吳翎君，《美國人未竟的中國夢：企業、技術與關係網》（臺北：聯經出版事業股份有限公司，2020）。

50. 林孝庭，《意外的國度：蔣介石、美國、與近代臺灣的形塑》（臺北：遠足文化事業股份有限公司，2017）。

第二章

改朝換代的機會：臺灣商人的對外活動

一、臺日通商關係的摸索與調整

　　1945 年 9 月 22 日，盟軍總司令部以指令第三號，對日本的貿易進行全面性管理。值得注意的是，戰後臺灣、朝鮮、樺太等地區不再屬於日本的領土，瓦解戰前日本帝國經濟圈的供需結構。[1] 直到 1950 年 9 月由撤退來臺的中華民國政府，以維繫島內所需物資及外匯來源為考量，與管轄日本的盟軍總部簽署「中日貿易協定」後，臺日間的貿易往來才告恢復。[2]

　　在戰後的轉換期間，臺日間的貿易往來則存在「正式」與「非正式」兩條途徑，有限度地互相提供兩地的物資需求。其中，正式途徑的臺日貿易的營運，係由中央信託局所掌控。戰後臺日間最早的正式交易，始於 1947 年 3 月，由占領日本的盟軍總部與國民政府簽約，將臺灣糖業公司所產 25,000 噸砂糖銷售全日本，[3] 以民間資本家發起的對日經濟活動是在政府的主導下進行。另外，臺灣與日本間尚存在非正式的走私行為，過往在海洋史與經濟史的研究中或限於資料取得之困難，並未進行相關討論。

（一）臺灣商人的對日貿易

　　戰後初期臺日間的民間貿易，始於 1947 年 8 月，盟軍總部同意中華民國派遣商務代表前往日本進行貿易；為此，中國政府由官民兩方共同籌組商務代表團赴日。[4] 當時民間貿易的主管單位由經

濟部邀集外交部、財政部、交通部、資源委員會、中央信託局共同指派代表籌組的「對日貿易指導委員會」。1947 年 8 月 13 日，委員會召開第一次會議，確定民間商務代表由中華民國商業聯合會及中國全國工業協會就上海、天津、漢口、廣州、青島、重慶、福州、臺灣、東北九個區協議產生。[5]

當時因上述兩組織尚未在臺灣設立分支機構，故經濟部直接指定由臺北市商業同業公會辦理臺灣區商務代表的推選。[6] 雖無法得知當時臺北市商業同業公會如何遴選出商務代表，但能從資料獲悉第一批臺灣區商務代表為謝成源、劉啟光、劉明、紀秋水、殷占魁等五名，分別代表義裕貿易行、臺灣實業股份有限公司、振山實業社、臺陽輪船股份有限公司、臺灣青果合作社聯合社與臺灣農業會，前往日本進行貿易活動。[7] 上述五名臺灣代表計劃以臺灣的香蕉為主，再加上砂糖、鳳梨、樟腦等出口到日本，換取腳踏車、漁繩、漁網、集魚燈、引擎等臺灣尚無力生產的製品。[8] 究竟最初派往日本的五名臺灣區商務代表，從事對日貿易的情形為何？又是否具備戰前商貿網絡之延續性？

表 1 1947 年前往日本從事貿易的臺灣區商務代表

商務代表	所屬公司名稱
劉啟光	臺灣實業股份有限公司
劉明	振山實業社
殷占魁	臺灣青果合作社聯合社、臺灣農業會
謝成源	義裕貿易行
紀秋水	臺陽輪船股份有限公司

資料來源：〈赴日商務代表貿易計劃〉，《資源委員會檔案》，檔號：24-10-001-04，藏於中央研究院近代史研究所檔案館。

1924 年畢業於臺北商業學校的謝成源，曾赴日本神戶經商與服務於三和銀行，返臺後於家族經營的布匹批發行擔任副總經理，並在東京設立據點。值得注意的是，謝氏連襟張清港戰前曾任職

於三井物產累積經商經驗後，自行創辦捷榮行發展與日本國內間的商貿關係。1947 年謝成源邀請張清港等人共同創設臺北市進出口商業同業公會，謝氏或許即在此裙帶關係下選為商務代表。1948年謝氏以義裕貿易行的名義前往日本從事貿易事務，至 1950 年時謝氏擔任日本華商輸出入同業公會副會長，在日本的華商圈中嶄露頭角。[9]

出生於嘉義的劉啟光，戰前曾參與農民運動，之後轉赴中國大陸任職重慶軍事委員會總政治部上校科員，並晉升為臺灣工作團少將主任。戰後劉啟光返臺後先被指派為新竹縣長，1946 年華南商業銀行改組成立後獲選為董事長。[10]

同樣出生於嘉義的劉明，1928 年畢業於東京高等工業學校應用化學科後，返臺任職於嘉義金振山商行於瑞芳大粗坑直營的振山金礦部，同時兼營三貂嶺、暖暖、新店、鶯歌等地之煤礦事業，曾具「礦山王」之稱。[11] 戰後劉明則任臺灣省石炭調節委員會主任委員、臺灣省礦業會理事等職。[12]

原籍福建晉江的紀秋水，隨父經商來臺而定居基隆。在事業經營上，紀氏先於基隆開設經營港灣運送業的吉成商行。1939 年後創立臺陽汽船株式會社、協發木材株式會社、興亞產業株式會社，均擔任社長職務。[13] 但紀氏的商船在太平洋戰爭期間幾乎損失殆盡，直至戰後才重新創組臺陽輪船公司、臺灣輪船公司、互惠運輸公司、臺陽鐵工公司等事業。[14]

出生於臺南的殷占魁，1923 年畢業於日本栃木師範學校本部第二部，返臺後初擔任教職，爾後又任職明治製糖株式會社菁寮原料區委員、菁寮信用組合專務理事等。[15] 戰後歷任臺糖公司協理兼臺北辦事處主任、臺灣省農會理事長，領導全農會營運，旋當選為首屆臺灣省參議員、臨時省議會員等職。[16]

歸結上述五名臺灣區商務代表的經歷，僅有謝成源曾具備較為豐富的對日貿易經驗，至於紀秋水戰前亦曾參與航運運輸事業與木材事業等，較少參與赴日採購物資的經驗。綜言之，謝氏以外的四名商務代表的專才分別歸屬半山的軍政、礦業、航業、農

業經營，戰後或著眼於日本資本不再支配臺日兩地的流通業，欲跨行參與具備獲利性的臺日貿易。然而，貿易經營除需瞭解兩地物資供需的差異外，要如何在物資欠缺的日本國內購得物資，成為當時成功的條件之一。[17]

值得注意的是，當時中央信託局也在日本統籌中日間的物資貿易，亦成為民間貿易競爭的對手。[18] 此外，商務代表並無法與盟軍總部直接商談，需輾轉交由中央信託局經辦，成為貿易無法拓展的最大癥結。[19] 在日的商務代表凡商品價格或各項問題等均需透過中央信託局代為詢問購料機關，容易因磋商往返時日而影響商機。[20] 大致上，雖然我方商務代表向國民政府提出貿易計劃，然而日本物資係由盟總所管理，而且商務代表需以中央信託局作為中介，並不易在日本購得所需物資。

上述五人取得臺灣區商務代表資格後，僅有謝成源一人積極在日活動，其餘四人均委託謝成源代理在日的各項活動。[21] 值得注意的是，作為半山系統的劉啟光，在其餘四名代表的同意下，1948年8月籌畫在東京築地華僑大樓內成立「臺灣區商務代表對日貿易聯營處東京分處」；但此一組織未能獲得盟總法律上的認可而作罷。自此之後，劉啟光也未在東京設置機構，而是將貿易事務委託謝成源代理。[22]

謝成源為臺灣商務代表最重要的人物，1949年4月並在築地華僑大樓開設東京事務所，又大量接受其他商行的代理委託業務，足以顯現出謝氏在日的活躍程度。[23] 謝氏得以在日本成功，除了本身曾具有貿易經驗外，並密集式地前往盟軍總部拜訪，與當時負責貿易的主管說明臺灣的需求，才得以獲取臺灣所需的布匹、成藥、漁具等物資。此外，戰前曾任職於臺灣銀行與華南銀行總經理名倉喜作亦提供謝氏各項支援，使其事業版圖得以在東京立足。[24] 謝成源與名倉喜作關係之緊密，或能由1950年林獻堂日記中窺之謝成源多次與名倉喜作共同拜會林獻堂的紀錄。[25]

另一方面，戰後初期半山亟透過各樣管道參與各種特許事業，並常作為臺灣民間與官方居間交涉關係人。從具備半山身分且不

具產業經營經驗的劉啟光得以獲選為商務代表，又積極在日籌畫東京分處的開設，縱使其缺乏與日本間的關係，又未具備各項產業或商業經營基礎與經驗，或仍憑藉著熟悉中國政府當中的行政與事務，覬覦對日貿易的經濟利益。

　　除了戰勝國中華民國的官方與民間前往日本從事貿易活動外，戰後在日的臺灣關係者亦希望運用戰前的人脈關係，發展對臺貿易。[26] 例如曾任臺灣總督府殖產局局長須田一二三，在 1948 年 6 月設立資本額 1,000 萬日圓的日臺貿易株式會社，擔任專務取締役。在人事安排上，則是以戰前臺中青果會社的班底，計劃俟臺日貿易開放，從臺灣進口香蕉，並出口肥料和農機具至臺灣。但在國民政府尚未同意日商來臺的情形下，該會社僅能退而求其次地擔任臺灣省青果運銷合作社聯合社的日方代理商，將臺灣輸往日本的物資在日銷售。[27]

　　除了上述討論中國體制的臺灣代表外，伴隨政府撤退來臺後，1950 年 9 月臺日貿易正式重啟，改由臺灣省政府核准對日貿易商名單。若依據同年 10 月 14 日的〈臺灣省政府核准赴日貿易商人名單〉名單中，可得知最初的五名臺灣區商務代表僅剩謝成源一名仍參與對日貿易，其餘均告撤退。[28] 另一方面，在此之前以中國大陸時期經濟部為主體頒發的商務代表若仍在日經商者，由駐日代表團辦理登記，政府才得以將經濟部與臺灣省政府分別核准的商務人士進行整合，進行一元化的管理。[29]

（二）無法統計的經貿往來：走私

　　日本帝國圈瓦解後，日本國內與原屬日本殖民地的臺灣、朝鮮在物資欠缺下，各地商人尚尋求透過戰後日本的供需體系購入物資，[30] 進而出現非正式貿易的走私活動。但走私貿易並無法完全掌握精確數值，僅能依據海關的查獲案件或回憶錄進行瞭解部分實態。而且在無法估算實際的走私數量下，亦無從推論對舊殖民地的物資供應帶來多大程度的影響。

戰後至 1950 年左右，活躍於日本、臺灣、朝鮮、沖繩間的貿易活動，係運用機帆船或小型船舶，將日本生產的文具、藥品、纖維製品、機械工具、日用品等，以走私的途徑運往臺灣、朝鮮、沖繩，並將上述地域的海產物、藥品、砂糖、糖精、金屬屑等販售至日本。[31]

表 2 為整理自日本海關紀錄戰後初期沖繩地區與臺灣間從事的走私件數統計。固然此一數字無法完全地顯現出臺灣在去殖民地後因物資需求與商業利益為考量所浮現的非正式商貿關係。從臺灣輸往日本的查獲案件，比日本輸往臺灣的案件來得多，是否與當時臺灣從事走私經營者較多，抑或當時管理沖繩的盟軍最高司令官總司令部（General Headquarter, GHQ，簡稱盟軍總部）是否具選擇性辦案則無從考證。

表 2 日本海關統計對臺灣走私查獲與檢舉狀況

日本海關統計	查獲出口走私件數 （日本→臺灣）	查獲進口走私件數 （臺灣→日本）
1946/6-1946/12	1	40
1947	8	35
1948	6	20
1949	3	25
1950	14	25
小計	32	145

資料來源：大藏省関税局，《税関百年史（下）》，頁 225、227。

戰後初期的臺灣，即是在上述背景下以沖繩為中繼點，與日本國內進行走私交易。綜觀臺日間的走私，係以日本九州南端到臺灣東北的南西群島作為中繼站。1947 年，日本主要以走私出口電氣器具與雜貨至臺灣，換取國內欠缺的砂糖；然而，1948 年起因日本砂糖黑市價格下降與臺灣對走私活動的取締日趨嚴格，走私活動才漸趨減緩。[32]

值得注意的是，作為走私中繼點的南西群島中，以距離臺灣最近的與那國島最為重要。在與那國島從事走私貿易的除了在地的沖繩人外，尚有臺灣、日本、香港、澳門商人，堪稱為東亞走私的集散中心。從臺灣送往與那國島的物品，有米、砂糖、酒、米粉、水果等食品，以及香菸、化妝品、布料等，均為沖繩缺乏的物資。至於由與那國島運往臺灣的物資，尚包含來自美軍基地的彈匣等非鐵金屬製品，或卡其褲、毛毯、美製香菸、藥品等。[33]臺灣與沖繩間的走私網絡，一方面滿足沖繩當地的物資需求；此外，沖繩尚扮演中繼點的角色，將臺灣物資轉往日本神戶三宮、元町的華僑聚居地，再銷售至名古屋與靜岡等地。[34]

　　依據石原昌家訪談參與走私的臺灣人所彙整的紀錄，得知當時漁民每次出航進行捕撈可獲得 500 元分紅，若參與走私貿易，每次則可得到以萬元為單位的收益。但若被臺灣當局查獲，將要承擔漁船被沒收的風險。[35]由日本人所從事的走私，以 1948 年 3 月奉盟軍總部來臺載運砂糖的日籍船舶日昌丸走私案件最為著稱。當時該艘船舶載有共值舊臺幣 1,000 萬餘元的球軸承、汽車零件、無線電零件、電燈泡、糖精、盤尼西林、魷魚和雜貨等商品。船長小寺藤治指出，戰後日本在通貨膨脹的背景下，船員收入有限，為改善生活才會鋌而走險進行走私。雖言日昌丸走私事件並非行始於臺灣和沖繩間的航路，但能由此過程中窺見海運從業人員在轉換期間為改善經濟生活，進而參與走私活動的現象。[36]

　　綜觀戰後初期政府對臺灣商人赴日採以限制名額的方式，使得參與對日貿易的臺灣人名額有限，呈現過渡期的半真空狀態，直到 1950 年臺日貿易重開後才展現連續性的特質。此一時期最為成功的商務代表謝成源，在往後的資本積累，並未留在日本成為華僑資本，而在 1950 年代返臺投資臺灣鳳梨公司，由原本的商業資本轉型為農產加工業資本，而且成為中華開發公司創辦時的重要投資人。[37]非官方貿易的走私渠道，則伴隨臺日貿易的再開與政府撤臺後開始對沿海嚴加管制，往來於臺灣與沖繩間的走私活動亦逐漸消失。

二、臺灣與中國大陸經濟的再接榫

　　戰後初期臺灣人參與經濟活動，可約略分為工業與商業資本兩類。眾所皆知，戰前臺灣較具規模的工業資本均由日本人所掌控，戰後初期最初陳炘曾籌組大公企業欲接手日本人的事業，但在未獲臺灣省行政長官陳儀同意下作罷。[38] 當政府決議將日人企業進行接收並改組為公營企業後，臺灣重要的產業部門均由政府經營，亦壓縮臺灣人參與工業部門的空間。雖言當時如大同機械製鋼公司與唐榮鐵工廠等企業亦積極參與工業製品投產，但在惡性通貨膨脹的背景與資金融通等種種不利因素，兩間臺灣最具規模的民間企業均曾瀕臨倒閉危機。[39]

　　至於在商業資本層面，可分為以島內流通為中心與從事對外貿易兩種。從事對外貿易的臺灣商人因戰後在對日關係幾近中斷，活動重心多轉往中國大陸；但在此之中，部分臺灣商人係在日本對華侵略下進入中國大陸從事商貿活動，憑藉著戰前締建的基礎從事兩岸貿易。而且在戰後湧現的創業熱潮中，部分創業者除投資島內的工業部門外，尚專營或兼營兩岸間的貨通有無而獲利。在此當中，不少商人選擇前往上海進行物資交易，原因或為當時上海作為中國最大的通商口岸，較容易購入所需的各項物資與銷售各類臺灣產製的商品。

　　經由以上的說明，本段落嘗試從有限的回憶錄與傳記等個案資料為基礎，透過實證性的考察，將戰後從事外向型商業活動的臺灣商人分為殖民地網絡延長、戰後事業經營場域由日本轉向中國大陸者、從事兩岸間物資交易的新創業者。經由此一考察，將能初步理解戰後資本家係如何在 1950 年代跨入工業資本營運前，如何在轉換期的契機從事商品買賣的資本積累。

（一）殖民地網絡延續型

　　第一種類型的臺灣人資本家，主要是在 1930 年代以後日本在

中國東北和華北的影響力漸增，開始有諸多臺灣人前往滿洲國等地求職或展開政治仕途。此時部分臺灣商人前往中國大陸的動機是伴隨中日戰爭後日漸嚴苛的經濟統制，在從事以島內商業經營日漸困難下前往中國大陸尋求商機。1945 年日本敗戰後，這些商人持續運用中國大陸的基礎，與臺灣間進行物資交易。

1. 和泰商行

創辦和泰公司與味全食品公司的黃烈火，戰前最初在年豐棧從事油品買賣。1938 年黃烈火等人在神戶集資創辦和泰洋行從事棉布與雜貨買賣，並由其主導商行營運。但其後因黃氏罹病，1941 年解散和泰洋行。[40]

1942 年黃烈火病癒後另創和泰商行，並在陳重光的慫恿下將事業版圖拓展至滿洲國。當時黃烈火與日本人在長春合資設立木材加工廠，並將產品銷售至中國大陸各地。值得注意的是，因中國大陸存在法幣、滿洲國國幣、日幣等三種通貨，故能透過匯差獲利。此外，黃烈火還在北京與上海銷售日本產製的汽車零件。然而，1944 年隨著戰事的緊迫與船舶輸送日漸困難下，黃烈火改在中國大陸境內進行各項物資買賣。[41]

戰後黃烈火在長春的木材事業因局勢混亂無以為繼，1947 年9 月將和泰商行重新在臺開業。首先，黃烈火經戰前美孚公司臺灣分公司經理張鴻圖的引薦下取得該公司油品的臺灣代理權，從上海美孚公司亞洲油料庫運送各種油品回臺銷售。其次，還從上海運回固特異、皮愛司、鄧祿普、雙錢牌等各種汽車與腳踏車輪胎。復次，還銷售中國肥皂公司生產的肥皂與香皂，與齊魯企業公司產製的橡膠製品。在出口方面，除了將豐國糖業公司生產的紅糖運送至上海外，還包含香茅油、水果、木材等特產。黃烈火認為戰後臺灣經濟若能與中國大陸密切交流，將有助於經濟復甦，故相繼在上海和天津設立據點。大致上，黃烈火透過每週往返基隆與上海的中興輪載運砂糖與油品物資的雙邊貿易，可達雙倍之獲

利，但此業務伴隨中國大陸的失守而告終。[42]

2. 永豐商行

戰後以製紙業發跡的永豐餘集團的前身，為 1924 年由何傳、何永、何義三兄弟以父親何皆來名義創設的永豐商行。永豐商行的主要業務為買賣米穀、肥料、砂糖、麵粉等，其中以代理三井物產所經銷的德國獅馬牌（B.A.S.F.）化學肥料最為重要；1934 年伴隨業務的擴展，何家將事業改組為永豐商店株式會社。然而，戰時德國肥料減產的原因使得事業經營日漸清淡，故 1941 年何義前往上海找尋機會。[43]

何家在中國大陸的投資事業大致以上海為中心，到各地蒐購雜糧轉售給三井物產株式會社。迄日本敗戰前，何家在北京、無錫、常州、鎮江、揚州、蘇州、杭州、高郵、廈門等地設有據點。[44]

另一方面，戰後初期何家將事業重心移回臺灣，在臺北註冊登記永豐股份有限公司，以經營進出口貿易為主，並將獲利用於各項投資。依據記載，當時永豐股份有限公司亦曾進行與上海間的貿易，並進口當時臺灣未能自製的塑膠製品。[45] 另一方面，何家開始投資製紙事業，至 1948 年時共創設永豐紙業、永豐餘造紙、永豐原造紙等三間公司。[46]

（二）戰後由日本轉向中國大陸

關於第二種型態，主要基於戰前臺灣殖民地經濟體系的背景下，凡舉民生類的紡織品或中高階機電用品均需仰賴從日本國內提供，當時臺灣商人前往日本採購臺灣欠缺的各項物資返臺銷售。然而，戰後初期臺日貿易在幾近斷絕下，這些商人轉而前往中國大陸購入物資。

1. 臺南幫

　　統一企業的創辦人吳修齊與吳尊賢兄弟，於 1934 年創辦的新和興布行，係從日本批入各類棉布在臺銷售。但太平洋戰爭後因日臺間航路逐漸困難，以及日本國內減少生產棉紡織品等因素，從日本國內移入臺灣的紡織品日漸減少。有鑒於此，1942 年臺灣總督府設立臺灣纖維製品株式會社，將臺灣島內紡織品的銷售調整為配給銷售，此時新和興布行成為配給制度該會社的下游的業務代理。[47]

　　1945 年日本敗戰，吳修齊在 1946 年重新籌設新和興洋行，布匹的供應來源由最初的日本轉成上海。當時新和興洋行獲得上海的南光行以低價提供大量布匹在南部批發，又進一步同在臺北設立三興行。吳修齊藉由大量採購、大量銷售的方式，獲取上海方面廠商的信賴。1947 年，吳修齊更進一步前往上海組織三星行，透過直接採購降低成本。值得注意的是，在惡性通貨膨脹的背景下，大多數人寧願持有實物；吳修齊曾言當時借款給他人所賺取的利率只有幾倍，但新和興洋行在通貨給膨脹下的獲利率則高達數十倍。[48]

2. 南邦電機行

　　戰前成立南邦電機行的洪健全，主要業務除從事收音機修理與組裝外，尚作為全島收音機的批發商。戰後在臺日貿易中斷下，1946 年，洪健全創立建隆行，專營電氣製品的貿易與批發。在貨物來源方面，洪健全前往中國大陸的上海、南京、廣州和香港等地採買電氣產品，供應臺灣各地的電氣行。[49]

　　但伴隨政府在國共內戰的敗北，洪健全在臺日貿易協定簽訂後，轉從日本進口松下企業的無線電器材，與其他品牌的真空管、電線、電工器材等。1953 年洪健全將建隆行改名為建隆電器廠，開始裝配收音機、製造零件、取代進口產品，並以國際牌的商標

銷售。1956 年改組為國際通信機械公司後，除運用美援貸款擴增廠房外，尚於 1957 年與日本松下電氣產業株式會社合作，由日方派員來臺進行生產指導，製造收音機、電唱機、喇叭、變壓器、線圈等。[50]

（三）從事兩岸間商業的創業者

關於此一類型，應可視為部分創業者以專營或兼營的方式遊走於兩岸從事物資運送。若能自行擁有船舶者，更能擺脫定期航班運送物資的限制，增加經營運送之彈性。

1. 新光集團

新光集團的創辦人吳火獅，戰前曾服務於日本人經營的小川商行，常前往日本購買布匹返臺販賣。戰後初期吳火獅除投資製糖和礦業等工業外，尚創辦以進口布匹、雜貨、紡織零件，出口糖和茶葉的新光商行。值得注意的是，吳火獅還將部分事業重心放在兩岸間的物資貿易。[51]

其中，吳火獅曾在臺中梧棲委託友人經營造船廠，並建造一艘 150 噸木船作為自用。木船竣工後，主要前往上海、寧波、汕頭、廈門、福州和香港等地運貨。吳火獅所擁有船隻，平均每月往返基隆與中國大陸之間兩趟，返程時可攜帶 3,000-4,000 包麵粉，獲利達到成本的一倍以上。此外，吳火獅並前往上海購入機械製造的布匹，當上海供應不足時，則轉往南通購入手工織造的土布。後來上海的麵粉管制出口，吳火獅轉進溫州載運海產。最終該艘船在舟山群島撤退時被政府徵收，結束其戰後初期的海運事業。[52]

2. 三陽工業

戰後共同創辦三陽工業的張國安與黃繼俊，戰後初期亦穿梭

於兩岸間從事各類商品買賣。稍詳言之，黃繼俊開設以從事兩岸貿易為主的慶豐行，1948 年張國安進入該行號服務。張國安的回憶記載，戰後初期臺灣所需的肥皂、香菸、襯衫、球鞋、布料等，多從中國大陸運送來臺。當時該行號的營運方式是採取見機行事的方法，例如張國安曾前往嘉義購入蜂蜜，再出口到廣州；此外，還將購買自學甲的蒜頭、花蓮的藤、宜蘭的黃瓜出口至香港。至於從中國引進臺灣的物品，則包含自廣東採購的魷魚乾。但依張國安所言，這種游擊式的營運模式利潤有限。[53]

1949 年初期，許多上海的物資改由舟山群島轉運臺灣，黃繼俊聽聞舟山群島在油電欠缺下均靠煤油照明。為此，1949 年 2 月張國安乘坐 200 多噸小貨船裝載 120 桶煤油，從基隆前往舟山群島銷售，再從當地購買海蜇皮返臺販賣。往返於臺灣與舟山群島間的買賣業務持續至 1950 年 3 月止。[54]

本段落以幾個案例將往後成為大企業家的資本家劃分為三種類型。綜觀戰後初期這三種類型均屬商業資本的積累型態，對往後 1950 年代以後的發展究竟帶有哪些助益？在過去的論述中，指陳 1950 年代臺灣人資本在進口替代的發展階段多轉向工業資本發展，在此之前臺灣人多停留在商業資本階段。戰後初期臺灣在歷經惡性通貨膨脹的背景下，以貨物買賣的商業資本營運特性在經常持有實物以高價賣出下，較不容易受到貨幣貶值的影響，資本積累不致受到太大的波及。但遊走於兩岸間獲利的商業資本伴隨中國大陸的失守而告終，1950 年臺日貿易重開後，部分商業資本轉為戰前較有淵源的日資進行貿易往來或引進技術，或是在政府的政策扶植下逐步轉型為工業資本的生產樣式。

三、外向型資本家的轉型

1949 年底政府撤退來臺後，臺灣成為獨立經濟個體，資本家

的活動也伴隨政府政策與對外關係進行調整。作為經濟決策的主導者尹仲容，為扶植臺灣紡織業推動了「代紡代織」政策。在實施上，除了禁止棉紗和棉布進口外，係運用美援提供的原棉和棉紗，分配給各紡織廠織成棉布與提供資金借貸，再由中央信託局向廠商收購棉布後，販售到市場中。在生產的流程中，由政府提供生產面的原料和資金，以及商品流通的銷售層面，廠商的獲利是政府提供代工費用。[55] 初期廠商因欠缺經驗，生產的品質較差，爾後有經驗的累積逐漸提昇技術。1953 年政府認為棉紡織製品已能滿足臺灣島內的需求，故解除對棉紗的進口管制。[56]

從工業革命的歷程來看，歐美等先進國家在發展初期即推動棉紡織事業，主要原因在於具備廣大的民生市場與進入門檻低。從臺灣經濟史的角度觀之，戰前臺灣作為日本的殖民地，紡織業以發展麻紡織作為起點，裝載稻米和砂糖所需的麻布袋。[57] 作為民生產業的棉紡織業要至 1950 年代臺灣成為獨立的經濟個體後，才由政府由上而下的主導該產業之發展。從資本積累的角度來看，參與棉紡織事業的企業家初期仰賴政府的保護取得代工費，而且國內市場的確保，能夠維持事業的獲利，可說是事業發展的有利因素。在這樣的契機下，初期所累積的利潤成為往後進一步發展人造纖維產業，或往多角化經營所需資金。

作為外向型資本家，即是在這段時期從商業資本轉進工業資本，參與以棉紡織為首的新興工業。另一方面，部分資本家透過熟悉日語的優勢，趁著臺灣市場偏好日本工業品的契機，一方面代理日本商品的銷售，也開始嘗試發展新興工業。

（一）參與棉紡織事業

吳火獅在紡織業的經營上，1952 年先創辦新光紡織廠，開始小規模地發展人造纖維工業，主要產品為嫘縈、天然蠶、尼龍等。另一方面，吳氏尚創辦專司布料染整與印化的新竹染整廠。或許吳火獅基於企業內垂直整合的考量，將前述兩工廠合併後創設臺

灣新光實業股份有限公司。[58] 接著，1953 年在美援會的資助下創辦以生產人造絲、聚酯棉、混紡紗為主的士林廠，並於 1954 年成立新光紡織股份有限公司。以經營貿易為主的吳火獅，1950 年代後從日本進口人造絲進行織造，之後還參與染整、毛紡織、棉紗事業，建立起規模龐大的紡織事業。[59]1960 年代後吳火獅涉足保險業，分別成立新光產物保險公司與新光人壽公司，並成立新光三越百貨，參與百貨事業。[60]

1949 年上海淪陷後，臺南幫的投資事業因臺灣紡織品的來源斷絕，加上對日貿易尚未重啟，因此吳尊賢以觀光團名義赴日採購布匹。之後在政府推動紡紗紡織政策的契機下，1951 年組織三興織布廠，1954 年成立臺南紡織公司。[61]1959 年則開始籌備水泥事業，於 1960 年成立環球水泥公司。[62]

（二）從貿易商轉入工業資本

戰後初期從事臺灣與上海兩岸貿易的黃烈火，1949 年 5 月上海撤守前直奔東京，促使和泰公司取得日本橫濱輪胎與豐田汽車的代理，1954 年又取得日本日野重型車的代理。和泰商行的擴展隨著銷售日本產製的車輛而成長，其中以參與公路局和各地公車處車輛採購的標案作為大宗業務。1955 年，和泰公司改稱為和泰貿易股份有限公司。另一方面，出身彰化家族蘇家以經營交通事業為主的蘇燕輝，1951 年進入家族經營的金山貿易公司服務，主要進行車輛零件的進口。1959 年和泰公司邀請金山公司入股 25%，蘇燕輝也進入和泰公司服務。[63]

再者，1959 年黃烈火尚與新竹貨運公司董事長許金德共同創辦南港輪胎公司，開啟在臺灣生產輪胎之事業。從南港輪胎公司經營管理的人事安排來看，董事長由許金德擔任，總經理則由和泰公司業務經理施純樸擔任，負責實際的經營管理，[64] 此點顯現出當時中小企業主以合資的方式共同投入新興事業。

戰後和泰公司以代理車輛銷售為起點，1984 年成立國瑞汽車

公司，正式投入汽車製造。1985 年該公司在臺進行日野重型車的生產，1988 年則開始生產豐田國產車。[65] 透過這樣的脈絡，顯現在日臺商貿網絡間，商人以貿易代理為起點，之後則進一步在臺投入日本品牌車輛的組裝。

除此之外，1953 年和泰公司轉投資新臺幣 200 萬元成立和泰化工公司，俟正式營運時改稱味全食品公司，以生產乳業、醬油、花瓜為起點，並研發當時屬於新興工業的味精。[66]

何義的永豐商行事業，戰後除了以紙業作為參與工業資本的發端外，1951 年成立永豐化工公司，以製藥工業作為該工廠的主力；下一章將討論該公司曾參與塑膠工業的 PVC 工廠初期投資，但之後因擔心風險過大而放棄。此外，何家還參與機車產業的生產，並投資車輛零組件事業。除了第二級產業的投資外，並參加第三級產業——臺北市合會儲蓄公司的經營，即今永豐金控的前身。[67]

與黃俊繼共同投資慶豐行的張國安，先進口英國的三槍牌（BSA）機車進行銷售，後來政府為節約外匯禁止機車進口，改採價格較低的日本富士重工業的兔牌速克達機車，先以零件拆解來臺的方式再行組裝。[68]

值得注意的是，張國安雖以進口英國車輛為起點，但爾後建立起密切合作的對象轉往日本本田技研株式會社，主要原因在於日本商品的價格較低，具有市場銷售的競爭力。張國安與日本本田的聯繫，源於其父親戰前曾結識服務於臺灣物產館的友人鈴木泉，戰後鈴木氏遣返回日本後仍與張父保持書信往來，故透過鈴木氏引薦，使張國安成為本田技研株式會社的代理商，進而開始代理本田的腳踏車輔助引擎為起點。1954 年，張國安與黃俊繼共同創辦以生產磨車燈為主的三陽電機廠，最初將進口的磨電燈進行拆解，判斷生產時可能遇到的技術性問題。爾後張國安為克服電鍍品質，進而前往日本本田技研株式會社實習。1961 年改組為三陽工業股份有限公司，成為臺灣第一家生產機車的公司。[69]

總結上述外向型資本家跨入 1950 年代後，除了從事既有的貿

易活動外,也開始參與工業製品的生產。從經營行為來看,從所謂的商人資本轉入工業資本,棉紡織業者趁著進口替代工業化的階段累積資本,逐步走向多角化經營。另一方面,在從事新興工業作為資本積累途徑時,部分仍仰賴日語的優勢與舊有的網絡進行聯繫,取得生產初期所需的技術支援。

四、小結

　　近年來臺灣史研究常就戰前、戰後以臺灣為主體的延續與斷裂進行考察,未曾從「臺灣—日本」、「臺灣—中國大陸」的對外經濟層面進行剖析。綜觀 1940 年代後期臺灣從殖民地經濟至戰後納入中國經濟圈出現的人流與物流變化,臺灣與日本間呈現大幅度限縮的現象;然而,臺灣與中國大陸的經濟關係中的部分人流與物流,卻存在戰前日本向外擴張下的延續。

　　臺灣從日本的殖民地轉為中國的一省後,在未能保有經濟決策的自主性下,對日的正式經貿係於國民政府的體制下運行。縱使臺灣內部經濟存在諸多與日本經濟的可能連結,但在有限度的臺日貿易下使得轉換期的臺日商貿關係呈現幾近斷裂的真空現象。此一狀態要至 1950 年臺日貿易重開後,兩地間於戰前建構的商貿網絡才獲得延續。至於臺日間的非正式走私體系,應可視為去殖民地化所殘存的帝國流通結構,但仍反應出臺日間存在物資供需的互補關係。

　　至於在看待戰後初期臺灣與中國大陸經濟往來中的人流與物流時,或可以超越政治疆域為版圖的思維模式剖析。在人流方面,對賺取商業利益的臺灣商人而言,不論在日本對中國侵略或戰後臺灣納入中國一省,以存在市場利益導向與否最為重要考量;在此前提下,才出現臺灣商人在臺灣、日本、中國大陸流動之現象。亦即,戰後初期臺灣與中國大陸間的對外關係中的商業網絡,部分定置在戰前日本對外擴張過程中的人員流動,並非直觀地認定

為全新的開始，而是存在戰前日本軍事侵略的延續性。由此可見，欲理解戰後初期臺灣與中國大陸的經濟關係，不應一刀兩斷地以戰後作為全新的起點，需關注戰前臺灣與中國大陸交流是否具有延續色彩。

此外，從事外向型資本家的經濟活動，對於其資本積累相較於參與工業資本者具備怎樣的優勢？大致上，1940年後期臺灣歷經惡性通貨膨脹的背景下，從事物資買賣的外向型商業資本家因為多持有實物，容易在通貨膨脹下獲利；反倒是本業專注於工業為主的資本家，在原料調度和工資等各項成本均呈現快速的漲幅下，加上國共內戰後期物資取得逐漸困難的背景，在事業經營上受到的波及較為嚴重。

戰後出現在兩岸的經貿往來，伴隨1940年代末期中華民國政府在國共內戰的敗退下告終。1950年伴隨臺日貿易的重開與韓戰爆發美國決定重啟對中華民國政府的援助，臺灣的對外經貿轉向與美日間有著密切的來往。臺灣與中國大陸間的軍事與政治對峙使得兩岸間的經貿關係中斷，但戰後初期與日本間呈現真空的經貿狀態亦重新在冷戰的國際政經下接軌。另一方面，1950年臺灣在成為獨立的經濟個體後，這些資本家開始在政府推動工業化的契機下進行轉型，使其事業版圖由原本的商業資本，逐步轉向工業資本，甚至走向多角化經營的脈絡。

註釋：

1. 大藏省関税局，《税関百年史（下）》（東京：日本関税協会，1972），頁 216-217。

2. 林滿紅，《獵巫、叫魂與認同危機：臺灣定位新論》（臺北：黎明文化出版公司，2008），頁 49-62、83-98。廖鴻綺，《貿易與政治：臺日間的貿易外交 (1950-1961)》（臺北：稻鄉出版社，2005），頁 17-20。沈雲龍編，《尹仲容先生年譜初稿》（臺北：傳記文學社，1988），頁 95-97。

3. 廖鴻綺，《貿易與政治：臺日間的貿易外交 (1950-1961)》，頁 12-13。

4. 廖鴻綺，《貿易與政治：臺日間的貿易外交 (1950-1961)》，頁 13-15。

5. 〈對日貿易指導委員會第一次會議記錄〉(1947 年 8 月 13 日），《對日貿易指導委員會會議記錄》，資源委員會檔案，檔號：24-10-10-001-02，藏於中央研究院近代史研究所檔案館。

6. 〈對日貿易指導委員會第五次會議記錄〉(1947 年 10 月 4 日），《對日貿易指導委員會會議記錄》，資源委員會檔案，檔號：24-10-10-001-02，藏於中央研究院近代史研究所檔案館。

7. 廖慶洲編，《臺灣食品界的拓荒者：謝成源》（臺北：金閣企管顧問股份有限公司，2004），頁 50-52。〈在日省人的顏 (3)─謝成源氏〉，《日台通信》第 19 號 (1952 年 4 月 20 日），第 4 版。

8. 〈バナナの香りもほのかに待望の日台貿易─台湾からバイヤー迎へて〉，《全國引揚者新聞》第 1 號 (1948 年 9 月 1 日），第 2 版。

9. 許雪姬編，林獻堂著，《灌園先生日記（廿二）：1950 年》（臺北：中央研究院臺灣史研究所，2012），頁 34。

10. 「臺灣當代人物誌資料庫」：http://elib.infolinker.com.tw/login_whoswho.htm（2014/9/30）。

11. 原幹洲，《南進日本之第一線に起つ─新臺灣之人物》（臺北：拓務評論臺灣支社，1936），頁 109。

12. 陳翠蓮，〈戰後臺灣菁英的憧憬與頓挫：延平學院創立始末〉，《臺灣史研究》第 13 卷第 2 期 (2006 年 6 月），頁 123-167；謝聰敏，〈延平學院的朱昭陽與劉明〉，《新臺灣新聞周刊》，2002 年 2 月。 http://www.newtaiwan.com.tw/bulletinview.jsp?bulletinid=46777（閱覽日期：2014 年 9 月 30 日）。

13. 興南新聞社，《臺灣人士鑑》，頁 109。

14. 蔡說麗撰，「紀秋水」條，收錄於《臺灣歷史辭典》，599；「臺灣當代人物誌資料庫」：http://elib.infolinker.com.tw/login_whoswho.htm（閱覽日期：2014 年 9 月 30 日）。

15. 臺灣民報社，《臺灣人士鑑》，頁 20；中研院臺史所「臺灣總督府職員錄系統」：http://who.ith.sinica.edu.tw/mpView.action（閱覽日期：2014 年 9 月 30 日）。

16. 蔡說麗撰，「殷占魁」條，收錄於《臺灣歷史辭典》，頁 652；「臺灣當代人物誌資料庫」：http://elib.infolinker.com.tw/login_whoswho.htm（2014/9/30）；臺灣省諮議會「歷屆議員查詢」：http://www.tpa.gov.tw/big5/Councilor/Councilor_view.asp?id=571&cid=3&urlID=20（2014/9/30）。

17. 廖慶洲編，《臺灣食品界的拓荒者：謝成源》，頁 54-56。

18. 林滿紅，〈臺湾の対日貿易における政府と商人の關係（1950-1961 年）〉，《アジア文化交流研究》，第 4 號（2009 年 3 月），頁 509-533。

19. 資日購字第 40 號，事由：呈報以後中日貿易原則與辦法，1948 年 4 月 23 日，《專員陳紹琳函稿》，資源委員會檔案，檔號：24-10-10-001-05，藏於中央研究院近代史研究所

檔案館。

20. 經發第 2926 號，中華民國駐日代表團用籤，《吳半農函稿》，資源委員會檔案，檔號：24-10-10-001-06，藏於中央研究院近代史研究所檔案館。

21. 〈the letter-Chinese Mission in Japan〉(1948 年 12 月 10 日，Tokyo)，《鄒任之伍和企業公司；紀秋水臺陽輪船公司；黃及時光隆行；開源水產公司》，駐日代表團檔案，檔號：32-02-398，藏於中央研究院近代史研究所檔案館。

22. 〈報告〉(1948 年 8 月 21 日，Tokyo)，《鄒任之伍和企業公司；紀秋水臺陽輪船公司；黃及時光隆行；開源水產公司》，駐日代表團檔案，檔號：32-02-398，藏於中央研究院近代史研究所檔案館。

23. 《臺灣省政府核准對日貿易商登記表》，日賠會檔案，檔號： 32-00 670，藏於中央研究院近代史研究所檔案館。

24. 〈在日省人の顔 (3)：謝成源氏〉，《日台通信》第 19 號 (1952 年 4 月 20 日)，第 4 版。廖慶洲編，《臺灣食品界的拓荒者：謝成源》，頁 54-56。劉淑靚，《臺日蕉貿網絡與臺灣的經濟精英 (1945-1971)》，頁 47-48。

25. 許雪姬編，林獻堂著，《灌園先生日記 (廿二)：1950 年》，頁 70、75。

26. 〈「わが生がいの最良の年」に再起「在京組」の噂話〉，《全國引揚者新聞》第 7 號 (1949 年 1 月 1 日)，第四版。

27. 〈臺灣省青果運銷合作社聯合社代電〉(1949 年 8 月 24 日)，《殷占魁臺省青果合作社；黃頌昌協聯貿易企業公司；廖雲士惠昌商行；李澤民三洋貿易公司》，駐日代表團檔案，檔號：32-02-411，藏於中央研究院近代史研究所檔案館。

28. 〈臺灣省政府核准赴日貿易商人名單〉(1950 年 10 月 14 日止)，《臺灣省政府核准貿易商》，日賠會檔案，檔號：32-02-303，藏於中央研究院近代史研究所檔案館。

29. 〈希即檢送對日貿易商表冊以憑查證〉(1950 年 9 月 15 日)，《貿易商登記》，檔號：32-02-347，日賠會檔案，藏於中央研究院近代史研究所檔案館。

30. 大藏省関税局，《税関百年史 (下)》，頁 219-220。

31. 大藏省関税局，《税関百年史 (下)》，頁 220。

32. 大藏省関税局，《税関百年史 (下)》，頁 226。

33. 與那原惠著、辛如意譯，《到美麗島》(臺北：聯經出版事業股份有限公司，2014)，頁 273-275。

34. 松田良孝，《与那国台湾往來記—「国境」に暮らす人々》(沖縄：南山舍，2013)，頁 299、302。許瓊 丰，〈在日臺灣人與戰後日本神戶華僑社會的變遷〉，《臺灣史研究》第 18 卷第 2 期（2011 年 6 月），頁 147-195。

35. 石原昌家，《大密貿易の時代》(東京：株式会社晚声社，1982)，頁 88-89。

36. 《日昌丸走私處罰案》，日賠會檔案，檔號：32-00 137，藏於中央研究院近代史研究所檔案館。

37. 中華開發信託股份有限公司編，《中華開發信託股份有限公司三十五週年紀念特刊》(臺北：中華開發信託股份有限公司，1994)，頁 18。

38. 吳濁流，《無花果》（臺北：前衛出版社，1988），頁 162-163。

39. 許雪姬，〈唐榮鐵工廠之研究〉，《高雄歷史與文化論集（第二輯）》（高雄：陳中和文教基金會，1995），頁 155-199。許雪姬，〈唐傳宗與鼎盛時期的唐榮鐵工廠，1956-1960〉，《思與言》第 33 卷第 2 期（1995 年 6 月），頁 67-96。

40. 黃烈火口述，賴清波記錄整理，《學習與成長：和泰味全企業集團創辦人黃烈火的奮鬥

史》(臺北：財團法人黃烈火福利基金會，2006)，頁 47-49、64。

41. 黃烈火口述，賴清波記錄整理，《學習與成長：和泰味全企業集團創辦人黃烈火的奮鬥史》，頁 46-48、67-68、76-77。

42. 和泰汽車股份有限公司公關課編，《和泰汽車五十年史》(臺北：和泰汽車股份有限公司，1998)，頁 15。黃烈火口述，賴清波記錄整理，《學習與成長—和泰味全企業集團創辦人黃烈火的奮鬥史》，頁 88-89、91-94。鄭建星編，《臺灣商業名錄》(臺北：國功出版社，1948)，頁 70。

43. 義容集團編輯小組，《臺灣前輩企業家何義傳略》(臺北：允晨文化實業公司，2003)，頁 38、40、42-43。

44. 義容集團編輯小組，《臺灣前輩企業家何義傳略》，頁 46-49。

45. 義容集團編輯小組，《臺灣前輩企業家何義傳略》，頁 58-59、77。鄭建星編，《臺灣商業名錄》，頁 497。

46. 鄭建星編，《臺灣商業名錄》，頁 35。

47. 吳修齊，《吳修齊自傳》(臺北：遠景出版事業公司，1993)，頁 70、86、118-120。

48. 吳修齊，《吳修齊自傳》，頁 149、152-153、160。

49. 鄭秋霜，《大家的國際牌：洪健全的事業志業》(臺北：臺灣電化商品股份有限公司，2006)，頁 16-17、21-22。

50. 鄭秋霜，《大家的國際牌：洪健全的事業志業》，頁 24-33。

51. 黃進興，《吳火獅先生口述傳記：半世紀的奮鬥》(臺北：允晨文化實業股份有限公司，1990)，頁 41-43、73-87、131。

52. 黃進興，《吳火獅先生口述傳記：半世紀的奮鬥》，頁 111-113。

53. 張國安，《歷練：張國安自傳》(臺北：天下文化出版股份有限公司，1987)，頁 24-27。

54. 張國安，《歷練：張國安自傳》，頁 29-35。

55. 郭岱君，《臺灣經濟轉型的故事：從計劃經濟到市場經濟》，頁 88-89。

56. 郭岱君，《臺灣經濟轉型的故事：從計劃經濟到市場經濟》，頁 90。

57. 洪紹洋，〈臺灣麻紡織事業的興起與限制（1895-1936）〉，《國史館館刊》第 60 期（2019年 6 月），頁 46-87。

58. 黃進興，《吳火獅先生口述傳記：半世紀的奮鬥》：頁 136-143。

59. 黃進興，《吳火獅先生口述傳記：半世紀的奮鬥》，頁 137-138、144-145。

60. 黃進興，《吳火獅先生口述傳記：半世紀的奮鬥》，頁 179、181、236-237。

61. 吳修齊，《吳修齊自傳》，頁 170、186、195。

62. 謝國興，《臺南幫：一個臺灣本土企業集團的興起》(臺北：遠流文化事業股份有限公司，1999)，頁 138-139。

63. 蘇燕輝，《我與豐田‧和泰的汽車生涯》(臺北：和泰汽車，2017)，頁 12、14、19、47、49-51。黃烈火口述、賴金波記錄整理，《學習與成長：和泰味全企業集團創辦人黃烈火的奮鬥史》，頁 110-111、258。

64. 黃烈火口述、賴金波記錄整理，《學習與成長：和泰味全企業集團創辦人黃烈火的奮鬥史》，頁 112-113、258。

65. 蘇燕輝，《我與豐田‧和泰的汽車生涯》，頁 172-173、188。

66. 黃烈火口述、賴金波記錄整理，《學習與成長：和泰味全企業集團創辦人黃烈火的奮

門史》，頁 120-121、258。

67. 義容集團編輯小組，《臺灣前輩企業家何義傳略》，頁 71-73、82-83、89-91、92、96。

68. 張國安，《歷練：張國安自傳》，頁 41、43。

69. 張國安，《歷練：張國安自傳》，頁 45、46、48、49、53、54。

第三章　資本家的機會：走向工業

一、資本家活動的地域移轉：從中國到臺灣

　　要了解戰後臺灣商人的資本積累，除了上一章所關注本地的臺灣商人外，尚需了解 1949 年前後撤退來臺的大陸系資本的動向，才能對戰後臺灣經濟運行中的企業型態有所掌握。

　　例如遠東集團在臺灣事業的發展是以徐有庠為起點，其在大陸時期曾於上海經營遠東織造廠和同牲泰機器搾油廠等事業。1949 年 5 月上海淪陷前即籌劃遠東織造廠的機器設備播遷來臺之事宜。[1]1949 年 10 月，遠東針織廠股份有限公司設置於臺北縣板橋鎮，初期延續大陸時期使用的「洋房牌」商標，以內衣針織品為主要商品。1952 年徐有庠成立臺灣遠東紡織股份有限公司，投入紡紗事業，此舉可視為產業結構的垂直整合。[2]

　　徐有庠來臺以棉紡織事業為起點，爾後不但成立生產人造纖維的東方人纖股份有限公司，還參與亞洲水泥、裕民運輸、遠東百貨等事業，走向企業集團的發展型態。[3]

　　上海時期曾創辦大隆機器廠的嚴慶齡家族，為當時中國生產紡織機械的重要工廠，在蘇州也曾經營紡紗事業。1949 年嚴慶齡來臺時，以上海攜帶來自大隆機器廠的紡織機械為基礎，成立臺元紡織廠，進行棉紗的生產。爾後嚴慶齡在 1953 年成立裕隆機器製造公司，以生產漁船引擎為起點，並引進日本的技術進行小型車輛的組裝。1969 年成立生產商用車的中華汽車，紡織業則成立臺元針織公司。[4]

比較這兩家從上海發跡來臺的企業，徐有庠的遠東集團走向較為廣泛的多角化經營，嚴慶齡的裕隆集團仍是以較為保守的策略專注於紡織與汽車事業。從資本家活動的軌跡來看，由於裕隆與遠東來自中國大陸的經營者，過去曾具備一定規模的工業投資經驗，來臺以後經營棉紡織事業時可說相對熟悉。

　　以往對民國時期企業史的研究，至 1949 年後則進入中共建政後的公私合營階段。對於離開中國前往其他地域的資本家發展，有針對香港的上海工業家的討論，[5] 還有以上海一地資本家轉進臺灣後的事業發展進行考察。[6] 從臺灣經濟史的觀點來看，既往對於臺灣經濟史的資本積累，強調戰前至戰後的臺灣人資本積累，[7] 較少關注從中國大陸來臺資本家納入戰後臺灣經濟體系的過程。戰後來自中國大陸與本地的臺灣人資本家，初期看似在臺灣經濟體系中呈現兩條並行的資本積累型態，但第六章將討論的中國人造纖維公司的成立，顯現出本地與來自中國大陸資本家共同出資的合流現象。

二、企業設立與技術取得

　　1950 年代作為新興事業在創辦的過程中，除了需要資金與經營管理能力之外，取得欲生產的技術亦為不可或缺的問題。綜觀當時民間企業的技術來源，主要來自日本與美國的企業。這些海外企業除了以機器、原料和資金進行投資外，尚透過提供廠商技術賺取權利金報酬，或採既參與投資、又提供技術的雙重策略，發揮在臺的影響力。另一方面，部分企業亦運用美援體系下的特定工業發展計畫與小型民營工業貸款，購入生產新技術所需對應的資本材。

　　當時日本與美國資本對本地民營企業的合作項目，可粗略地分為機電、化學、食品、礦業和營造等五大類。這些產品除了滿足當地民間市場所需外，還涵蓋政府需求所實施的移轉。1950 年

代中期主導臺灣工業發展的行政院經濟安定委員會下屬工業委員會，常就技術合作契約進行審核時向廠商提出各項要求。當時工業委員會基於國家外匯不足的前提下鼓勵本國廠商能夠引進技術在臺生產各項產品，但也要求需引進較新的生產製程。

表 1 日資對民營企業提供的技術轉讓

日本公司名稱	臺灣公司名稱	製品	許可時間	接受美援計畫
（第一大類）廣義的機電業				
東京芝浦電氣株式會社	臺灣日光燈公司	日光燈	1955	小型民營工業貸款 (1959)
	大同製鋼機械公司	日光燈	1955	小型民營工業貸款 (1955)
	中國電器股份有限公司	日光燈	1957	小型民營工業貸款 (1955、1963)
	臺灣玻璃管廠股份有限公司	日光燈	1958	
松下電氣產業株式會社	國際通信機械股份有限公司	通信器材	1957	
住友電器工業株式會社	泰和機械工廠	PVF 漆包線	1957	
美國飛速國際公司	振茂工業股份有限公司	輕型機車	1957	
關西二井製作所	士林電工廠股份有限公司	電容器	1958	
日本電氣株式會社	臺灣通信工業公司	各種通信器材	1958	
沖電氣株式會社	遠東電器公司	有限通信器材	1958	小型民營工業貸款 (1957)
日產自動車株式會社	裕隆機器製造廠股份有限公司	卡車和汽車組裝	1958	新臺幣 300 萬元、18 萬 3000 美元（1955、1956）
美國威力斯汽車公司暨威力斯歐佛南出口公司	裕隆機器製造廠股份有限公司	汽車	1959	新臺幣 300 萬元、18 萬 3000 美元（1955、1956）
（第二大類）化學工業				
關西油漆株式會社	唐榮油漆廠	高級油漆	1954	小型民營工業貸款（1957）

大阪印刷油墨株式會社	亞洲工業股份有限公司	印刷油墨		
日本油漆株式會社	亞洲工業股份有限公司	船底漆合成樹脂塗料顏料合成樹脂	1957	
大日本油墨廠株式會社	瑞和企業股份有限公司	膠板、平板、凹板、新聞油墨	1957	
三菱化成工業株式會社	正隆染料行	染料	1958	
日本凸版印刷株式會社	僑聯彩色印刷股份有限公司	印刷	1958	
中外製藥株式會社	永豐化學工業股份公司	製藥	1954	小型民營工業貸款（1954）
美國萬可宏國際公司	中國人造纖維股份有限公司	人造纖維	1955	新臺幣 2,000 萬元（1956）
美國華納頓伯脫製藥公司 美國雷其德赫勒公司 美國標準製藥公司	華孚有限公司	藥品、化妝品	1957	小型民營工業貸款（1954）
三共製藥株式會社	中國化學製藥公司	製藥	1958	相對基金貸款新臺幣 15 萬元（1954）、小型民營工業貸款（1955、1957、1958）
美國奧林梅斯遜公司施貴寶國際部	中國化學製藥股份有限公司	抗生素	1959	相對基金貸款新臺幣 15 萬元（1954）、小型民營工業貸款（1955、1957、1958）
旭硝子株式會社	大華企業股份有限公司	耐火器材	1956	
亞沙西都株式會社	良友工業公司	紗隆製品 (saran)	1957	
福井漁網株式會社	協進漁網廠股份有限公司	合成纖維漁網及繩線	1959	
（第三類）食品工業				
明治乳業株式會社	臺北牧場股份有限公司	加糖煉乳	1958	小型民營工業貸款（1957）

協合釀酵株式會社	中國釀酵工業公司	L酸酸	1959	
（第四類）礦業				
米星商事、札幌炭礦株式會社	南莊礦業	焦炭	1958	
（第五類）營造業				
美國預疊混凝土助射劑公司	中國預疊混凝土工程股份有限公司	預疊混凝土	1957	

資料來源：〈外國人投資簡表〉（1952 年 7 月—1959 年 6 月），經濟部（函），〈函送華僑及外國人投資簡表附查照〉（1959 年 12 月 30 日），《華僑及外國人來臺投資與技術合作、工業服務》，行政院國際經濟合作發展委員會檔案，檔號：36-19-001-002，藏於中央研究院近代史研究所檔案館。行政院國際經濟合作發展委員會，《美援運用成果檢討叢書之二美援貸款概況》（臺北：行政院國際經濟合作發展委員會，1964），頁 22、70-71、128、131-132、148、156。行政院美援運用委員會，《十年來接受美援單位的成長》（臺北：行政院美援運用委員會，1961），頁 83、135。

　　如表 1 所示，民營機電業引進的 10 件日本技術中，4 件為東京芝浦株式會社提供臺灣日光燈公司、大同製鋼機械公司、中國電器股份有限公司、臺灣玻璃管廠股份有限公司生產燈泡、日光燈、電錶等技術。眾所皆知，東京芝浦株式會社為戰後日本首屈一指的電器生產商，社長石坂泰三並同時兼任經濟團體聯合會會長。1950 年代石坂氏即透過經濟團體聯合會組織，積極率領日本商界前往海外開拓商機；[8]1957 年代起中日合作策進委員會創辦後，石坂氏即以經團聯會長的身分率領日資參與組織活動，積極與臺灣政商間建立聯繫。[9]

　　臺灣政府未對東京芝浦株式會社提供電燈泡和日光燈等相似製造技術給臺灣的數間公司提出過大異議，僅要求本地廠商需引進最先進的生產製程。究其原因，或在於當時臺灣燈泡品質不佳，政府擬透過各廠間引進新技術並兼具市場競爭力的同質產品以改善品質；其次，還可藉由日光燈技術引進的途徑，提供臺灣照明市場新的照明工具。[10]

　　1954 年以資本額新臺幣 200 萬元創立的臺灣日光燈公司，為

全臺灣第二家生產日光燈的公司。至於臺灣最早生產日光燈的新亞公司，僅具有一套半自動式的機器設備，每月可生產 12,000 隻日光燈。臺灣日光燈公司原本計畫如同新亞公司購入同樣的半自動製造設備，但工業委員會認為應採用最新式的全自動化機器生產符合國際標準的製品，才能增加產量與降低成本。臺灣日光燈公司為遵循政府意見，將資本額增資至新臺幣 500 萬元，並獲東京芝浦株式會社首肯、提供 1,000 多種特許權。1955 年 1 月經濟部核准該公司與東京芝浦株式會社的技術合作申請，同年 9 月機器運抵臺灣進行安裝後，於 1956 年 1 月開工投產。[11] 值得注意的是，在臺灣日光燈公司籌備設廠的同時，1955 年 9 月經濟安定委員會認為臺灣產日光燈將有能力達到國際標準，提出禁止日光燈進口之政策，以扶植國內廠商生產。[12]

　　至於化學工業囿於資料所限未能進行較為詳盡的考察，但仍能以中國化學製藥公司、中國醱酵股份和華孚有限公司略做討論。首先，由陳啟川、林柏壽共同發起的中國化學製藥公司，聘請曾任職於官場且具備半山身分的王民寧擔任董事長。[13] 依據資料顯示，公司選擇與三共製藥株式會社合作的緣由，為王民寧與該公司董事長鈴木萬平為舊識。中國化學製藥公司透過引進三共製藥株式會社的技術生產感冒藥與抗生素，不僅售價僅需舶來品的一半，而且能使用日本的商標權。就中國化學製藥公司得以使用日本的商標權而言，對於慣用日本藥的臺灣人，可說具備相當之行銷優勢。[14] 至於美援早於該公司導入技術前的 1955 年起，即透過借款陸續添購生產針劑與抗生素用的設備及強化廠房各項設施，促使生產規模得以擴大。[15] 而且當時政府對於製藥業從國外引進技術抱持正面的鼓勵態度，可能與 1950 年代臺灣對藥品生產並無過多衛生條件與品質規範，呈現藥廠亂立之局面有關，故而寄望引進國外產品以提升藥品品質。[16]

　　中國醱酵公司引進協和醱酵株式會社的技術，歸因於日本製造味精方式的革新。最初味精的製造係以麵筋或黃豆進行蛋白質分解的製造法，1956 年日本協和醱酵株式會社研發出以澱粉加入

麩酸的釀酵法製造味精，進一步降低生產成本與提高生產速度。[17]原本協和醱酵株式會社想來臺取得專利，[18]但政府將味精工業視為民族工業的一環，否決該公司在臺的專利申請。在此之下，臺灣諸多公司均仿效協和醱酵株式會社的方法生產味精，該公司僅能退而求其次以賺取權利金的方式，提供技術給予中國醱酵公司在臺生產味精。[19]

至於華孚有限公司則計劃分別從美國的華納賴柏脫製藥公司、雷其德赫勒公司、標準製藥公司引進技術，生產化學製造工廠與化妝品。在華納賴柏脫製藥公司，計劃合作生產醫治感冒、頭痛和傷風等美堅尼藥片，還有治療胃酸過多的鈣鉍美粉，以及抗酸胃片的健樂仙片。標準製藥公司方面，則計劃引進技術生產止痛類的施要安藥水、施丹康、咳嗽傷風氣管炎的華大寶利補劑。雷其德赫勒公司則引進技術生產三花頭臘與三花面霜。[20]

工業委員會與內政部衛生司對前兩家公司生產藥品表示贊同，但與美國雷其德赫勒公司生產的三花面霜與頭蠟屬於奢侈品，故不予以同意。[21]值得注意的是，1959年華孚有限公司又向外國人及華僑投資事件審議委員會提出與美國華納賴柏脫製藥公司增加合作生產「李斯德霖」藥水，但內政部認為該藥水並無顯著療效，而且並非國內無法製造，故不予以同意。[22]綜觀華孚有限公司計劃的生產品目包含藥品和當時環境較為奢侈的商品，當時政府在外匯有限的背景，僅支持藥品的生產。

本段針對民營機電業的討論，可歸納出外資透過提供技術給本地企業的途徑中，政府所關注者除著重於產品的新穎性與品質外，還關注市場面的銷售問題。對於接受機電技術的民間企業，不僅偏限生產新製品層面，尚有助於改善其生產製程。部分資本以1950年代提供技術轉讓為主，俟1960年代臺灣政府陸續放寬投資法規後，再以技術或資金入股原本具有合作的本地公司。就此脈絡而論，此類日資先以提供技術獲取權利金的途徑與臺灣廠商建立默契，進而與本地資本合流。至於在化學相關事業的討論，可知悉製藥業欲藉由使用日本商標以標榜產品品質，此點或與曾

接受日本統治的臺灣人慣於使用日本藥品有關；另外，以製藥為出發的公司或想藉由生產頭蠟、面霜和漱口水等在經濟起飛初期屬於較為奢侈的商品以擴大市場機會，政府並未予以同意。但味精製造的事例，凸顯政府為推動工業化，進而否決日商來臺取得專利，以扶植本地味精產業發展之策略。

另外，如裕隆機器製造公司與中國化學製藥公司則針對製品

表 2 美資對民營企業的技術轉讓（1952 年 7 月—1959 年 6 月）

投資人	被投資者	產品	核准時間	備註
美國萬可宏國際公司	中國人造纖維股份有限公司	人造纖維	1955	新臺幣 2,000 萬元（1956）
美國華納頓伯脫製藥公司 美國雷其德赫勒公司 美國標準製藥公司	華孚有限公司	藥品、化粧品	1957	小型民營工業貸款（1954）
西屋國際電機公司	大同製鋼機械股份有限公司	電氣器具	1957	小型民營工業貸款（1955）、製造電錶工廠計畫新臺幣 361 萬元（1956）、製造馬達開關工業計畫新臺幣 190 萬元、美金 30 萬 2992.03 元（1957）
美國預疊混凝土助射劑公司	中國預疊混凝土工程股份有限公司	預疊混凝土	1957	
美國飛速國際公司	振茂工業股份有限公司	輕型機車	1957	
美國威力斯汽車公司暨威力斯歐佛南出口公司	裕隆機器製造廠股份有限公司	汽車	1959	新臺幣 300 萬元、18 萬 3000 美元（1955、1956）
美國奧林梅斯遜公司施貴寶國際部	中國化學製藥股份有限公司	抗生素	1959	相對基金貸款新臺幣 15 萬元（1954）、小型民營工業貸款（1955、1957、1958）

資料來源：〈外國人投資簡表〉（1952 年 7 月—1959 年 6 月），經濟部（函），〈函送華僑及外國人投資簡表附查照〉（1959 年 12 月 30 日），《華僑及外國人來臺投資與技術合作、工業服務》，經合會檔案，檔號：36-19-001-002，藏於中央研究院近代史研究所檔案館。

的需求，同時從日本和美國兩方引進技術，顯現出企業經營的靈活性。有些接受國外技術的廠商，同時也是由外資所投資創辦的企業。至於這些接受國外技術的廠商對其企業經營帶來怎樣的影響，下段起將以大同公司為例進行討論。

三、大企業的興起與挑戰

（一）大同公司的發跡

1. 歷史背景

　　大同製鋼機械公司（以下簡稱大同公司）是戰後早期臺灣民營機械業中規模最大的企業。大同公司的前身為 1918 年由林煴灶以資本額 18 萬日圓創立的協志商號，從事營造業工程。1939 年林氏為確保工程用的鋼筋、五金及建材等，設立大同鐵工所，作為營建業的上游原料整合。[23]1942 年大同鐵工所設立電氣製鋼工場，開始生產各種鑄件與鋼錠。1944 年進一步增資為 150 萬日圓，對原有的機械廠進行擴充，生產車床、沖床、鑽床等發展機械工業的基礎設備。[24]

　　1945 年日本投降後，大同鐵工所更名為大同公司。戰後初期大同公司主要業務為承接戰時被炸毀的 577 輛火車車輛的修復，還提供各生產單位復員所需的鋼筋、零件、五金等。然而，1949 年臺灣鐵路管理局自辦修理車輛後，公司投資於修理火車工廠的機器設備，頓時無處可用，使業務受到挫折。[25]

　　從企業經營的觀點來看，大同公司為承接戰後復興期的鐵道車輛修復，投資相當大的廠房與設備資產，但在車輛修復完畢後，此項設施則告閒置，為不合算的投資。因此，大同公司轉變生產策略，以自有品牌的方式生產家庭、公司、機關所需的商品。

2. 大量生產的起點（1949-）

　　當時大同公司董事長林挺生認為，臺灣在電工類僅能生產電燈泡，故選擇以生產各種電工用品為營運主軸。

　　1949 年大同公司開始生產電扇，是以原本的車輛廠房作為基礎，一切零件與生產皆為自行開發。[26] 透過表 2 和表 3，1950-1960年代大同公司生產許多家電商品，其中電扇、馬達、電錶和電鍋等均達到大規模的生產樣式。從表 4 來看，電錶因提供臺灣電力公司所需，並在政府與美援的支持下進行獨佔性生產。[27] 其餘的家電產品市場占有率也都在 50% 以上。

　　大同公司的銷售以臺灣市場為主，並在 1950 年代也將電扇和馬達等製品銷售至東南亞、非洲、南美洲等地。然而，大同公司在生產電氣用品初期即能開始外銷，並非表示該產品已提升到具備國際競爭力的水準，而是運用冷戰下的美援計畫與外交經貿網絡，以低價優勢銷售給發展比臺灣慢的國家。[28]

表 3　大同公司生產商品

年份	產品	備註
1949	電風扇	自行開發
1954	電錶	設立電錶工廠
1956	馬達	東芝公司提供技術
1960	電鍋	美國西屋電機公司提供技術
1961	冰箱	
1964	電視、音響、冷氣	
1967	噴流式洗衣機	
1969	彩色電視機	

資料來源：協志大同創業發展史編輯委員會，《協志大同創業發展史》，頁 45-47。

表 4 大同公司主要產品產量（1954-1962）

產品	電扇	鋼筋	馬達	電表
單位	臺	公噸	臺	千隻
1954 年	9,545	2,687	5	
1955 年	14,889	3,001	58	37
1956 年	21,839	3,084	176	104
1957 年	26,133	2,579	559	136
1958 年	41,257	1,317	922	141
1959 年	69,473	3,459	1,676	144
1960 年	100,177	2,339	5,638	218
1961 年	101,303	813	5,044	266
1962 年	92,846	360	5,964	173

資料來源：〈大同製鋼機械股份有限公司財務公開報告（1962）〉（1963 年 8 月），頁 6。

表 5 大同公司主要產品市場占有率（1962）

產品	占有率
電扇	65%
電錶	100%
馬達	55%
電鍋	70%
電冰箱	80%

資料來源：〈大同製鋼機械股份有限公司財務公開報告（1962）〉（1963 年 8 月），頁 5。

3. 技術移轉與資金調度

　　雖然大同公司在 1949 年成功地生產電扇，但仍從先進國家引進技術，以提升品質。1954 年起大同公司開始生產電錶，即由日本東京芝浦電氣株式會社技術支援，提供自動化組裝的生產線技術。另外，1957 年大同公司與美國西屋國際電機公司合作，由該

公司提供電扇與馬達的生產技術。

1954 年大同鋼鐵機械公司以臺灣電力事業的需求為前提,從東京芝浦株式會社引進電錶的生產技術。當時大同公司董事長林挺生認為公司已有能力生產向來仰賴進口的電錶,遂在得到東京芝浦電氣株式會社首肯提供技術後,主動向工業委員會提出承製電錶之請求。工業委員會針對此案徵詢臺灣電力公司協理兼總工程師孫運璿,提出下列數點意見。首先,大同公司欲生產電錶,應對其制訂合理價格;其次,若大同公司產製的電錶未能符合標準,臺灣電力公司將不予收貨;但當時臺灣未訂立電錶之國家標準,故臺灣電力公司先以日本標準作為審核依據。復次,大同公司若未能按期交貨或提供數量不足,應處以相當罰款。[29]

俟臺灣電力公司與大同公司取得產品品質與交貨條件等共識後,美援的相對基金亦允諾提供臺灣電力公司購入電錶之經費,1955 年工業委員會才同意大同公司提出的技術引進案件。[30]

大同公司生產電錶除了具有臺電公司的固定客戶優勢外,更透過技術導入建立自動化組裝的生產線。[31]至於東京芝浦電氣株式會社,不僅提供大同公司生產電錶之技術,至 1960 年起又以資金和設備入股大同,投資重機電機器工廠,生產小型變壓器、配電變壓器、變電用大型變壓器,以供應臺灣電力公司與其他工廠所需之各項設備。[32]

另一方面,1957 年大同公司還與美國西屋電機公司技術合作生產電扇、馬達、安定器部分零件,公司為配合新技術的導入還增資新臺幣 500 萬元。此外,當年度行政院美援運用委員會也提供342,000 美元和新臺幣 190 萬元的貸款。[33]

從事後的觀點來看,大同公司從西屋國際電機公司引進的技術並未完全進入生產階段。至 1960 年時,馬達、電風扇用的小型開關、電容器的生產呈現穩定成長,但如日光燈安定器與安全開關,起動器與斷電器等並未如預想的順利。探究其原因,在於1957 年該公司計劃生產日光燈用安定器時,市場上的品質相當低劣,市場價值較高;但廠房設置完畢後,臺灣市場上的安定器的

質量已大幅提昇，產量已呈現飽和，製造已經失去經濟價值，故放棄這項產品的製造。[34]

　　再者，大同公司在接受美援借款時，懷特工程公司工程師 W. Schaelchlin 認為製造馬達安全開關啟動器和斷電器所需要的鋼模約要 50 萬美元，但大同公司估計當時這些新產品所創造的市場價值約僅有 10-20 萬美元。當公司尚無充沛資金與成本效益並不合算下，暫緩製造上述產品，改由西屋國際電機公司提供零組件在臺組裝。[35] 戰後大同公司在事業擴展的同時，資本額從幣制改革後的新臺幣 20 萬，至 1956 年增資至新臺幣 500 萬元；這段時期的增資主要以公司員工為主，鼓勵其將獎金與紅利轉作投資。1956 年大同公司的員工共計 597 人，但股東人數為 592 人。另外，當時擔任董事長的林挺生認為，銀行所能融通的資金不敷因應生產與銷售過程中所需的週轉和一般營運。為解決上述困境，大同公司採取發行優先股和公司債的方式向大眾籌措資金，至 1962 年時資本額已達新臺幣 4,700 萬元，另外還發行公司債新臺幣 2,700 萬元，股東人數高達 6,000 餘人。[36]

　　大同公司的營運規模逐漸擴大之時，除了透過員工認購股票、發行公司債和股票上市等途徑募集所需資金外，尚邀請日本東京芝浦電氣株式會社以提供技術與設備的方式成為股東。

4. 技術教育

　　在員工訓練方面，大同公司從戰前即自行訓練員工。1942 年大同鐵工所創設大同技能者養成所，於 1947 年改組為大同工業職業學校。當時學校的教師，大多數是由大同公司職員兼任。1946 年 6 月成立校董事會後，最初由林挺生擔任校長，1947 年 6 月，延聘畢業於東京帝國大學、曾任臺灣省立工學院教授的黃龍泉擔任校長。1946 年 9 月第一屆畢業生共 24 名，共有 18 名服務於大同公司與相關企業。[37]1956 年，大同公司又設立大同工業專科學校，並於 1963 年改制為大同工學院。[38]

大同公司創業初期的過程，即透過自行創辦的正規性教育體系培育所需技術人員，提供往後企業持續成長的技術人員來源。

5. 企業家、創新與市場

大同公司的創辦人林烇灶，畢業於臺灣總督府工業講習所。第二代經營者林挺生，畢業於臺北帝國大學理農學部。公司早期的經營者，均為戰前接受殖民地教育者。在經營策略上，由最初的營建業出發，再參與集團企業的原料整合，最終在臺灣經濟高度成長的階段中，透過自行研發和引進國外技術的途徑，進行家電業的專業化生產。

大同公司嘗試新產品時，除了取得技術進行生產外，還需考慮到尋找適合的市場進行專業化大量生產。1950 年代大同公司為追求企業成長，同時透過政府、民間和海外銷售網絡，尋找各類潛在的市場，針對數種產品進行大量生產。經由此一經營策略，1960 年代大同公司成為臺灣最大的民營企業。

（二）臺灣塑膠公司的興起

1. 早期石化業：PVC 的生產

被稱為經營之神的王永慶，戰前是作為米商起家，戰後亦參與林業經營之事業。1950 年代王永慶成立臺灣塑膠公司，以生產聚氯乙烯（以下簡稱 PVC）為起點，逐漸創造出以石化業為中心的臺塑集團。

臺灣石化業早期民間資本是以生產 PVC 為起點。1965 年以前，臺灣只有臺灣塑膠公司一間獨占性生產聚氯乙烯，之後有華夏、義芳、國泰等公司陸續加入生產。基本上，PVC 為生產塑膠類的原料，除了滿足國內的市場外，最終製品塑膠的出口也占生產的重要位置。

值得注意的是，1970 年代以前塑膠公司都運用電石和氯氣為原料的乙炔法生產 PVC，但這種方法成本較高，並不適合大量生產。[39] 直到 1960 年代末期，政府才邀集民營工廠共同設立新公司，以乙烯和氯氣為原料生產氯乙烯單體，並在 1970 年代中期取代舊有的生產方式。[40]

表 6 臺灣聚氯乙烯生產（1957-1975）　單位：公噸

年份	生產量	說明
1957	1,305	臺灣塑膠公司高雄工廠設廠完成，生產能力每日 4 公噸。
1958	1,425	臺灣塑膠公司高雄工廠設備擴充完成，生產能力每日 7 公噸。
1959	2,337	
1960	3,418	臺灣塑膠公司高雄工廠設備擴充完成，生產能力每日 40 公噸。
1961	7,260	
1962	11,426	
1963	16,751	臺灣塑膠公司高雄工廠設備擴充完成，生產能力每日 65 公噸。
1964	23,198	臺灣塑膠公司高雄工廠設備擴充完成，生產能力每日 90 公噸。
1965	28,682	臺灣塑膠公司高雄工廠設備擴充完成，生產能力每日 110 公噸。
1966	44,687	華夏、義芳、國泰塑膠公司設廠完成。四家公司生產能力每日 220 公噸。
1967	60,223	
1968	65,893	
1969	65,954	各工廠設備投資完成，四家公司生產能力每日 405 公噸。
1970	106,624	
1971	127,153	臺灣塑膠公司高雄工廠設備擴充完成，四家公司生產能力每日 625 公噸。
1972	171,781	
1973	162,161	各家公司設備擴充完成，臺灣塑膠公司仁武工廠設廠完成。四家公司生產能力每日 800 公噸。
1974	137,278	
1975	182,355	

資料來源：陳善鳴，《臺灣石油化學工業上、中、下游發展配合問題之研討》（臺北：行政院經濟設計委員會綜合計畫處，1977），頁 44。

經由對早期臺灣 PVC 生產的脈絡進行整體的了解後，下段將就臺灣塑膠公司的成立，還有生產 PVC 的過程進行介紹。

2. 臺灣塑膠公司的創立

臺灣塑膠公司的成立，可追溯到 1950 年代政府由上而下所策動的 PVC 生產計畫。

當時政府對推動新興工業的策略，是以改善國際收支為前提，希望新製品能增加出口能力或減少從國外進口，並充分運用國產和進口原料發展工業。[41]1953-1958 年，行政院經濟安定委員會下屬的工業委員會，作為工業政策擬定的執行單位，依據市場、技術和收益等層面，採行先擬定計劃的方式再找尋投資人。[42]

戰後初期臺灣較具規模的化學事業為公營的臺灣碱業公司與臺灣肥料公司。臺灣碱業公司生產的燒碱，是將食鹽在水融液中電解而成，並同時產生氯氣。在 1950 年代以前，臺灣生產的燒碱原料用來製造肥皂和紙漿，氯則用作生產紙漿和漂白的原料，燒碱和氯的產出與市場需求約能達到平衡。進入 1950 年代後，因為燒碱的需求量增加，但是氯的需求並未提升而出現過剩的現象；為了處理多餘的氯氣，要用石灰吸收後才能棄入海洋。工業委員會認為氯可作為生產化學品的原料，臺灣碱業公司提出可用氯氣製造 PVC；在此同時，臺灣肥料公司也從事以石灰窒素為原料的乙炔法生產電石，進行 PVC 生產之研究。[43]

在上述的背景下，工業委員會認為應該成立新的事業生產 PVC。從市場需求來看，臺灣每年進口約 500-600 萬噸 PVC，再由加工廠生產成膠布和薄膜等。此外，在臺灣每年進口約 400 萬噸膠布和薄膜等最終財的成分中，約包含 300 噸的 PVC。從生產規模來看，PVC 工廠要每日生產 10 公噸才能達到規模經濟，但工業委員會僅規劃在臺灣建立每日生產 3-4 公噸的工廠。採行小規模的生產，除了當時臺灣市場較小外，還有投資額低與快速完工的特點，較能吸引民間企業參與投資。[44]

全於生產 PVC 事業的投資者方面，政府選擇原本仰賴進口 PVC 進行加工的何義。何義在戰前成立永豐商行，從事肥料與米穀的買賣，戰後初期成立永豐原造紙公司。1952 年何義成立福懋塑膠公司，生產刷牙粉與塑膠加工品。福懋塑膠公司在政府的邀請下決定生產 PVC 原料，並於 1954 年以資本額新臺幣 500 萬元設立福懋塑膠工業股份有限公司，並由美援貸款提供購買設備所需資金。但何義前往德國考察塑膠工業後，除了見識到當地的大規模生產，又考量到臺灣每日的市場需求量僅達到產量的半數。何義擔心生產的 PVC 有可能滯銷，改而向工業委員會提出以資本參加而不介入經營的方式參與。[45] 之後王永慶向工業委員會提出願意參與新興工業的投資，故將福懋塑膠工業公司的經營權交由王永慶，何義改任公司的常務董事，並於 1957 年更名為臺灣塑膠公司。[46]

3. 產能提升與原料自給

1957 年，臺灣塑膠公司工廠開始運轉後，在亞洲只有日本與臺灣生產 PVC，臺灣的商品價格低於歐美製品，具有與日本在亞洲市場競爭的能力。所以當 PVC 生產不久後，即與香港訂立每個月提供 20 公噸的長期契約，並計劃向東南亞各國出口。[47]

臺灣塑膠公司認為，在臺灣島內的塑膠市場將持續成長與產品存在出口的背景下，提出廠房投資的擴張計劃。[48]1960 年臺灣塑膠公司擴廠完成後，每天的生產提升至 70 公噸。[49]

從原料面來看，臺灣塑膠公司原本生產 PVC 所需的電石是向臺灣肥料公司購買。[50] 伴隨臺灣塑膠公司的生產擴大，1960 年 3 月開始籌建電石廠，1961 年 6 月完成後經股東會決議與總公司劃分，成立單獨企業體為冬山電石廠股份有限公司。但之後公司為使 PVC 的生產符合國際標準所規範的一貫作業，又將冬山電石廠併入臺灣塑膠公司。[51]

另一方面，在氯原料的供應上，1954 年工業委員會要求臺灣

碱業公司以優惠的價格提供氯氣。1955 年，臺灣碱業公司與臺灣塑膠公司簽署三年時間將以優待的價格提供氯氣。當時歐美和日本氯氣的市場價格約為每公噸 40 美元，臺灣碱業公司對於國內銷售的 PVC 依循國際價格每公噸 40 美元，並以一美元折合新臺幣 20.35 元的匯率，折合臺幣為每公噸 814 元銷售給臺灣塑膠公司。至於外銷所需的氯氣，則訂為每公噸 20 美元，並以一美元折合新臺幣 26.35 元計算，折合臺幣為每公噸 527 元，銷售給臺灣塑膠公司。[52] 但隨著臺灣塑膠公司 PVC 生產的擴充，臺灣碱業公司提供的氯氣不足以提供生產需求，於 1964 年增資新臺幣一億元，在公司內部增設生產氯氣之設備。[53]

從 1957 年臺灣塑膠公司高雄廠完工後經過數次擴充，至 1973 年又在高雄完成設立仁武工廠。[54] 大致上，臺灣塑膠公司的原料供應原本仰賴公營事業體系提供的上下游之連結關係，但伴隨 PVC 的增產，原料轉為公司自行生產。

四、企業經營的界線：資金不足與技術邊界

（一）大型企業的殞落：唐榮鐵工廠

前節介紹大同和臺塑兩家公司透過專業製品大量生產的過程中崛起，往後一段時間並成為臺灣重要的大型企業。但伴隨企業成長走向多角化經營的過程，如何順利的進行資金調度也是一個重要的問題，1950 年代臺灣南部規模最大的唐榮鐵工廠，即在事業拓展過快而仰賴地下金融，最終因無力還款而由政府接手經營。

位於高雄的唐榮鐵工廠的創辦人為唐榮，最初於 1930 年創設丸一運送店，主要從事鋼鐵機械業的進出口業務。[55]1940 年，唐榮以資本額 120 萬元設立唐榮鐵工所。[56]

1945 年第二次世界大戰結束後，唐榮鐵工所更名為唐榮鐵工廠。唐榮鐵工廠除了未受到戰時美軍的轟炸外，並於終戰前後陸

續收購 100 餘間民營工廠，一併吸收這些廠房技術純熟的員工。[57]
戰後唐榮鐵工廠在生產設備的擴充上，1945 年 9 月增設鑄罐工廠，
1946 年增設製釘與電鍍工廠，1947 年設置電石工廠，1948 年增設
氧氣工廠、製鋼工廠、鍛冶工廠、鐵管工廠。[58] 然而，1949 年唐
榮鐵工廠因通貨膨脹以及生產過剩，一度出現經營危機。其後臺
灣省政府依據臺灣省民營企業緊急輔助辦法予以救助，使其暫時
遠離經營危機。[59]

　　1950 年代唐榮鐵工廠的本業以鋼鐵為主，生產流程係以廢鐵
軋製成鋼鐵製品。伴隨事業的成長，1955 年鐵工廠改組為股份有
限公司，為家族經營制的公司治理。值得注意的是，1955 年臺灣
鋼鐵年產量約十萬餘公噸，唐榮鐵工廠所產即高達六萬公噸。1957
年政府開放廢鐵進口促使唐榮鐵工廠的原料增加，開始進行鋼鐵
外銷，為國家賺進 29 萬 4,000 美元的外匯。[60]

　　從企業規模來看，當時臺灣存在「北大同，南唐榮」的說法，
即北部最大的企業是大同公司，南部最大者為唐榮鐵工廠。唐榮
鐵工廠的資產總值高達 1,000 萬美元以上，員工規模 4,000 餘名。
從每年營業額與納稅紀錄來看，僅次於臺灣電力公司、臺灣糖業
公司、中國石油公司、臺灣省菸酒公賣局等公營事業。[61]

　　1950 年代唐榮鐵工廠開始朝多角化經營進行，創辦與投資水
泥電桿工廠、唐榮油漆廠、臺北機械廠、中國電器公司和高雄磚
廠等，並為臺灣最早經營拆船業者。[62] 值得注意的是，唐榮鐵工廠
所投資的臺北機械廠並規劃朝向車輛工業發展。在汽車方面，先
後與日本豐田與美國福特汽車提出合作構想，但因政府政策並不
支持而作罷。其次，臺北機械廠還規劃與生產鐵路車輛與零件著
稱的日本汽車製造株式會社合作，生產貨車與鐵路車輛中最為重
要的零件轉向架。但主導當時工業方針的工業委員會認為臺灣鐵
路管理局已經有生產貨車計劃，故僅支持轉向架的生產。[63] 另外，
唐榮鐵工廠曾提出聯合其他民間鋼鐵工廠在臺灣設置一貫性鋼鐵
廠，但也未獲得政府支持。[64]

　　從企業經營所需的資金層面來看，唐榮鐵工廠於 1950 年代前

期雖曾獲得美援款項，進行工廠內部的設備投資。[65] 但作為第二代經營者的唐傳宗除了本業的擴張外，又積極參與各項事業，而且在事業投資多採獨資經營，事前也鮮少與幕僚進行商量。在資金的運作上，唐傳宗似帶有較為投機的性格。最為明顯的是，1950年代初期臺灣雖歷經幣制改革，但仍處於經濟尚未穩定的階段；唐氏預期可能會出現通貨膨脹下，採行在物價較為穩定時先借入款項，於物價攀升時進行還款，將會大幅降低借款成本。在此之下，唐氏向地下金融借取利率較高的資金用來購入土地，但1953年後臺灣並未發生通貨膨脹，轉而運用購入的土地向銀行抵押借款。當時由臺灣省政府經營的三家商業銀行體系較為保守，故借入的款項仍不敷支應事業擴張所需經費與地下金融還款。[66]

最終唐榮鐵工廠事業的進展因無力償還地下金融的借款而向政府請求紓困，然政府依據「國家總動員法」予以接管，最終於1962年改組為臺灣省政府經營的唐榮公司，結束民營唐榮公司的時期。[67]

戰後初期如機械、造船和製糖等重要的工業部門，均由接收戰前日產所成立的公營事業所控制。從唐榮鐵工廠的經營事例來看，可知悉1950年代臺灣的鋼鐵部門是由民間部門主導，顯現出「民強官弱」的現象。但伴隨該公司陷入資金周轉困境政府予以接手後，1960年代官方才取得鋼鐵業發展的主控權。

（二）本地技術的界線：縫紉機的生產

在以往常有述說部分臺灣創業家運用戰前所接受的技術教育，進行各種商品的開發。本段將探討臺灣縫紉機的生產，即是在上述背景下興起。但縫紉機生產過程中的部分零件應以標準化的形式生產，並能用在不同的品牌上；但當時生產零件的衛星工廠本身技術能力不足，連帶使得縫紉機的品質未必精良。這段時期以滿足國內市場需求為主的生產，出口至海外時未必能受到先進國家的青睞。

回顧臺灣縫紉機的生產至 1960 年代後期才走向大量出口，當時是由美商勝家公司主導提升整體的品質。究竟早期以本地資本家投入臺灣縫紉機的生產，是在怎樣的背景下出現？

臺灣縫紉機事業興起的重要人物為張深耕（1914-1996），畢業於東京物理學校數學科，23 歲以資本額 18 萬日圓成立勝美商會，進行縫衣機的製造與銷售。[68]

1941 年，張氏在臺中州大雅庄創辦臺灣裁縫機製作工廠，戰前的工廠曾擁有 269 部機器，堪稱臺灣最早的縫紉機工廠。此一工廠最初為製造車殼為主，零件從日本進口後裝配成機，爾後並陸續自行製造零件。工廠創立兩年後，除了廠房進行設備擴充，並聘請日本技師專家來臺改進生產技術，並開始向附近各工廠委託生產縫紉機零件和車架。另一方面，戰爭時期張氏還在日本大阪、朝鮮首爾和臺中大雅等三地設立車殼機械加工廠，於各地生產縫紉機車殼。[69] 在商品的流通上，張氏於臺灣各地設立 60 餘分店。至於在銷售模式上，戰前縫紉機採行分期付款，勝美縫紉機每個月僅需五日圓，低於較為著名的勝家縫紉機每個月七日圓。張氏所生產的縫紉機並以 Gilder 品牌於臺灣銷售。[70]

大致上，戰前臺灣裁縫機製作工廠向鄰近工廠採購的模式，即出現衛星工廠的雛形。既有資料指出，戰前工廠為發端的臺灣裁縫機製作工廠構成的產業分工演進至 1960 年代後期，臺灣的縫紉機產業於各地雖有針車行和小型裝配廠，但零件製造廠和主要製造廠商多集中在中部。[71]

表 7 1953 年縫紉機產業相關工廠地域分布、資本額與規模

地域	工廠名稱	經營者	成立時間	資本額（新臺幣元）	職員	工人	動力（HP）	主要產品
臺北市	榮美裁縫機行	邱天助	1947	30,000	3	19	13	針車腳及零件
	大和衣機行	鄭義和	1924	18,000	2	15	5	縫衣機

	新興鐵工廠	李茂榮	1951	10,000	0	4	2	針織機及修理
	勝家針車行	林盆	1952	4,500	6	3	0.5	縫衣機
	榮美裁縫機工廠	邱天助	1947	30,000	0	4	0.5	針車零件、飛輪
新竹縣	江秋鐵工廠	陳清國	1949	3,000	1	12	6	縫衣機零件
	南勢鐵工廠	蔡鑄由	1952	4,000	1	10	5	針車、機械零件
	榮興鐵工廠	彭也好	1946	4,400	1	6	2	鐵桶、電器具
	興南針車行	黃木枝	1952	9,000	1	4	1	針車零件
	國際針車行	陳金連	1946	4,000	1	5	0.5	針車裝配
臺中市	臺灣裁縫製作廠臺中廠	張添耕	1953	40,000	9	55	170	縫機零件
	臺中造機廠	李新狛	1951	20,000	3	17	18	縫車零件、汽車零件、各種零件修理
	世勳針車行	駱世勳	1947	15,000	2	18	12.5	裁縫機零件
	張深耕裁縫用工業廠	張深耕	1953	100,000	1	18	10	裁縫機零件
	三耀機器工廠	蔡長波	1946	6,000	1	3	10	裁縫機零件、汽車零件
	黃洲梁	黃洲梁	1940	30,000	1	15	10	針車板
	明興鐵工廠	林啟明	1950	10,000	2	15	5.5	針車零件、抽水機
	建安鐵工廠	林安	1946	3,000	0	7	5.5	針車殼、製材機、車床
	臺中鐵工廠	張月證	1947	8,000	1	33	5	針車殼
	豐興機器工廠	鄭旺	1947	1,500	0	15	5	針車零件

	協榮鐵工廠	蘇毛好	1952	20,000	1	6	5	汽車零件、針車零件
	泰安木器工廠	吳桂春	1950	10,000	0	22	3.5	針車板
	豐林木器工廠	葉保安	1947	30,000	2	15	3	針車板、家具
	永祥鐵工廠	林端安	1953	5,000	1	3	3	針車零件
	南興鐵工廠	洪清河	1947	5,000	0	7	2	針車零件、建築器材
	長興機器廠	周石松	1947	4,000	1	5	2	針車零件
	東光鐵工廠	陳肯堂	1950	15,000	1	3	1	針車零件
	吉原鐵工廠	王坤樹	1950	10,000	1	0	5	針車、製磚機
	志成鑄造工廠	蔡志	1950	5,000	0	4	1	針車板
	謝攀桂針板店	謝攀桂	1953	3,500	0	4	0.75	針車板
	南光針車行	賴深滿	1947	10,000	1	11	0.75	針車、針車裝置
	振成針車行	陳振成	1954	2,000	2	2	0.5	針車零件
	太利縫紐機器行	賴華新	1951	4,000	3	6	0.25	針車
	文和針車製造廠	施文和	1950	3,500	1	6		針車板
	金成號	侯伯約	1954	2,000	1	3		針車板
	木匠工廠	林高愛	1953	700	1	2		針車板
	玉茹慶針車板製造廠	王茹慶	1953	500	0	2		針車板
	隆泰針車行	林清法	1953	5,000	2	9		針車板
	金選針車行	邱金選	1948	4,000	2	6		針車零件

	林福來	林福來	1953	3,000	0	4		針車
	欽木針車行	吳欽木	1954	2,000	1	4		針車
臺中縣	臺灣裁縫製作工廠	張深耕	1936	400,000	5	167	56.75	針車零件
	三光鐵工廠	陳宗堅	1946	50,000	5	63	20	針車殼
	永安鐵工廠		1950	25,000	2	23	10.3	針車針柱、針車振子玉、針車零件
	建成木器工廠	吳傳坤	1953	7,000	0	6	5	鼓風機、針車箱
	豐龍分工廠	陳坤龍	1953	30,000	2	13	4	針車零件
	太源機械工廠	周火	1954	10,000	0	3	3	針車、腳踏車零件
	德豐鐵工廠	張萬烈	1952	3,000	1	4	3	機械零件
	國慶鐵工廠	柯國慶	1952	5,000	1	15	3	針車零件
	建德鐵工廠	張德水	1952	2,000	0	15	3	縫衣機零件
	永盛鐵工廠	陳永盛	1952	2,000	1	3	1	縫衣機零件
	丸美車只店	陳心匏	1937	700	0	2	0.5	車只品
彰化縣	永和針車廠	林敦賓	1949	50,000	0	50	3	針車零件
	吉元機器廠	李萬居	1947	8,000	1	10	5	電機零件、針車零件
	進發鐵工廠	林長庚	1951	3,000	0	4	3	針車零件
	金勝和工業廠	洪世樟	1948	20,000	1	10	3	針車用車腳
	金發機械廠	吳春發	1951	10,000	1	7	3	針車零件
	興隆五金工廠	陳森銘	1953	3,000	1	10	3	針車部分品

	洽興針車零件廠	施盛德	1951	10,000	1	9	3	針車振子玉
	燈明鐵工廠	陳燈明	1953	5,000	1	3	2	針車及模型
	金星鐵工廠	李德成	1951	5,000	0	5	2	針車零件
	彰化針車行	尤四海	1949	3,000	1	8	2	針車零件、針車輪
	金裕鐵工廠	林金池	1951	5,000	0	3	2	針車零件
	青島車針螺子工廠	康陳清	1951	6,000	0	6	2	針車螺絲
	榮輝五金工廠	楊珠生	1952	4,000	0	3	2	針車零件
嘉義縣	金長發縫紐機廠	蘇清魁	1948	15,000	1	14	5	針車零件
臺南市	金端發鐵工廠	傅符發	1948	10,000	2	12	5	壓力機
	能最鐵工廠	蔡能最	1951	5,000	1	4	3	針車零件
	興日鐵工廠	李賜萍	1953	8,000	1	5	3	機器製造
	天波鐵工廠	林天波	1949	25,000	1	7	2	機器零件、織布機零件
	春發針車行中山廠	林食僧	1949	20,000	1	15	1	針車零件、角板簧
	大昌機械工廠	王永德	1952	1,500	1	3	1	針車零件
	德興機械工廠	張順德	1954	1,500	1	1	1	針車零件加工
高雄市	山林鐵工廠	許山林	1949	5,000	0	10	3	針車腳及零件

資料來源：行政院生產設備及人力調查委員會編，《臺灣工鑛一覽（下冊）》（臺北：行政院生產設備及人力調查委員會，1954 年 12 月），頁 1085-1089。

如表 7 所示，1953 年政府對針車與縫紉機零件生產事業進行調查，可知悉當時臺灣共有 74 家工廠，進行組裝或零件生產。就工廠的地域分布來看，位居臺北市有 5 家、新竹縣有 5 家、臺中市有 31 家、臺中縣有 11 家、彰化縣有 13 家、嘉義縣有 1 家、臺南市有 7 家、高雄市有 1 家。大致上，生產單位多集中在臺中市、臺中縣、彰化縣的中部地區。

從資本額和聘用人數規模來看，位於臺中縣大雅鎮的臺灣裁縫製作工廠，即由張深耕所主持，資本額為新臺幣 40 萬元，共雇有 5 名職員與 167 名工人，使用動力為 56.75 馬力。至於其他位於中部一帶的小型工廠，則生產針車板、針車殼、針車箱和其他零件，或可推論係以臺灣裁縫製作工廠為中心所出現的生產體系。另外，有些生產針車零件的工廠也同時生產自行車和汽車零件，也許顯現出這些工廠尚未進入專業化生產階段。這些在資本額和雇用規模均不大的工廠，應為戰後臺灣縫紉機產業發展的初步階段。

至於在戰後轉換期的銷售過程，因局勢混亂使得 Gilder 商標四處被盜用，故張深耕將其事業改名為臺灣裁縫機製作工廠。戰後初期因為日本進口的零件無法取得，工廠陸續購入 500 臺左右的工作機械自行生產零件。戰後初期並在上海設立分支機構，銷售縫紉機。1958 年開始出口至國外，以韓國、寮國、越南為起點。因數量增加，故設立利澤工業衣車廠專門出口，以 Lihtzer 品牌銷售至國外。[72]

回顧戰前至 1950 年代張深耕事業的發展，在臺灣中部建立起產業集群的現象，當地有諸多工廠作為生產縫紉機的協力廠商，但這些工廠製品的品質仍未如想像中的精良。

1940 年代後期，臺灣縫紉機業界規劃各工廠所生產之零件能夠標準化。稍詳之，1947 年臺灣省針車公會鑑於日本將勝家公司的 15K83EA 型縫紉機各個零件拆解繪製圖樣，並釐訂互換公差，希望在臺推動「樣版制度」和「公差制度」，並以標準圖樣向業界公布。但當時各工廠並不明白公差之應用，常隨意增減尺寸，

難以適應縫紉機工廠的需求，導致零件無法在各工廠中互換，各縫紉機工廠在組裝時，還需就零件工廠提供的零件銼修加工。就時間而論，每個機頭裝配需要一天半到兩天的時間，導致成本增加，並不具外銷競爭力。內銷市場因零件無法互換，使得消費者在購入縫紉機的售後服務相當困難，無力與舶來品對抗。[73]

上述的原因，成為 1950 年代本地生產縫紉機銷售的困境，出口也無法與先進國的生產製品相抗衡。1959 年八七水災的原因造成內銷困難，而且無競爭力外銷的雙重背景下，很多工廠相繼倒閉歇業，或改生產其他商品。[74]

1960 年，臺灣縫紉機公司公司因週轉失靈，擔任總經理的張深耕曾一度洽商由美國勝家公司參與投資。然而，當時勝家公司因在全球各地均有分廠而偏重產品在臺銷售，張氏則希望以外銷打開營運困境。最終雙方談判未有共識，1961 年 4 月臺灣縫紉機公司停工，張深耕將公司解散後，另籌措資本新臺幣 200 萬元於 1961 年再創利澤工業衣車廠股份有限公司，專門從事海外外銷，不再經營國內市場。[75]

五、小結

1949 年，政府從中國大陸撤退來臺後，促使臺灣民間的資本積累注入新的元素。在此期間內，臺灣人逐步從商業資本轉型到工業資本，參與新興事業的投資。來自中國大陸的部分資本家原本在大陸時期即有經營工業的經驗，來臺後對其來說是在全新的環境展開投資。從臺灣經濟史的角度來看，戰前的事業經營係以日本人與臺灣人區分，戰後政府接收日產後始有公民營事業的差別；1949 年以後民間資本雖分有臺灣與大陸系兩類，這些資本多同時參與新興事業，而且往後諸多事業均走向多角化經營的型態，成為臺灣經濟體系中的一環。以往對於戰後臺灣統治史的討論，常關注來自中國大陸的系統掌握了中央政府，強調臺灣人參政的

機會多侷限在省政府體制中。但從經濟的層面來看，政府撤退來臺初期固然提供較為熟悉的大陸系資本家比較多的機會，但往後也出現兩股勢力合流之現象。

值得注意的是，戰後新興事業所缺乏的技術常從國外引入，但引進的技術是否能夠順利吸收或本地廠商進行設備投資是否合算，也是必須注意的一個問題。提供技術的海外廠商，也出現同時提供數家本地廠商技術的情形；再者，也出現本地廠商同時從日本和美國兩地引入技術。至於從日本提供技術給本地廠商的案件數遠多於來自美國者，可能原因是臺灣與日本間的經濟發展規模較為接近，抑或本地的臺灣商人因深諳日文，故與日本的關係較為密切。

從企業的成長路徑來看，戰後日本等較臺灣先進國家在邁向高度成長的過程中，係以民間的家電品需求作為主體。但大同公司大量生產的營運模式，除了民間需求以外，還將政府端的需求作為客戶，顯現出該公司能夠掌握行銷對象。至於唐榮公司係以重工業為主要的投資，在多角化經營步伐過快的情形，經由一般渠道的資金調度未必能趕上公司需求，故仰賴向地下金融借入資金。最終公司在現金流無法支應一般營運資金與地下金融的利息下，營運權轉由政府接辦，使得 1950 年代出現在南部的民營大型企業進而隕落。

註釋

1. 徐有庠口述、王麗美執筆，《走過八十歲月：徐有庠回憶錄》（臺北市：徐旭東發行，1994），頁 74、77、95。

2. 遠東紡織關係企業遷臺 30 週年紀念特刊編印小組，《遠東紡織關係企業遷臺 30 週年紀念》（臺北：遠東紡織關係企業遷臺 30 週年紀念特刊編印小組，1979），頁 10。徐有庠口述、王麗美執筆，《走過八十歲月：徐有庠回憶錄》（臺北市：徐旭東發行，1994），頁 109-113。

3. 徐有庠口述、王麗美執筆，《走過八十歲月：徐有庠回憶錄》，頁 447、448、450。

4. 謝國興，〈1949 年前後來臺的上海商人〉，《臺灣史研究》第 15 卷第 1 期（2008 年 3 月），頁 134、167-168。

5. Siu-lum Wong, *Emigrant Entrepreneurs: Shanghai Industrialists in Hong Kong*（New York：Oxford University Press, 1988）.

6. 謝國興，〈1949 年前後來臺的上海商人〉，頁 131-172。

7. 陳家豪，《近代臺灣人資本與企業經營：以交通業為探討中心（1895-1954）》（臺北：政大出版社，2018）。

8. 財團法人日本経営史研究所編，《経済団体團體連合会三十年史》（東京：経済団体連合会，1978），頁 239-243。

9. 洪紹洋，〈中日合作策進會對臺灣經建計劃之促進與發展(1957-1972)〉，《臺灣文獻》，第 63 卷第 3 期（2012 年 9 月），頁 88-89。

10. 張駿，《創造財經奇蹟的人》（臺北：傳記文學雜誌社，1987），頁 62。

11. 本報記者，〈臺灣日光燈股份有限公司訪問記〉，《日本評論》創刊號（1956 年 3 月 20 日），頁 25-27。

12. 〈經安會據中央高級玻璃工廠等建議省製日光燈玻璃管已達國際標準請禁止外貨進口以利國人私人企業發展案移請外貿審議會核辦〉，經濟安定委員會檔案，檔號：30-01-01-010-575，藏於中央研究院近代史研究所檔案館。

13. 《中國化學製藥公司請在美援相對基金內撥借新臺幣 300 萬元案：關於民營工業貸款》，行政院經濟安定委員會檔案，檔號：30-01-01-007-024，藏於中央研究院近代史研究所檔案館。

14. 陳文忠，〈中日合作工廠的現狀：中國化學製藥廠專訪紀〉，《中國與日本》第 4 期（1957 年），頁 20-23。徐永聖，〈臺灣之製藥工業〉，臺灣銀行經濟研究室編，《臺灣之工業論叢 - 卷三》（臺北：臺灣銀行經濟研究室，1965），頁 109。

15. 行政院美援運用委員會編，《十年來接受美援單位的成長》（臺北：行政院美援運用委員會，1961），頁 164。

16. 徐永聖，〈臺灣之製藥工業〉，臺灣銀行經濟研究室編，《臺灣之工業論叢：卷三》，頁 96-97。

17. 周國雄，〈臺灣之味精工業〉，臺灣銀行經濟研究室編，《臺灣之工業論叢：卷三》，頁 127-129。

18. 《日本協和醱酵工業株式會社申請製造氨基酸之方法等專利案請予重行審查並撤銷該會社之專利權》，行政院經濟安定委員會檔案，檔號：30-01-01-013-442，藏於中央研究院近代史研究所檔案館。

19. 許燦煌，《鴻爪展印》（臺北：自行出版，1994），頁 56-57。

20. 〈外國人及華僑投資事件審議會，為華僑孫以勤投資華孚有限公司，與美商技術合作案，

提請核議〉，《行政院外匯貿易審議委員會檔案第 99 次會議》（1957 年 1 月 18 日），行政院外匯貿易審議委員會檔案，檔號：50-099-020，藏於中央研究院近代史研究所檔案館。

21. 〈外國人及華僑投資事件審議會，為華僑孫以勤投資華孚有限公司，與美商技術合作案，提請核議〉，《行政院外匯貿易審議委員會檔案第 99 次會議》（1957 年 1 月 18 日），行政院外匯貿易審議委員會檔案，檔號：50-099-020，藏於中央研究院近代史研究所檔案館。

22. 〈外國人及華僑投資事件委員會函送華納賴伯脫〉，《行政院外匯貿易審議委員會第 221 次會議》（1959 年 7 月 10 日），行政院外匯貿易審議委員會檔案，檔號：50-099-020，藏於中央研究院近代史研究所檔案館。

23. 工業發展投資小組《一個「公眾公司」的形成：介紹大同製鋼機械公司》（臺北：工業發展投資小組，1961），頁 2-3。

24. 《大同公司慶祝創業 53 週年紀念特刊》（1971 年 11 月 11 日），第 8 版。

25. 李廷河，《大同人》（自行出版，1994），頁 276-277。

26. 協志大同創業發展史編輯委員會，《協志大同創業發展史》（臺北：協志工業叢書出版股份有限公司，2003），頁 42-43。

27. 洪紹洋，〈戰後臺灣機械公司的接收與早期發展（1945-1953）〉，《臺灣史研究》第 17 卷第 3 期（2010 年 9 月），頁 192。

28. 大同製鋼機械股份有限公司，〈大同製鋼機械股份有限公司概況〉，《大同彙集》第 39 卷第 6 期（1957 年 11 月），頁 19。

29. 劉鳳翰、王正華、程玉凰訪問，王正華、程玉凰，《韋永寧訪談錄》（臺北：國史館，1994），頁 78。

30. 劉鳳翰、王正華、程玉凰訪問，王正華、程玉凰，《韋永寧訪談錄》，頁 79。

31. 協志大同創業發展史編輯委員會，《協志大同創業發展史》，頁 43-44。

32. 大同製鋼機械股份有限公司，〈第二十五屆營業報告書（中華民國五十二年度）〉，頁 5。協志大同創業發展史編輯委員會，《協志大同創業發展史》，頁 46-47。

33. 〈大同製鋼機械股份有限公司與美國西屋電機公司技術合作進度報告表〉（1957 年 10 月 31 日），《1957 年度大同公司馬達級電器開關計畫生產》，行政院國際經濟合作發展委員會檔案，檔號：36-06-013-028，藏於中央研究院近代史研究所檔案館。

34. 大同製鋼機械股份有限公司（呈），〈為呈報敝公司馬達級開關製造計劃各產品生產資料由〉（1960 年 7 月 20 日），《1957 年度大同公司馬達級電器開關計畫生產》，行政院國際經濟合作發展委員會檔案，檔號：36-06-013-028，藏於中央研究院近代史研究所檔案館。

35. 大同製鋼機械股份有限公司（呈），〈為呈報敝公司馬達級開關製造計劃各產品生產資料由〉（1960 年 7 月 20 日），《1957 年度大同公司馬達級電器開關計畫生產》，行政院國際經濟合作發展委員會檔案，檔號：36-06-013-028，藏於中央研究院近代史研究所檔案館。

36. 美援工業發展投資小組編，《一個「公眾公司」的形成：介紹大同製鋼機械公司》（臺北：美援工業發展投資小組，1962），頁 2-3、4。

37. 協志大同創業發展史編輯委員會，《協志大同創業發展史》，頁 81-82。中國第二歷史檔案館、海峽兩岸出版交流中心編，《館藏民國臺灣檔案彙編：第 249 冊》（北京：九州出版社，2007），頁 170。

38. 劉益昌、林祝菁，《林挺生傳》（臺北：商訊文化事業股份有限公司），頁 187。

39. 行政院外匯貿易審議委員會，《五十四年度化學工業之發展及貿易資料彙編》，頁 309。

40. 陳善鳴，《臺灣石油化學工業上、中、下游發展配合問題之研討》，頁 27-28。

41. 李國鼎、陳木在，《我國經濟發展略總論（下冊）》（臺北：聯經事業出版公司，1987 年），頁 276。

42. 嚴演存，《早年之臺灣》（臺北：時報文化出版企業有限公司，1989），頁 70。

43. 嚴演存，《早年之臺灣》，頁 65。田島俊雄，〈中国·台湾の産業発展と旧日系化学工業〉，《中国研究月報》第 59 卷第 9 号（2005 年 9 月），頁 2。

44. 嚴演存，《早年之臺灣》，頁 65。

45. 義容集團編集小組，《臺灣前輩企業家：何義傳略》（臺北：允晨文化，2003），頁 80-82、85-87。

46. 義容集團編集小組，《臺灣前輩企業家：何義傳略》，頁 88。薛化元、張怡敏、陳家豪、許志成，《臺灣石化業發展史》（臺北：現代財經基金會，2017），頁 56-57。

47. Formosa Plastic Corporation，〈An Application for Development Loan Fund：POLY-VINYL-CHLORIDE EXPENSION〉（1958 年 6 月 8 日）《臺灣塑膠公司 PVC 擴展計畫》，行政院國際經濟合作發展委員会檔案，檔號：36-05-011-001，藏於中央研究院近代史研究所檔案館。

48. Formosa Plastic Corporation，〈An Application for Development Loan Fund：POLY-VINYL-CHLORIDE EXPENSION〉（1958 年 6 月 8 日）《臺灣塑膠公司 PVC 擴展計畫》，行政院國際經濟合作發展委員会檔案，檔號：36-05-011-001，藏於中央研究院近代史研究所檔案館。

49. 〈股市寵兒工業驕子：臺灣塑膠公司鼓勵獨厚〉，《投資與企業》第 121 期（1965 年 3 月 5 日），頁 6。

50. 工業發展投資研究小組編，《新興的臺灣塑膠公司：財務公開報告之七》（臺北：工業發展投資研究小組，1962），頁 10。

51. 〈股市寵兒工業驕子：臺灣塑膠公司鼓勵獨厚〉，《投資與企業》第 121 期（1965 年 3 月 5 日），頁 6。

52. 〈函復關於供應臺灣塑膠公司氯氣情形〉，《臺灣碱業公司函覆關於供應臺灣塑膠公司氯氣情形》，行政院經濟安定委員會檔案，檔號：30-01-01-001-055，藏於中央研究院近代史研究所檔案館。

53. 〈股市寵兒工業驕子：臺灣塑膠公司鼓勵獨厚〉，《投資與企業》第 121 期（1965 年 3 月 5 日），頁 7。

54. 陳善鳴，《臺灣石油化學工業上、中、下游發展配合問題之研討》，頁 44。

55. 許雪姬、官曼莉、林世青、蔡說麗，《民營唐榮公司相關人物訪問紀錄一九四〇～一九六二》（臺北：中央研究院近代史研究所，1993），頁 1-6。

56. 許雪姬，〈唐榮鐵工廠之研究（1940-1945）〉，《高雄歷史與文化》，第 2 輯，頁 155-199。

57. 許雪姬，〈唐榮鐵工廠之研究（1940-1945）〉，頁 155-199。

58. 〈唐榮鐵工廠概況〉，高禩瑾編，《中國機械工程學會臺灣分會特刊：臺灣機械工業》，頁 79。

59. 許雪姬，〈戰後臺灣民營鋼鐵業的發展與限制（1945-1960）〉，頁 303-305。

60. 許雪姬訪問，官曼莉、林世青、蔡說麗紀錄，《民營唐榮公司相關人物訪問記錄（1940-

1962）》，頁 7-8。

61. 許雪姬訪問，官曼莉、林世青、蔡說麗紀錄，《民營唐榮公司相關人物訪問記錄（1940-1962）》，頁 8。

62. 許雪姬訪問，官曼莉、林世青、蔡說麗紀錄，《民營唐榮公司相關人物訪問記錄（1940-1962）》，頁 10-13。

63. 許雪姬，〈唐傳宗與鼎盛時期的唐榮鐵工廠〉，《思與言》第 33 卷第 2 期（1995 年 6 月），頁 78-80。

64. 許雪姬訪問，官曼莉、林世青、蔡說麗紀錄，《民營唐榮公司相關人物訪問記錄（1940-1962）》，頁 16、174-175。

65. 行政院國際經濟合作發展委員會編，《美援貸款概況》（臺北：行政院國際經濟合作發展委員會，1964），頁 22-23。

66. 許雪姬，〈唐傳宗與鼎盛時期的唐榮鐵工廠〉，《思與言》第 33 卷第 2 期（1995 年 6 月），頁 75-76。

67. 唐榮鐵工廠編，《唐榮十二年》（高雄：唐榮鐵工廠，1976），頁 16。

68. 中華徵信所企業股份有限公司編，《對臺灣經濟建設最有貢獻的工商人名錄》（臺北：中華徵信所企業股份有限公司，1973），頁 321。

69. 計學然，《縫紉機如何外銷》（臺北：中國生產力及貿易中心，1970），頁 3-4。中華徵信所企業股份有限公司編，《對臺灣經濟建設最有貢獻的工商人名錄》，頁 321。

70. 中華徵信所企業股份有限公司編，《對臺灣經濟建設最有貢獻的工商人名錄》（臺北：中華徵信所企業股份有限公司，1973），頁 321。

71. 計學然，《縫紉機如何外銷》（臺北：中國生產力及貿易中心，1970），頁 3-4。

72. 中華徵信所企業股份有限公司編，《對臺灣經濟建設最有貢獻的工商人名錄》，頁 321。

73. 計學然，《縫紉機如何外銷》，頁 5。

74. 計學然，《縫紉機如何外銷》，頁 5。

75. 朱柏林，〈利澤工業衣車廠股份有限公司調查報告〉，金屬工業發展中心，〈備函〉（1964 年 6 月 11 日），（53）金研字第 0469 號，《金屬工業發展中心輔助相關產業處理工程及材料、唐榮鐵工廠、機械工業》，行政院國際經濟合作發展委員會檔案，檔號：36-06-001-162，藏於中央研究院近代史研究所檔案館。

第四章　土地改革、民營化與資本積累

一、土地改革與民營化政策的形成

　　1952 年 7 月 24 日，中國國民黨中央改造委員會召開第 371 次會議，討論以扶植自耕農為中心的耕者有其田政策。時任該黨總裁的蔣介石指示，耕者有其田政策定於 1953 年 1 月 1 日實施。[1]該政策規定地主僅能保有一定面積的農地，超過的部分由政府以規定地價徵收，再轉放給承租該地之佃農，佃農以 10 年 20 期繳清地價後取得農地所有權。至於地主被徵收之耕地，政府以地價之七成發給實物土地債券、三成發給公營公司股票作為補償。[2]政府為籌措補償給地主的股票。1952 年 10 月 30 日，由經濟部設立出售公營事業估價委員會，執行公營事業的資產重估與調整資本，決定哪些公司的資本額適合且足以補償地主。[3]

　　1952 年 11 月 14 日，政府召開公營事業估價委員會的第二次常會中，決議先以臺灣水泥、臺灣紙業、臺灣肥料、臺灣農林、臺灣工礦等五間公司進行估價；若資本額不足以補償地主，再就臺灣造船、臺灣航業、臺灣機械公司估價。同年 11 月 19 日召開的行政院第 268 次會議，決議責成經濟部先就前述五家公司的資產估價。但從尋獲之資料中，無法瞭解列入估價順序的五家公營事業是如何決定的。[4]

　　如表 1 所示，五家公司經由資產重估後，總共價值新臺幣 12 億 400 餘萬元。1953 年 5 月 21 日召開的行政院第 292 次會議中，決議各公司股票減去原有之民股與補償地價的股份後，其餘全數

出售，無法出售者則保留為官股。參與估價委員會的臺灣省議會議員郭秋煌指出，臺灣肥料公司因具有國策與經濟上的意義，不應納入民營化名單，建議可由政府保留經營。[5] 最終行政院決議排除臺灣肥料公司，以臺灣工礦公司、臺灣農林公司、臺灣水泥公司和臺灣紙業公司的股票補償地主。[6]

表 1 資產重估後的資本額　單位：新臺幣元

公司名稱	估價資本額
臺灣紙業公司	3 億 354 萬 8,287.82 元
臺灣水泥公司	2 億 7,467 萬 1,252.94 元
臺灣工礦公司	2 億 5,285 萬 4,650.64 元
臺灣農林公司	1 億 8,154 萬 7,220.31 元
臺灣肥料公司	1 億 5,285 萬 4,650.31 元
合計	11 億 6,547 萬 6,557.02 元

資料來源：〈出售公營事業估價工作總報告〉（1953 年 5 月）

　　政府決定以四大公司作為民營化標的後，又是以怎樣的比例分配公司股票給地主？當時，政府體認到臺灣水泥與臺灣紙業公司的體質與業務，比臺灣工礦與臺灣農林公司單純，決議先以前兩家公司的股票全數撥發給地主，不足處再撥發後兩家公司股票。依據計算，政府以三成股票補償地價約需新臺幣 6 億元的股票，先以臺灣紙業與臺灣水泥公司約共值新臺幣 4 億 6,700 餘萬元的官股發放，不足的新臺幣 1 億 3,200 餘萬元由工礦與農林公司股票作為補充。[7]

　　接著，關於四間公司經營權的移轉方式，由於臺灣水泥與臺灣紙業公司生產的製品較具專業化，擬出售整間公司；至於臺灣工礦與臺灣農林公司因生產項目複雜、廠房眾多，決議以各個工廠分別出售的「分廠出售」方式，將各工廠分售給有意願承接的股票持有人。[8]

分廠出售的執行方法，是先將省營的兩家公司體制民營化，由股票持有人先選擇較容易經營的分售單位，再將生產單位從公司組織劃出後成為獨立企業。此外，政府在臺灣工礦與臺灣農林公司的持股，除撥作補償地主外，剩餘部分規劃以分售或分營方式售給民間，直到股份全數出脫。[9]

分廠出售的法源依據，一直到 1954 年 12 月 30 日「實施耕者有其田公營事業移轉民營輔導委員會」召開第四次會議，才訂立「實施耕者有其田臺灣農林股份有限公司臺灣工礦股份有限公司移轉民營實施分廠出售辦法」（以下簡稱「分售辦法」），並經 1955 年 1 月 13 日行政院會議通過。「分售辦法」規定，臺灣工礦與農林兩公司應於 1955 年 1 月 16 日後的 45 天內舉行第一次股東大會，並成立新的董事會，以設置民股分售處理委員會辦理分售事宜。[10]

在此過程中，民股股東可選擇與所持股份價值相當的分售單位，向民股分售處理委員會提出申請。若同一個單位有兩個以上的申請者，將以投標方式進行，並由出價最高的股東得標。而且民股分售處理委員會在分售工作結束後即撤銷，民股董事與監察人職務也解除，再由公司召集官股與公營法團股股東舉行臨時股東會議重新改組，辦理法定減資手續。[11]

1953 年地主取得政府撥發的股票後，臺灣各地開始出現股票所有權的移轉。值得注意的是，當時政府認為伴隨四大公司股票的發放，主觀條件下似有成立證券交易所的需求，但客觀環境尚未成熟。最終行政院會議決定未來適時再討論是否設立證券交易所。[12] 於是，地主取得之四大公司股票，是在沒有證券交易所的「非公開市場」下交易而來的。

當時大多數的農村地主對四大公司的資產與業務狀況認識有限，甚至懷疑持有的股票價值，故而紛紛脫手兌現；反倒是土地債券可按期兌換米穀，較受到地主青睞。[13] 最初四大公司股票每股面價定為十元，不久後即有跌至不足票面之三至四成左右，衝擊地主利益與政府威信。[14] 值此之際，準備投資四大公司或欲

在其移轉民營後競選董監事者，大都經由此機會低價購入大量股
票。[15]

　　總的來說，政府以四大公司股票補償地主時，因大多數地主
不諳股票價值，加上政府未建立完善的交易平臺，而以極低的價
格出脫持股。因此，參與四大公司的投資人得以較低的成本取得
股票。

二、省營臺灣工礦公司的成立

（一）戰後接收的歷史背景

　　戰前臺灣並沒有所謂的公營事業，僅有官方經營的專賣事業，
其他較具規模的事業多由日本人經營。1945 年日本投降後，戰前
較具規模的生產事業，戰後由資源委員會接收，成立國營和國省
合營事業。[16] 資源委員會不願意接辦的生產單位，則由臺灣省政
府接辦成立省營事業。

表 2　臺灣工礦公司接收日產事業之資本額規模

資本額範圍	家數
1,000 萬圓以上	1
500-999 萬圓以上	5
100-499 萬圓	24
99 萬圓以下	65
不詳	26
合計	121

資料來源：臺灣省接收委員會日產處理委員會，《臺灣省接收委員會日產處理委員會結束
總報告》（臺北：臺灣省接收委員會日產處理委員會，1947），頁 27-33。

　　透過表 2 的解讀，可知臺灣工礦公司是由 121 間日資企業改
編而成，而且多為接收資本額 100 萬日圓以下的日產企業。但有

些生產事業呈現資本額不詳的情形，原因係隸屬日本國內企業的事務所而無資本額。臺灣工礦公司的組成成分，包含地域性市場的事業與營建業，或是戰時推動而未具成熟的新興事業，亦即兼具殖民地地域經濟與戰時工業化的營運性格。

臺灣工礦公司係由戰前的中小企業整併而成，生產品目多未具備獨占性與規模性，營運上較難受到政策性的支持。這樣的型態有別於戰後諸多公營事業是在國家的保護傘下進行獨占性經營。

（二）類似雜貨店經營的事業

臺灣工礦股份有限公司的背景，可追溯自 1946 年 5 月 1 日，臺灣省行政長官公署工礦處將資源委員會選取所剩的事業中，將規模較大及適於聯合經營者、劃歸公營者，按照性質而分別創設窯業、鐵工製造、鋼鐵、化學製品、印刷紙業、工程、電工業、紡織業、玻璃、油脂、工礦器材、煤礦等 12 家股份有限公司籌備處。[17]

其後工礦處認為，12 間公司能進行事業的橫向連結，將有助於統籌業務發展與資金調度，故於同年 9 月 15 日設立臺灣工礦企業股份有限公司籌備處，將 12 個有限公司改為分公司。爾後，臺灣省行政長官公署再設立公營事業委員會，將籌備處更名為臺灣工礦股份有限公司籌備處。[18]

1946 年 11 月 1 日，臺灣工礦公司籌備處將所屬的鐵工製造與鋼鐵業兩分公司合併為鋼鐵機械分公司；11 月 10 日又將化學製品分公司之橡膠廠劃分獨立為橡膠分公司。1947 年 5 月 1 日臺灣工礦股份有限公司召開創立大會並通過章程，始獲得經濟部核發營業執照。[19]

如表 3 所示，臺灣工礦公司之成立係接受單位數眾多的日產企業，最初所屬的 12 間分公司，規模上亦有差異。就資產金額分配而言，以鋼鐵機械分公司占總資產 23.3% 最高，煤礦分公司16.9% 位居第二，紡織分公司 16.3% 位居第三，印刷紙業分公司 9.7%

位居第四。至於其餘八間分公司的資產比率，則低於公司總資產的 5%。經由以上說明，顯現出工礦公司所屬分公司間規模不一。

表 3　工礦公司成立初始資產分佈

分公司名稱	資產金額 （單位：舊臺幣元）	佔公司總資產比	接收單位
鋼鐵機械公司	398,030,252.65	23.3%	32
印刷紙業公司	166,316,248.85	9.7%	16
窯業公司	79,675,968.21	4.7%	2
玻璃工業公司	47,987,981.11	2.8%	8
工礦器材公司	103,146,959.37	6.0%	14
電工業公司	83,840,728.53	4.9%	7
煤礦公司	289,142,502.59	16.9%	16
紡織公司	277,690,074.40	16.3%	7
化學製品公司	70,122,919.23	4.1%	6
橡膠公司	75,316,902.23	4.4%	1
工程公司	76,190,921.94	4.5%	5
油脂公司	38,528,480.28	2.3%	7
合計	1,705,989,939.39	100.0%	121

資料來源：臺灣工礦公司，《臺灣工礦股份有限公司創立實錄》，頁 135。

　　省營臺灣工礦公司繼承了戰前日本中小規模企業，營運範疇涵蓋諸多業種。最初臺灣省行政長官公署工礦處計畫讓各分公司發揮所長，再透過彼此間的連結與合作發揮綜效。但事後來看，當時因經營體制龐大，加上企業組織的設立未臻完善，使得管理分工呈現混亂現象。首先，從 1947 年臺灣工礦公司成立，直至 1949 年臺灣區生產事業管理委員會成立、接手各公營事業的董事會職權為止，未曾設立總經理。在此前提下，重大事務均由董事長或常務董事的名義決行，使得董事會與經理部門職權不分。另一方面，公司又鮮少召開董事會，故僅以董事長之聲望與權力進

行公司治理。由此可見，臺灣工礦公司的董事會如同點綴品，不符合現代公司董事會與管理部門的權責分工。[20]

（三）組織裁併下的廠房出售

臺灣工礦公司從創辦起就有組織過大的問題，加上戰後初期臺灣省政府無餘力提供經費支援，因而成為營運困境。臺灣工礦公司在面對上述困難下，係以出售廠房的方式裁減組織。

1947 年二二八事變後，政府為回應戰後初期臺灣人提出欲接手日資企業的呼聲，將部分廠房標售給民間經營。[21]1949 年政府撤臺前後，臺灣工礦公司因部分生產原料與市場與中國大陸有著依存關係，部分事業的營運出現困難，再次進行組織縮減。[22]

基本上，1949 年臺灣工礦公司實施的組織縮編，係透過撥讓給政府單位與出售廠房的方式簡化進行。在撥讓給政府單位上，臺灣工礦公司將部分廠房撥交給性質類似的軍方或學校單位。例如油脂分公司的五分埔黃油工廠讓與兵工廠，玻璃分公司第一廠移交公賣局，新竹油漆廠撥交給工職專校。[23]陶業分公司決定標售原本由包商經營的的 16 處磚場，僅留下直營磚廠 16 處。[24]煤礦分公司戰後產煤多銷往中國大陸，在政府撤退來臺前夕即面臨市場萎縮，故調整為減少挖掘品質較低的礦坑，將資源集中至生產高級煤；[25]此外，尚透過出租礦區的方式賺取租金。[26]

繼承戰前諸多生產單位組成的臺灣工礦公司，可說透過裁併、出讓或出售廠房的方式，減輕組織繁雜的弊病。值得注意的是，1947 年臺灣工礦公司將廠房出售給民間的過程，化學分公司的廠房即由杜聰明接手經營，1950 年又將鋼鐵機械分公司的工廠交給霧峰林家營運。

（四）化學分公司的民營化——臺北香料廠之出售

1947 年，臺灣工礦公司化學製品公司的民營化，將下屬的臺

北香料廠出售給民間，成立臺灣化學製藥股份有限公司。在廠房出售的過程中，不僅臺灣人欲爭取經營權，甚至連上海資本家亦來臺參與。

當時杜聰明作為臺灣化學製藥股份有限公司的發起人，欲籌資舊臺幣 1 億 5,000 萬元接手化學分公司臺北香料廠時，上海商人林潮年曾欲認股 9,000 萬元。為此，臺灣銀行與財政廳出面斡旋，說明一個股東認股不宜超過 1,000 萬元，用意希望在於開放給更多人參加，最後林潮年允諾僅投資 1,000 萬元。[27]

俟公司成立後，董事長由杜聰明擔任，總經理由吳三連擔任，生產部經理兼董事長主祕由許燦煌擔任。常務董事則由霧峰林家代表林少聰與礦業家張聰明擔任。[28]

回顧臺灣化學製藥工業公司的前身高砂化學株式會社時期，生產香料的 60% 均銷售至歐美。但戰時為配合軍需，轉而生產內燃機用的燃料油與揮發油。戰後改組為臺灣工礦公司化學分公司臺北化學廠至工廠標售給民間前，整體設備僅有 60% 啟用。[29]

當時董事長杜聰明指出，民營化後的公司計畫發展香料、化學工業、製藥工業三類。第一，臺灣以人工栽培的植物萃取香料，相較於德國與法國以礦物為原料提煉的香料，臺灣的品質較佳。在此之下，杜聰明希望提升產品品質，回復到戰前以外銷市場為主的榮景。第二，戰前日本人留下的設備能夠生產各種溶劑、消毒劑、有機酸等中國大陸未能生產的商品，故而臺灣化學製藥擬進行大量生產，以參與中國大陸市場。第三，以香茅油和檜木油為原料，生產洛丁酸（Rodin Acid）與香茅酸（Citronellic Acid）等治療肺病的藥品。[30]

臺灣化學工業製藥公司的成立，可說是由臺灣本地仕紳集資促成，主要的經營管理階層涵蓋當時的有力家族與菁英人士。擔任董事長的杜聰明為戰前臺灣第一位醫學博士，或許想藉由此一契機將本身所長運用至實務界。但依據當時擔任生產部經理許燦煌的回憶，最終公司在人事安排的紊亂與財務調度的問題，無法順利開展既有之計畫。在此之下，1950 年代以後臺灣較具規模的

樂品工廠並未包含臺灣化學工業製藥公司，而是由新成立的中國化學製藥公司、永豐化學製藥公司在市場上的影響力較大。

（五）鋼鐵機械分公司的民營化──汐止煉鐵廠之讓售

1950 年 5 月，鋼鐵機械分公司決議將既有的工廠依據區位進行整併，並將汐止煉鐵廠讓售給臺灣煉鐵公司。汐止煉鐵廠的前身為 1943 年設立於汐止的臺灣重工業株式會社，為運用高爐法生產生鐵的工廠。1951 年臺灣煉鐵公司接手後，由霧峰林家的林雲龍擔任董事長。[31]

臺灣煉鐵公司為增加銑鐵和鋼錠生產，大舉添購轉爐、電氣煉鋼爐、電氣製鐵爐和軋鋼機等設備，完成以礦砂製鐵、精鍊鋼錠、軋製鋼品之一貫作業，成為戰後臺灣首家一貫性鋼鐵工廠。[32]

在資本額方面，臺灣煉鐵公司創立初期為新臺幣 300 萬元，1956 年為提升煉鋼作業，先後兩次增資，合計 2,200 萬元。1959 年再次增資優先股 700 萬元，故總資本額為新臺幣 3,200 萬元。臺灣煉鐵公司的生產力和實績方面，依據臺灣省建設廳 1960 年 6 月的調查，當時臺灣 20 間鋼鐵廠中，每個月軋鋼品生產能力為 20,850 噸，臺灣煉鐵公司占總產出的 7.2%，居第四位。[33]

但就 1950 年代臺灣煉鐵公司的財務面觀之，除了 1958-1959 年出現盈餘外，其餘均為虧損。究其實態，在於鋼鐵工業需要高額資金，該公司於 1950 年代雖歷經三次增資，可供使用資金仍不敷調度，進而向黑市舉債，或以參加合會的方式取得資金。然黑市利息負擔過重，最終成為公司虧損的主要原因。要言之，公司由短期高利負債投資長期基本設備，所支出的高額利息，非一般重工業所能負擔。[34]

總的來說，繼承戰前中小機械與鋼鐵業成立的臺灣工礦公司鋼鐵機械分公司在欠缺資金與原料的背景之下，經營出現困難。然而，1952 年將鋼鐵廠出售給民間經營後，成為臺灣最早的一貫性民營鋼鐵工廠。經由此一案例的討論可知，戰後省營事業在無

餘力經營較具規模的鋼鐵廠下，透過出售廠房促使民間資本得以參與重工業經營。但就臺灣煉鐵公司的案例而言，縱使當時產量得以成長，但在融資管道有限的背景下投資設備，反而導致資金欠缺，最終影響公司收益。

三、走向分廠出售的民營化

（一）民營化時期的董事會

1954 年 3 月 1 日起，四大公司股票開始轉移至地主後，地主持有臺灣工礦公司相對多數的股權。從企業所有權的觀點來看，公司已成為民營企業。然而，因分廠出售實施辦法尚未頒布，臺灣工礦公司未立即召開民營股東大會，經營權仍由官方掌握。1955 年 1 月 13 日，行政院召開第 381 次會議通過「實施耕者有其田臺灣農林股份有限公司臺灣工礦有限公司移轉民營實施分廠出售辦法」後，同年 3 月 16 日，臺灣工礦公司召開第一次轉移民營股東大會，選出民股董監事共 25 人，並由許金德擔任董事長。俟董事會成立後，臺灣工礦公司才開始進行初步的移轉民營工作。[35]

一般而言，現代公司要有相當規模持股的股東才得以進入董事會。經由上一節的討論，可知自四大公司股票開始撥發後，民間即開始頻繁地出現地主出售股票之現象，使得民營化臺灣工礦公司的董事會成員有相當比例為非仰賴地主身分為本業。[36] 就此部分，可參照表 4，代表民股的董事會成員除了顏欽賢、陳啟川和林雲龍等五大家族資本外，尚有諸多從事工商業與礦業資本者。就此現象而論，顯現出非地主資本參與臺灣工礦公司的活躍程度，凌駕於地主的參與程度。另外，如信通證券股份有限公司負責人朱逸競進入董事會，應是作為證券投資者。[37]

表 4 民營臺灣工礦公司董監事成員（1955 年 3 月 16 日）

職務類別	成員名單
民股董事	1. 五大家族：顏欽賢、陳啟川、林雲龍。 2. 地方資本：辛文恭（臺南）、黃業（臺南）、許金德（新竹）。 3. 中小與新興工商資本：吳火獅、何義、葉山母、洪坤厚、林和引、林清陂、簡萬銓。 4. 礦業資本：李建和、李儒德、許金定。 5. 民意代表：吳三連、賴森林。 6. 證券業：朱逸競。 7. 背景不詳：陳阿忠、廖連琦。
官股董事	郭克悌、曾昭承、蔡培火、王民寧、方職、葉禾田、林忠、任維鈞、徐少梅、李彬、黃文通、陳重光、林春土、鄒起盤。
監事	林叔垣、李功垂、許明傳、林以枝。

資料來源：陳先輝編，《自由中國工業要覽》（臺北：亞洲經濟出版社，1955），頁 29。

　　至於在分廠出售的執行上，為股東選擇與股票等值的廠房，再將其從臺灣工礦公司中挑選出資產規模相當的廠礦，成為獨立的企業。臺灣工礦公司所屬廠房的分售順序，則是在民營董事會體制成立前，由臺灣工礦公司與臺灣省政府建設廳共同決定。綜觀臺灣工礦公司估價總值為新臺幣 2 億 4,505 萬 9,339.57 元，耕者有其田撥發給地主的股票共值新臺幣 1 億 1,000 餘萬元。臺灣工礦公司決定以部為出售單位，先將紡織、化工兩部全部出售，不足之處再由礦冶機械部所屬單位中較容易經營者售出部分來補足。[40]

　　在分廠出售時未能調換到與資產相當的民股股東，最初政府計畫就其持有的股票價值，分得公司的剩餘單位，另行再組織民營公司。爾後，臺灣工礦公司體認到廠礦因大小不一未必能全數售出，剩餘部分為小股東權益所在，仍由公司繼續經營。至於剩餘的官股與法團股，原本政府規劃仍將繼續保持最後剩餘部分再行整理，並以純粹公營姿態繼續經營業務，直到代表政府方面等值的資產全數出脫為止。[41]綜言之，分廠出售原本的規劃，是將政府與民間持有的股份、下屬廠房等全數分割獨立成各公司後，最後臺灣工礦公司完全消失。

實際上，經過 1955 年 8 月的分廠出售後，剩下可供標售的企業體貧弱，而且所剩民股希望繼續沿用臺灣工礦公司的名義。最終於同年 11 月 15 日，臺灣省政府決定將臺灣工礦與臺灣農林公司的官股與法團股，與兩間公司協商後挑選等值廠礦後成立了臺灣企業公司籌備處，[42] 並於 1956 年 12 月正式成立臺灣省農工企業股份有限公司。[43]

總的來說，臺灣工礦公司的分廠出售是將公司約半數資產割出給民間經營，其餘由民營體制的工礦公司持續經營。究竟取得分廠出售的資本家，對其本身資本積累的歷程，乃至戰後臺灣的工業化呈現怎樣的樣態與意義？歷經分廠出售後的臺灣工礦公司，可說代表零碎股東的權益，究竟其往後的營運又為何？

（二）分廠出售與資本積累

臺灣工礦公司將紡織、化工、礦業機械等三部門的部門廠房透過分廠出售的方式移轉給民間。如表 5 所示，臺灣工礦公司實施分廠出售所承接 7 個單位的經營者，與表 4 所列的臺灣工礦公司的民營董事會成員呈現高度重合。究其原因，即在於具有較多持股者固然得以進入董事會成員，也較有能力透過手中的持股取得廠房。透過臺灣工礦公司實施的分廠出售政策，亦能顯現出當時民間資本參與新興工業與地方磚廠的途徑。但在此需要留意的是，因廠房資本龐大，資本家取得廠房營運的過程中，尚出現合縱連橫的交叉持股現象。

表 5 臺灣工礦公司分廠出售廠礦後的新設企業

原名	改組名稱	地點	董事長	總經理
紡織部				
烏日紡織廠	中和紡織股份有限公司	臺中縣	吳三連	吳火獅

臺南紡織廠	臺南紡織股份有限公司	臺南市	黃業	黃業
王田紡織廠	王田毛紡股份有限公司	臺中縣	吳火獅	郭清全
苗栗蠶絲工場	臺灣蠶絲股份有限公司	苗栗縣	尹良瑩	宜錫鈞
化工部				
沙鹿油脂廠	天香化工股份有限公司	臺中縣	賴森林	賴森林
臺北製皂廠	天香化工股份有限公司	臺北市	賴森林	賴森林
松山油漆廠	松山油漆股份有限公司	臺北市	張芳燮	陳景陶
高雄耐火材料廠	大華企業股份有限公司	高雄市	劉啟光	呂理澄
松山磚廠	臺北磚廠股份有限公司	臺北市	張清來	李水睦
圓山磚廠	圓山紅磚股份有限公司	臺北市	林清波	無
板橋磚廠	板橋磚廠股份有限公司	臺北縣	趙廷箴	李水睦
中壢磚廠	中壢製磚工廠	桃園縣	辛文恭	辛文恭
臺中磚廠	中臺窯業股份有限公司	臺中市	蘇廷清	鄭榜生
花壇磚廠	花壇窯業股份有限公司	彰化縣	唐明相	無
斗南磚廠	斗南建材股份有限公司	雲林縣	林中賀	洪敦南
嘉義磚廠	嘉義磚廠股份有限公司	嘉義縣	黃宗焜	陳家丁
佳里磚廠	東亞企業股份有限公司	臺南縣	劉敘東	辛文恭
臺南磚廠	臺南窯業股份有限公司	臺南市	黃文連	蘇永成
岡山磚廠	岡山製磚股份有限公司	高雄縣	鐘藏欽	鐘藏欽
屏東磚廠	益芳煉瓦股份有限公司	屏東縣	李蔡雪萍	李世昌
礦業機械部				
煉鋼廠	東光鋼鐵機械股份有限公司	臺北市	林春土	洪金木
花蓮燐肥廠	華東企業股份有限公司	花蓮縣	馬有岳	馬有岳
士林電工廠	士林電工股份有限公司	臺北縣	洪坤厚	洪坤厚
臺北機械廠	臺灣省農會農業機械廠	臺北市	林寶樹	無
松山機械廠	永豐工業股份有限公司	臺北市	何義	何榮廷
氧氣廠	臺北氧氣股份有限公司	臺北市	許明傳	許明傳
海三礦場	瑞山煤礦股份有限公司	臺北縣	李建和	李建成

資料來源：陳先輝編，《自由中國工業要覽》，頁 33-34。

就紡織部的四間工廠中，烏日紡織廠與王田紡織廠均是由往後創辦新光集團的吳火獅系統獲得。[44] 至於臺南紡織廠則是由臺南安南區在地人士，同時期擔任臺灣省臨時省議會第二屆議員的黃業得標。[45] 值得注意的是，苗栗蠶絲工場則由外省籍的尹良瑩取得，或在於其過去在中國大陸曾擔任四川省蠶絲改良場場長、中國蠶絲公司總經理等經驗。[46]

　　在化工部的分廠出售中，沙鹿油脂廠和臺北製皂廠均由時任臺灣省議員的賴森林獲得。值得注意的是，賴森林尚擔任四大公司民營化後的第一任臺灣紙業公司董事長。[47]

　　取得松山油漆廠的張芳燮，戰前曾在滿洲國經商，戰後返臺後曾擔任臺灣省政府建設廳總務科長和專門委員，爾後擔任永光茶葉股份有限公司總經理。1951 年起擔任臺灣省臨時議會和第二屆臺灣省議員。[48] 在分廠出售的過程中，張芳燮與外省籍曾任浙江省政府會計處長的陳景陶合作，分別擔任改組成立的松山油漆股份有限公司的董事長與總經理。[49]

　　高雄耐火材料廠則由半山的劉啟光連同呂理澄取得經營權。大致上，戰後半山曾運用本身的政經關係參與公營銀行等各項事業，在四大公司民營化的過程中，林頂立亦取得臺灣農林公司的董事長職位。[50] 在臺灣工礦公司的民營化過程中，劉啟光也取得了一席生產事業。

　　至於在 11 間磚廠的出售方面，顯現出地方資本、民意代表與營建業的出資參與，而且出現同一投資人與多處地方人士結合的現象，或可視為臺灣中小企業熱衷於投資之特質。

　　首先，由趙廷箴與李水睦標得的板橋磚廠，以及張清來和李水睦標得的松山磚廠，黃宗焜和陳家丁標得的嘉義磚廠，均有王永慶家族投入資本。[51] 過去對於王永慶的事業經營認知，多集中在販賣米穀、伐木事業、石化產業的經營，較少留意王永慶事業走向多角化經營的初期，曾參與分廠出售的磚廠投資。例如標得板橋磚廠的趙廷箴為上海籍，曾任正昌木材加工股份有限公司董事長，爾後臺灣塑膠工業股份有限公司成立後擔任董事長。就其

背景而言，為王永慶事業的一員。至於李水睦在王永慶早期創業時均參與投資，則同時參與板橋與松山兩磚廠的標售。[52] 值得注意的是，1949年以後為數不少的上海商人來臺後，競相參與各項工業的投資。從此事例來看，顯現出當時上海資本亦有與臺灣本地資本合作之情形。[53]

標得松山磚廠的張清來亦任臺灣合板股份有限公司董事長，也身兼臺灣紙業股份有限公司總經理。[54] 嘉義磚廠得標的黃宗焜除戰前即擔任律師外，戰後並當選為臺灣省臨時省議會首屆省議員。[55]

其次，同時取得中壢磚廠和佳里磚廠經營權的辛文恭，在戰後初期即任臺灣工礦玻璃分公司第二工廠，[56] 並升任臺灣工礦公司陶業分公司總經理。[57] 此外，辛文恭為臺南仕紳辛西淮之子，其兄辛文炳為臺南縣議會議員，而且經營當地客運業。[58] 由此可見，辛文恭或憑藉本身曾任職臺灣工礦公司的優勢，以及家族資金的奧援下，取得兩所磚廠的經營。

取得圓山磚廠所有權的林清波，於1949年成立互助營造公司，經營磚廠可視為其事業垂直整合之一環。[59] 經營臺南磚廠的黃文連則先後參與嘉中林業股份有限公司董事長、興都窯業股份有限公司董事長與臺中窯業股份有限公司董事長。黃氏同時經營林業與窯業下，呈現擴大窯業經營之態勢。[60]

取得臺中磚廠的蘇廷清，最初以煤礦業發跡，1951年起並擔任第一、二屆新竹縣議會議員，[61] 為竹東蘇派的龍頭。另一名合作的鄭榜生，則是擔任楊梅鎮長。至於岡山磚廠的得標人蘇永藏，戰後曾擔任第一和第二屆岡山鎮長，1950年底轉任第三屆高雄縣議會議員。[62]

在礦冶機械部的分售中，標得煉鋼廠的林春土曾擔任華南煤礦公司總經理、興南化學公司常務董事、茂昌貿易公司經理等，洪金木則原本經營金山鐵工廠，可說是走向多角化經營。[63] 取得花蓮燐肥廠的馬有岳，則是擔任臺灣省參議會參議員、第一、第二屆省議員，並曾經營舊式糖廠與澱粉工廠。[64]

取得士林電工廠經營權的洪坤厚，原本在臺北市開設成興商行。[65] 值得注意的是，原本林和引也有意爭取該廠的經營，最後洪坤厚在獲得許金德的挹注下得標。[66] 松山機械廠的經營權則由曾任臺灣省參議會議員、永豐紙業公司董事長何義和其子何榮廷獲得。[67] 氧氣廠則由許埠商行經理、1960 年代成立臺灣日立股份有限公司的許明傳獲得經營權。[68] 至於海三礦場的經營權，則由原本即從事礦業的李建和、李建成兄弟取得。

另一方面，資本家在分廠出售資本家取得廠礦後，亦出現交叉持股的相互投資現象。例如取得士林電工公司的洪坤厚，擔任民營化後的圓山磚廠和岡山磚廠股份有限公司常務董事。[69] 標得圓山磚廠的林清波，則兼任士林電工公司與臺北氧氣公司的常務董事。[70] 此外，張清來則同兼臺灣紙業公司的常務董事。[71] 探究此一原因，應在於透過彼此間的合縱連橫與交叉持股，或能在分廠出售前先進行初步的協調，並彼此相互支援取得欲得到的廠礦。

綜上所述，取得分廠出售廠房者不僅反映出臺灣資本家從商業資本轉向工業資本，從地方各磚廠和花蓮燐肥廠的得標人來看，亦顯現出地方型資本家的營運，而且部分亦身為地方民意代表，或具有政商關係的脈絡。再者，分廠出售除了提供資本家參與各項事業的管道外，部分標得當時視為新興工業廠房的資本家，對其營運又帶來怎樣承先啟後的位置呢？

（三）大型企業集團的興起過程

回顧臺灣工礦公司採取的分廠出售方式，究竟對民間的資本積累帶來什麼樣的影響？往後如新光集團、士林電機、永豐集團等臺灣較具規模的企業集團，均曾在分廠出售中取得工廠之經營權。在此脈絡下，有助於這些集團的早期經營者拓展本業規模，抑或從商業資本轉向工業資本，或朝向事業的多角化經營。

第二章所提及的新光商行吳火獅和永豐商店何義，在這段時期均參與了廠房的標售。吳火獅參與紡織業初期，有別於同時期

臺灣紡織業仍集中投資棉紡織的設備，而是以人造纖維的織造為目標。吳氏在參與分廠出售前，延聘甫卸任臺北市長的吳三連進入公司任職。吳火獅標得的烏日紡織廠與王田紡織廠中，前者主要為紡紗，後者則從事毛紡織。[72] 就經營型態而論，吳家的紡織業生產係以人造纖維與染整為起點，爾後才透過分廠出售進一步經營棉紗和毛紡織事業。

另外，永豐商行的何義取得松山機械廠的所有權後，創辦永豐工業股份有限公司，從日本引進川崎工業株式會社的技術，生產銷售川崎機車，還投資汽機車零組件生產事業。就此舉而論，可視為永豐何家自 1940 年代後期開始涉入工業資本，家族事業多角化經營。[73]

原本在臺北市開設成興商行的洪坤厚，取得士林電工廠後更名為士林電工股份有限公司，資本額為新臺幣 600 萬元。主要產品為電燈泡、電風扇、收音機和乾電池等。在營運方面，平均每個月可達新臺幣 100 萬元營業額。而且生產之收音機每臺定價新臺幣 1,100 元，遠低於日本進口的新臺幣 1,420 元。然而，因外匯貿易改革方案實施使得新臺幣貶值，在大多數零件仰賴進口使得成本增加三成而未提升售價下，公司的資金多仰賴黑市供應，導致利息負擔過重。[74]

關於士林電工公司在 1950 年代電工業中的規模，臺灣區電工器材同業公會依據資金、動力設備、雇用人數等分為五級，以 1956 年 4 月同業公會之資料，士林電工股份有限公司與大同製鋼機械股份有限公司、太平洋電線製造廠並列臺灣電工業中的第一級工廠。[75]1962 年該公司在日本三菱電機的資金挹注後，改組為士林電機股份有限公司，成為早期臺灣頗具規模的機電公司。[76]

過去對於戰後臺灣第一代企業家的資本積累進行之考察，係概括地強調戰後政府在產業政策或給予特許權力的扶植，對四大公司民營化的議題，僅停留在提供新的工商人士收購的機會。[77]從臺灣工礦公司分廠出售的事例可知，分廠出售提供這些資本家取得新興工業的經營機會，成為他們進行資本積累的一條途徑。

（四）分廠出售後的臺灣工礦公司

民營化的臺灣工礦公司將體質較好的諸多廠房讓售給民間經營之後，後續發展究竟為何？如前所述，政府推動四大公司民營化之前，並未同意設立證券交易所，直到 1959 年的十九點財經改革方案才宣示將建立資本市場與改善民間投資。[78]1962 年 2 月，臺灣證券交易所正式成立，臺灣工礦公司成為第一批證券交易所公開上市的企業，在財務資料需公開揭示的義務下，才得以對該公司營運獲得較多的資訊。[79]

1963 年 6 月，臺灣工礦公司資本額為新臺幣 1 億元，股東人數約有 4 萬人，股權可說相當分散。[80] 在生產單位方面，臺灣工礦公司僅存臺北紡織廠、豐原紡織廠、新竹紡織廠、亞麻廠、基隆鋼鐵廠、陶瓷廠、耐火器材場、瑞芳礦場和民德礦場。[81]

透過表 6 可知，公司於 1957-1960 年的每股股利均不到 1 元，並於 1961 和 1962 年出現虧損。若再參照表 7，可知悉 1962 年臺灣上市企業的年平均價格中，臺灣工礦公司的年平均價格為新臺幣 4.17 元，為所有上市公司年平均股價最低者，與同時期年平均股價最高新竹玻璃公司的新臺幣 2,167.70 元相差甚大。

表 6 臺灣工礦公司的產值、稅後純益與每股股利
單位：（1）產值、稅後純益：新臺幣千元（2）每股股利新臺幣元

年度	產值	稅後純益	每股股利
1957	210,064	2,661	0.20
1958	194,866	3,073	0.22
1959	233,168	4,688	0.35
1960	233,895	1,761	0.15
1961	216,416	-30,295	—
1962	244,279	-9,372	—

資料來源：臺灣工礦公司，《臺灣工礦股份有限公司創立實錄》，頁 135。

表 7 1962 年臺灣上市企業年平均價格　單位：新臺幣元

公司名稱	價格	公司名稱	價格
臺灣水泥	15.20	彰化銀行	258.82
味全	150.34	中華開發	997.28
臺灣肥料優先股	15.00	第一銀行	205.54
臺灣紙業	5.10	華南銀行	206.29
人同普通股	11.34	亞洲水泥普通股	7.82
臺灣機械	10	新竹玻璃	2,167.70
臺灣工礦	4.17	臺灣農林	4.59
臺灣糖業優先股	58.55	中國化學製藥	113.92
臺灣電力優先股	53.92		
中興優先股	8.05		

資料來源：臺灣證券交易所股份有限公司編，《臺灣證券輯要：五十一年度》（臺北：臺灣證券交易所股份有限公司，1963），頁 94。

　　如表 8 所示，1963 年的臺灣工礦公司的生產與銷售實績大約 65% 集中在紡織類，其次為煤礦類，第三為化工鋼鐵類。但就當時公司營運主力的紡織類，在民間紡織業多轉向人造纖維工業發展，工礦公司仍停留在棉紡織與亞麻紡織，未伴隨紡織業技術變革進行人造纖維的設備投資。再者，當時紡織業因國內市場銷路有限，加上美國限制進口而無法開展，而成為紡織部門銷售的重大困境。在此之下，因棉紡織部門多年均告虧損，進而使得 1961 和 1962 年臺灣工礦公司的財務出現赤字。[82]

　　臺灣工礦公司在紡織部門出現虧損下，嘗試將營運重點漸次轉往煤礦事業，以因應當時臺灣由水力發電轉向以煤礦為燃料的火力發電。最初公司規劃以鄰近深澳火力發電廠瑞芳和民德煤礦進行大量開採，卻因礦災使得產出受阻。[83]

　　整體而言，臺灣工礦公司較具經營潛力的廠房多在分廠出售中讓售出去，剩餘的生產單位因規模較小及市場的變化，營運並不理想。雖然紡織部門原為公司的主力部門，但在公司無力開發

新產品下，因市場的侷限與競爭者過多，造成營運上的困境。是故，土地改革中的小地主或投資人，沒有足夠股權參與購買分廠出售的工廠，亦無法因持有臺灣工礦公司的股票而享受到工商業投資的果實。

表 8　1963 年臺灣工礦公司生產與銷售總值　單位：新臺幣千元

產品類別	生產總額	銷售總額
紡織類	145,483（64%）	157,188（65%）
煤礦類	47,282（20%）	47,438（20%）
化工鋼鐵類	37,445（16%）	35,640（15%）
合計	230,210（100%）	241,262（100%）

資料來源：盧承宗，〈企業經營分析：臺灣工礦股份有限公司（一）〉，《投資與企業》第 99 期（1964 年 7 月），頁 14。

四、小結

戰後臺灣在發展經濟的初期，政府扶植的公營事業以資源委員會所經辦的國營和國省合營事業為主。由資源委員會負責營運的公營事業，在大多數產品具備獨占性生產的前提下，市場銷售亦獲得保障。反觀繼承戰前以中小工業為主成立的臺灣工礦公司，經營業種涵蓋數種產業，而且大多數產品為非獨占性生產，其銷售須與民間業者競爭。臺灣工礦公司自公司成立初期即面對組織龐大，加上當時臺灣省政府挹注資金有限，而僅能透過廠房讓售的方式精簡組織，以減輕營運上的負擔。

經由本章有限的案例或能理解，省營時期臺灣工礦公司的廠房讓售，接手經營者為臺灣本地家族資本或以深具名望者為中心接手經營。然而，臺灣工礦公司為配合土地改革政策實施的分廠出售民營化，對於臺灣民間資本積累的轉換的涵蓋範圍則更為廣

泛。

　　從經濟政策史的觀點而論，當時政府推動土地改革著重的是將地主之土地移轉給農民，重心或集中在土地是否得以順利移轉，對地主取得股票後的後續影響欠缺縝密之規劃。政府以四大公司股票作為補償地主時，未設立證券交易所作為流通平臺保障地主的交易，使得不熟悉股票投資的地主在非公開市場低價拋售；就此點而論，既有論著曾提及在土地改革進行資產重估時，似有公司資產過高評價之嫌，加上政府欠缺配套政策，對於地主資本在失去賴以為生的土地後，又以較低價格售出股票，對其持有的資本似帶來一定程度的衝擊。然而，對工商經營具有認識的人士，得以較低的成本購入一定數量的股票，並取得分廠出售下的新興工業經營權。過去政府所言土地改革促使地主資本流入工商業之說，透過本論文的研究結果，可知悉參與董事會為數不少的成員並非地主出身，與政府論述似有未合之處。

　　政府對臺灣工礦公司採行分廠出售的方式，即使地主參與的程度有限，但卻促成民間資本以較低的成本取得廠房，免除創廠初期的前置作業。過去對於戰後新興工業的認識，多集中於1950年代由工業委員會的各項政策推動促成的新興工業，忽略資本家經由四大公司民營化的途徑參與新興工業。往後成為臺灣大型企業集團的新光、永豐、士林電機等，即是在既有的事業下透過分廠出售擴展規模或進行多角化經營。若從戰前、戰後臺灣經濟的延續性而論，部分於戰時興起的新興工業，戰後初期因臺灣工礦公司受限於資金與組織管理而停滯，此時又在民營化政策的契機下，部分生產單位得以持續發展，並成為臺灣較具規模的企業。

　　另外，以往討論戰後工業化的資本積累時，多著重在全國性生產事業的資本家與企業之討論，對於戰後地方資本的認識仍集中在信用合作社與農漁會系統。但是，經過本論文分析臺灣工礦公司磚瓦工廠分廠出售的得標者，可知各地的資本家與民意代表，也參與了這一波戰後工業化的資本積累。

　　倘若從公司股東的層面剖析民營化初期的臺灣工礦公司，規

模較大且願意參與事業經營的股東得以有機會承接廠礦，然未出脫股票的地主或持股無法大到參與分廠出售的投資人，則持續作為臺灣工礦公司的股東。民營化初期的臺灣工礦公司歷經分廠出售後，剩餘的廠房在生產與銷售均告困難下，至 1960 年代初期不但面臨經營的虧損，股價也呈現低迷。此時身為臺灣工礦公司的股東，在公司營運困難下，無法從持有該公司的股票獲利。

註釋

1. 臺灣土地銀行，《臺灣土地銀行卅五年》（臺北：臺灣土地銀行，1981）：頁 82。

2. 臺灣土地銀行，《臺灣土地銀行卅五年》，頁 81-82。

3. 〈行政院第二六八次會議〉（1952 年 11 月 19 日），《行政院會議議事錄》，檔號：105-1 035，藏於國史館。

4. 〈行政院出售公營事業估價委員會第二次常會會議記錄〉（1952 年 11 月 14 日）：〈行政院第二六八次會議〉（1952 年 11 月 19 日），《行政院會議議事錄》，檔號：105-1 035，藏於國史館。

5. 〈行政院第二九二次會議〉（1953 年 5 月 21 日），《行政院會議議事錄》，檔號：105-1 043，藏於國史館。

6. 〈行政院第二九三次會議〉（1953 年 5 月 28 日），《行政院會議議事錄》，檔號：105-1 043，藏於國史館。

7. 〈行政院第三二〇次會議〉（1953 年 12 月 3 日），《行政院會議議事錄》，檔號：105-1 053，藏於國史館。

8. 〈出售公營事業估價工作總報告審查會議記錄〉（1953 年 5 月 20 日））：〈行政院第二九二次會議〉（1953 年 5 月 21 日），《行政院會議議事錄》，檔號：105-1 043，藏於國史館。作者不詳，〈四大公司如何移轉民營〉，《經濟參考資料》第 98 期，頁 3。

9. 〈行政院第三二〇次會議〉（1953 年 12 月 3 日），《行政院會議議事錄》，檔號：105-1 053，藏於國史館。

10. 〈行政院第三八一次會議〉（1955 年 1 月 13 日），《行政院會議議事錄》，檔號：105-1 074，藏於國史館。

11. 〈行政院第三八一次會議〉（1955 年 1 月 13 日），《行政院會議議事錄》，檔號：105-1 074，藏於國史館。

12. 〈行政院第二七二次會議〉（1952 年 12 月 17 日），《行政院會議議事錄》，檔號：105-1 037，藏於國史館。

13. 〈臺灣證券交易揭開新頁〉，《投資與企業》第 2 期（1962 年 2 月），頁 2。

14. 莊福，〈臺灣證券交易小史〉，《投資與企業》第 3 期（1962 年 2 月），頁 7。

15. 作者不詳，〈臺灣證券商之管理〉，《經濟參考資料》第 107 期（1955 年 8 月），頁 6。

16. 吳若予，《戰後臺灣公營事業之分析》（臺北：業強出版社，1992），頁 52-53。

17. 臺灣工礦公司，《臺灣工礦股份有限公司創立實錄》（臺北：臺灣工礦公司，1947），頁 2。

18. 臺灣工礦公司，《臺灣工礦股份有限公司創立實錄》，頁 2。

19. 臺灣工礦公司，《工礦公司最近四年概況》（臺北：臺灣工礦公司，1953），頁 2。

20. 羽文，〈論工礦公司的改組〉，《臺灣經濟月刊》4 卷 3 期（1950 年 10 月），頁 3。

21. 民治出版社編，《臺灣建設（下冊）》（臺北：民治出版社，1950），頁 544。

22. 民治出版社編，《臺灣建設（下冊）》，頁 544。

23. 臺灣工礦股份有限公司編，〈臺灣工礦股份有限公司三十八年度工作檢討報告〉（1949 年 11 月），《各事業 38 年度工作檢討總報告》，臺灣區生產事業管理委員會檔案，檔號：49-01-02-002-026，藏於中央研究院近代史研究所檔案館。

24. 臺灣工礦股份有限公司編，〈臺灣工礦股份有限公司三十八年度工作檢討報告〉（1949 年 11 月），《各事業 38 年度工作檢討總報告》，臺灣區生產事業管理委員會檔案，檔號：49-01-02-002-026，藏於中央研究院近代史研究所檔案館。

25. 羽文，〈論工礦公司的改組〉，頁 4。

26. 民治出版社編，《臺灣建設（下冊）》，頁 547。

27. 許燦煌，《鴻爪展印》（臺北：自行出版，1994）：頁 39。

28. 許燦煌，《鴻爪展印》，頁 40。

29. 呂士炎，〈臺灣化學製藥工業公司及其主持人：杜聰明博士〉，《臺灣經濟月刊》第 1 卷第 5 期（1948 年 9 月），頁 23。

30. 呂士炎，〈臺灣化學製藥工業公司及其主持人：杜聰明博士〉，頁 24-25。

31. 工業發展投資研究小組編，《工業發展投資參考資料之十一一貫作業的臺灣煉鐵公司：財務公開報告之五》（臺北：工業發展投資研究小組，1961），頁 5。

32. 工業發展投資研究小組編，《工業發展投資參考資料之十一一貫作業的臺灣煉鐵公司：財務公開報告之五》，頁 5。

33. 工業發展投資研究小組編，《工業發展投資參考資料之十一一貫作業的臺灣煉鐵公司：財務公開報告之五》，頁 5、8。

34. 工業發展投資研究小組編，《工業發展投資參考資料之十一一貫作業的臺灣煉鐵公司：財務公開報告之五》，頁 9-10。

35. 陳先輝編，《自由中國工業要覽》（臺北：亞洲經濟出版社，1955），頁 28-29。

36. 在耕者有其田政策中，規定地主可保留水田三甲或旱田六甲，超過者需由政府徵收。實際上，當時大多數工商業者亦有超過此一規模的土地，但其本業並非以土地資本為生，而已將重心轉往工商業。

37. 熊國清，《證券市場論》（臺北：世界書局，1955），頁 180-181。

38. 〈農林工礦兩公司分售單位談話會紀錄〉（1954 年 7 月 27 日），《奉經濟部令關於農林、工礦兩公司分售單位談話會紀錄希即依照決定一項列表說明一案函請查照辦理并見復由》，臺灣省政府檔案，檔號：0042660025830011，國史館臺灣文獻館。

39. 〈商討農林工礦兩公司開放民營事前準備供作及移轉民營過程中各項問題第二次座談會議記錄〉（1954 年 2 月 15 日），《檢送商討農林公司、工礦公司開放民營過程中各項問題第二次座談會紀錄》，臺灣省政府檔案，檔號：042660025828004，國史館臺灣文獻館。

40. 商討農林工礦兩公司開放民營事前準備供作及移轉民營過程中各項問題第二次座談會議記錄〉（1954 年 2 月 15 日），《檢送商討農林公司、工礦公司開放民營過程中各項問題第二次座談會紀錄》，臺灣省政府檔案，檔號：042660025828004，國史館臺灣文獻館。

41. 陳先輝編，《自由中國工業要覽》，頁 28-29。

42. 熊國清，《證券市場論》，頁 99-100。

43. 謝芳怡，〈戰後臺灣「非獨占」公營企業的經營分析：以臺灣省農工企業公司為例（1957-2000 年）〉（國立政治大學經濟研究所碩士論文，2007），頁 18-20。

44. 黃進興，《吳火獅先生口述傳記：半世紀的奮鬥》（臺北：允晨文化實業股份有限公司，1990），頁 144。

45. 〈黃業〉，臺灣省諮議會網站，http://www.tpa.gov.tw/opencms/digital/area/past/past02/member0087.html。

46. 中華民國工商協進會編，《中華民國工商人物志》（臺北：中華民國工商協進會，1963），頁 8。

47. 中華民國工商協進會編，《中華民國工商人物志》，頁 717。

48. 聞懷德，《臺灣名人傳》（臺北：商業新聞社，1956），頁 145。

49. 中華民國工商協進會編，《中華民國工商人物志》，頁 494。

50. 張炎憲、李筱峰、莊永明編，《臺灣近代名人誌（第三冊）》（臺北：自立晚報，1987），頁 312-314。

51. 姚惠珍，《孤隱的王者：臺塑守護之神王永在》（臺北：時報出版，2015），頁 65-66；王永慶，《生根‧深耕》（臺北：遠景出版社，1996），頁 13。

52. 中華民國工商協進會編，《中華民國工商人物志》，頁 633。

53. 謝國興，〈1949 年前後來臺的上海商人〉，《臺灣史研究》第 15 卷第 1 期（2008 年 3 月），頁 131-172。

54. 中華民國工商協進會編，《中華民國工商人物志》，頁 384。

55. 〈省議員小傳：黃宗焜〉，臺灣省諮議會網站，http://www.tpa.gov.tw/opencms/digital/area/past/past02/member0079.html。

56. 鄭建星，《臺灣商業名錄》（臺北：國功出版社，1948），頁 541。

57. 中華民國工商協進會編，《中華民國工商人物志》，頁 177-178。

58. 〈辛文炳紀念室〉，南臺科技大學網站，http://www.stust.edu.tw/web/hsinwenpin/。謝國興，〈1940 年代的興南客運：日治後期到戰後初期的轉折〉，《臺南文獻》創刊號（2012 年 7 月）：頁 55-80。

59. 林清波總策劃，互助營造股份有限公司編，《臺灣營造業百年史》（臺北：遠流文化事業股份有限公司，2012）：作者介紹頁面。

60. 中華民國工商協進會編，《中華民國工商人物志》，頁 554。

61. 新竹縣議會網站，http://www.hcc.gov.tw/hccago/session/1.asp。

62. 聞懷德，《臺灣名人傳》（臺北：商業新聞社，1956），頁 207。

63. 中華民國工商協進會編，《中華民國工商人物志》，頁 226、296。

64. 〈省議員小傳：馬有岳〉，臺灣省諮議會網站，http://www.tpa.gov.tw/opencms/digital/area/past/past01/member0250.html。

65. 中華民國工商協進會編，《中華民國工商人物志》，頁 297。

66. 林長城口述、邱建文整理，《走過東元：林長城回憶錄》（臺北：遠流出版事業股份有限公司，1999），頁 84。

67. 義容集團編輯小組，《臺灣前輩企業家何義傳略》（臺北：允晨文化實業公司，2003），頁 235-236。

68. 中華民國工商協進會編，《中華民國工商人物志》，頁 418。臺灣日立股份有限公司網站，http://www.taiwan-hitachi.com.tw/company/company.aspx。

69. 中華民國工商協進會編，《中華民國工商人物志》，頁 297。

70. 中華民國工商協進會編，《中華民國工商人物志》，頁 234。

71. 中華民國工商協進會編，《中華民國工商人物志》，頁 384。

72. 黃進興，《吳火獅先生口述傳記：半世紀的奮鬥》，頁 144。

73. 義容集團編輯小組，《臺灣前輩企業家何義傳略》，頁 89-91。

74. 中央委員會設計考核委員會，〈新興工業及農產加工之實際狀況考察報告書〉（1959 年 12 月），頁 2。

75. 〈臺灣區電工器材工業同業公會會務報告〉（1958.3），頁 10。〈臺灣區電工器材同業公會會員錄〉（1956 年 4 月）。

76. 經濟日報編，《中華民國主要企業：中華民國 60 年》（臺北：經濟日報社，1971），頁 150-151。

77. 瞿宛文，〈臺灣戰後工業化是殖民時期的延續嗎？：兼論戰後第一代企業家的起源〉，《臺灣史研究》第 17 卷第 2 期（2010 年 6 月），頁 39-84。

78. 〈證券交易所的成立經過〉，《投資與企業》第 2 期（1962 年 2 月），頁 9。

79. 〈臺灣證券交易揭開新頁〉，《投資與企業》第 2 期（1962 年 2 月），頁 1。

80. 臺灣證券交易所股份有限公司編，《臺灣證券輯要：五十一年度》（臺北：臺灣證券交易所股份有限公司，1963），頁 43。

81. 盧承宗，〈企業經營分析：臺灣工礦股份有限公司（一）〉，《投資與企業》第 99 期（1964 年 7 月），頁 14。

82. 盧承宗，〈企業經營分析：臺灣工礦股份有限公司（一）〉，頁 14。

83. 盧承宗，〈企業經營分析：臺灣工礦股份有限公司（二）〉，《投資與企業》第 100 期（1964 年 7 月），頁 12。

第五章

臺日經濟關係的重啟與調整

一、日本貿易商來臺

（一）政府對策

　　二次大戰的戰敗國日本，除了由美國設置的盟軍最高司令官總司令部（General Headquarters，GHQ，簡稱盟軍總部）主導占領日本期間的各項政策外，盟國間為處理日本問題尚設置遠東委員會，作為各國對日政策協商的平台。戰後日本的對外經貿，1948年，遠東委員會同意日本派遣商務代表出國考察或留駐國外；盟軍總部依據遠東委員會的決議，准許日本人前往國外經營商務，前提是須得到該國政府許可。[1]

　　當時國民政府或考量到中央信託局在日本已設有代表處負責對日採購，加上 1947 年已派遣貿易代表赴日貿易，[2] 憂心日商來華將分食中日貿易市場。於是，政府決議在對日和約簽訂前，不讓日本商務人士來臺灣。[3] 但 1949 年 12 月中華民國政府撤退來臺後，基於經濟、外交和反共等層面的考量，對日商來臺之方針始出現鬆動。

　　甫撤退來臺的中華民國政府，在美國尚未恢復援助前，「日本」無論是在地理位置或物資需求的互補性上，均是臺灣拓展對外經貿關係之首選。但政府各單位與各級官員對日本商務人士能否來臺這一點，仍存在政治、外交等不同層面的歧見。

　　1949 年 12 月，駐日代表團向外交部提出，因盟軍總部鼓勵日

本商人赴外考察與接洽商務，陸續有日商詢問來臺的申請方式。外交部認為臺灣應考慮拓展與日本間的貿易，並以個別申請的方式接受日商來臺。[4] 經濟部認為，我方在反共抗俄的前提下，同盟國既已視日本為遠東反共陣營的重要成員，應以商務手段作為對日外交的橋梁，以防日方被中共市場吸引。尤其是 1950 年 9 月臺日貿易重啟，臺灣商人得以自由前往日本貿易後，基於兩國間對等互惠的原則下，政府無法再迴避日本商人來臺經商。有鑑於此，1950 年底經濟部擬定「日本商人來臺貿易辦法草案」，[5] 該草案在 1951 年 1 月 31 日召開的行政院第 170 次會議中獲得總統蔣介石之核可，成為日本商人來臺的法源基礎；但會議中對是否准許日本商人來臺灣貿易，仍持緩議的保留態度。[6]

行政院通過「日本商人來臺貿易辦法」通過後，盟軍總部依據此辦法開始核發日本商人申請入臺之護照，然臺灣高層對日商來臺仍採拖延之策略，不願正式開放日商來臺，導致日本官商產生不滿。1951 年 5 月 30 日，外交部在行政院第 188 次會議中再次提出，既然臺灣商人能前往日本貿易，應以對等的態度同意日商入境，再以限制居留期間作為配套措施。最終此一提案在會議中通過，日商始能來臺從事貿易活動。[7]

當時來自中國大陸的部分政府官員，在歷經中日戰爭的洗鍊後，對日本貿易商來臺一案抱有疑慮。例如監察委員丘念臺憂心，一旦對日門戶大開，臺灣的工業製品將在不敵舶來品下出現倒閉與失業潮。丘氏認為，來臺日商若帶有報復性格，再加上共產黨的滲透政策、臺灣民眾的動搖心態，將增加臺灣的危險。基於上述的理由，丘氏建議對來臺的日本商人資格應嚴加限制，或將此政策延後一年至一年半後反攻大陸成功後再行實施；在此時期，或可由我國或美國商人以代理進口日貨的方式作為權宜之計。[8]

不過，臺灣區生產事業管理委員會副主任委員尹仲容認為，政府在關稅和各項管制政策的配套下，應不致出現丘念臺指出的現象。尹仲容認為，可以先准許日本政府來臺灣設立辦事處，並擬定交付主管機關參酌辦理且不對外公告的「日本商人來臺貿易

臨時辦法」；在對外名義上，則宣稱日本商人依據「無外交關係國人民入境辦法」，以逐次核定的方式辦理。[9]

戰後臺日貿易重開的過程中，對丘念臺而言似存在現實利益與複雜的民族情感的交錯。外交部支持以兩國間平等互惠的原則開放日本商人來臺貿易，經濟主管部門則是以現實利益考量凌駕民族意識，但在反共的氛圍下仍提出對外貿易與反共國策結合之論。

綜觀戰後日資向海外擴張的考量，在於其國內市場與戰前日本帝國經濟圈相較大幅縮小。戰後日本的經濟復興過程，是以國內市場規模有限為出發點。戰前臺日間形成的市場依存性，具備殖民地的商貿網絡經驗，而且日商相對我方機構容易取得日本製造的工業資材之利基，成為其戰後來臺營運的強烈動機。

（二）來臺之實態——冷戰體系下的延續與斷裂

二次大戰結束後，盟軍總部將戰前日本支配臺灣流通業的三菱商事、三井物產分割為 139 和 223 間公司。舊金山和約簽訂後，受解體的商社才不再受到盟軍總部的制約而重新合併。為此，1954 年與 1959 年，戰前的三菱商事與三井物產各自整合財閥解體所分割的事業單位，重新註冊設立。[10] 因而無法從 1950 年代初期來臺的日資名錄，直接捕捉到戰前在臺的財閥資本蹤跡。此外，受限於資料取得，本文無法逐一說明每間會社來臺的實態，僅能就較具規模的會社來臺背景進行討論。

如表 1 所示，自 1951 年 5 月政府同意日本貿易商來臺後，至 1953 年 9 月底時，從 18 間在臺北設立辦事處或駐在員的貿易商名單，[11] 可剖析戰前、戰後日本財閥資本與商社來臺的延續性。

首先，昭光商事株式會社、東西貿易株式會社隸屬於戰前三菱商事系統。昭光商事以戰前三菱商事金屬燃料部為主體，專注機械、化學藥品、日用品雜貨的進出口；東西貿易株式會社則以戰前三菱商事資材部為中心，進行金屬和資材的進出口。[12]1954 年

三菱商事株式會社重新成立後，在臺的主要客戶為臺灣電力公司、臺灣鐵路管理局、臺灣糖業公司，提供其各項資本財。[13]

表1 在臺設立分支機構之日本貿易業者（1953年9月30日）

類別	企業名稱	廠商數目
戰前三菱系統	東西貿易株式會社、昭光商事株式會社。	2
戰前三井系統	東京食品商事會社、日本機械貿易會社、第一物產株式會社。	3
紡織貿易資本	東洋棉花株式會社、兼松商事會社、江商株式會社。	3
戰前曾在臺設立據點者	日立製作所、株式會社加藤商會、守谷商會。	3
其他	住友商事會社、日本部產業會社、日新通商會社、米井商店、日商株式會社、日盛產業株式會社、亞細亞自轉車株式會社。	7
合計		18

資料來源：〈中日文化經濟協會一年餘來之工作概況〉（1953年9月），藏於政治大學圖書館特藏區。株式会社人事興信所，《調查通信(No237)-別冊「企業調查」》（東京：人事興信所，1952），目次頁。

其次，戰前支配臺灣物資流通的三井物產株式會社，[14] 戰後分別以第一物產、日本機械貿易會社和東京食品商事會社的名義進入臺灣。1952年5月第一物產在臺北開辦辦事處時，由戰前曾服務於三井物產臺南辦事處的村澤澄藏擔任所長；1953年派駐臺灣的宇坪善太郎，戰前亦曾擔任臺灣總督府技師。[15] 最初第一物產的辦公室暫設於何義經營的永豐股份有限公司辦公室內，原因係為該公司前身為1924年創辦的永豐商店，曾作為三井物產經銷化學肥料的代理商；[16] 之後，第一物產則在戰前任職於三井物產上海支店的林伯奏協助下，於臺北市武昌街設立辦事處。[17]

值得一提的是，1951年林伯奏創辦以經營臺日貿易為主的新亞實業股份有限公司時，其東京辦事處亦位於東京都的三井本館中。[18] 由此可見，戰前所建構的人際網絡，是戰後日資來臺或臺

商赴日拓展事業時的有利條件。

在業務層面上，第一物產透過冷戰下的網絡，承接美援項目下的小麥採購計畫；另外，該會社還將臺灣產製的茶葉與鳳梨罐頭等物資銷往第三國販售，充分發揮綜合商社的海外事業布局。這點也有別於以往對戰後臺日貿易從日本進口工業品、臺灣出口農產品的印象。[19]

同樣隸屬戰前三井物產的日本機械貿易株式會社，最初臺北通訊處的所在地，位於戰前任職於三井物產臺北支店機械課的臺灣籍員工經營的永和行中。該通訊處的業務主要為提供臺灣電力公司變電所和發電所所需零件，並積極向臺灣紙業、臺灣糖業、水泥公司、中國石油公司推銷各項設備。[20]至於東京食品株式會社在臺的經濟活動，因受限於資料，僅能略知以從事糧食貿易為主。[21]

至於戰前曾在臺從事商業活動的中型商社，部分於戰後亦積極重返臺灣拓展市場。例如戰前曾在臺北設立支店的守谷商會，除銷售日本生產的電力設備、採伐用機械外，還擔任川崎車輛株式會社的臺灣代理商。1951 年底，守谷商會派遣員工出差來臺，一方面聯繫臺灣電力公司與林務局等戰前既有的客戶，還代為銷售新潟鐵工所生產的漁船與船舶機械，以及明電舍生產的發動機。[22]

1920 年設立於名古屋的加藤商會，主要從事藥品、米穀、水產品的貿易及代理業務，戰前曾在臺北設立支店。[23]日立製作所曾在 1938 年 10 月設立臺北販賣所，爾後於 1943 年 1 月升格為事務所，主要客戶為臺灣電力株式會社。[24]上述兩間公司亦於戰後返回臺灣設立據點。

然而，並非所有戰前曾在臺活動的大中型商社，於戰後都選擇臺灣作為事業經營點。例如戰前在高雄以銷售肥料發跡，參與米穀移出事業的杉原商店，戰後並未選擇臺灣市場再出發。究其原因，或為戰後臺灣的糧食與肥料的流通由政府所支配，成為返臺經營既有事業的障礙之一。有鑑於此，杉原商店憑藉戰前臺灣糧

食物資銷售的經驗，專注於供應日本國內市場所需的雜豆貿易。[25]

從事紡織纖維與製品生產與貿易為主的東洋棉花株式會社、兼松商事會社、江商株式會社，戰後或因臺灣的棉毛紡織尚處於萌芽階段，將臺灣視為具有潛力的市場。雖然當時臺灣政府禁止進口棉紡織成品，而且採行代紡代織政策扶植本地資本，但這些日商仍透過國際通路的優勢運送各類纖維原料來臺販售。戰前並未在臺灣設立據點的東洋棉花株式會社，戰後以外銷纖維製品為主，因此前來臺灣投石問路。[26] 其次，專注於羊毛貿易的兼松株式會社，戰前曾在臺北和高雄設立辦事處，[27]1953 年在臺北開設駐在員事務所。[28] 復次，戰前主要從事棉布生產和貿易的江商株式會社，戰前的海外活動亦不包括臺灣，1953 年在臺北設立駐在員事務所。[29] 就性質而言，戰後江商株式會社的營業範疇，不侷限於纖維事業的生產與銷售，而是調整為總合商社的經營型態，銷售纖維、糧食、金屬、物資、肥料等各項物資。[30]

戰前臺灣即仰賴日本提供消費財、資本財，戰後臺灣尚處於進口替代工業化的起步階段，在屬於消費財的棉紡織處於萌芽階段、資本財亦未能自製的背景，成為曾在臺設點的中型商社與生產工業製品會社在戰後重返臺灣的有利契機之一。至於戰前支配臺日間的流通業財閥資本，戰後充分發揮綜合商社在多國設立據點的貿易公司機能，透過全球布局的優勢，積極爭取冷戰下美援項目的業務承攬機會，呈現與戰前市場不同的樣態。戰前曾服務於日本商社的臺灣商人，戰後一方面協助曾服務的東家廠商來臺，而且其前往日本進行事業營運時，亦仰賴戰前所建構的商業網絡。故就商業網絡的性質而論，從戰前雇用的從屬關係轉變為企業間的合作關係；但此延續應僅止於臺日通商啟動初期，之後日商來臺的考量，仍回復到以獲利為主要考量的國際投資。

（三）商業資本的根植──在臺分公司的設立

當時政府或基於減少外匯耗損與欲保護國內貿易商，對於國

外的商業資本來臺，係採取有限度的開放政策。1950 年代日資來臺的途徑，除了前述的外派辦事員或設立辦事處型態外，商業資本還欲進一步在臺設立分公司，以利於資金信貸與週轉。但政府考量外匯有限與欲保護國內之貿易業者，對商業資本來臺採行較為保守的政策。此外，在兩岸對峙的背景下，國安單位與經濟決策單位對於如何因應同時與中國貿易的來臺商業資本，有著不同的見解。

　　稍詳言之，政府對日本貿易商來臺設立分公司一案，最初依據 1951 年頒布的貿易法限制商行活動，持反對意見。1952 年中日和約簽訂後，日本駐中華民國大使以此舉違反中日和約中的妨礙兩國利益為由，向臺灣政府提出抗議。[31]

　　為此，1955 年 6 月 17 日，行政院第 406 次會議中討論是否核准日商來臺設立分公司一事。外交部主張可採表面上宣布開放日商登記，俟日商提出申請，再由主管機關對於信用卓著且交易頻繁者，以緩慢的步調逐案核准。但行政院外匯貿易審議委員會則認為，此舉從外交觀點不失為良好的應付策略，但執行上具有困難點。[32]

　　掌理臺灣外匯與貿易的行政院外匯貿易審議委員會，考量日本商社與臺灣的商業關係往來頻繁，若貿然開放將造成申請者眾多。而且當時日本華人數量眾多，倘若本國商人運用日商名義申請來臺，將因不易識別出現假日資，恐會形成變相的全面開放。為避免上述流弊，除需依據貿易商整理辦法規定外，應另訂立更為嚴格的標準，甚至不宣布標準，而在審查過程中決定。倘若採納外交部所言，對同等資格或同一時期的申請者採取拖延辦法，准許或駁回無明確規定之下，將引發更多爭執。[33]

　　實際上，1950 年代臺灣的對外貿易，除公營的中央信託局外，尚有諸多民間人士成立貿易行參與對日貿易。[34] 從保護本地資本的觀點出發，若大舉開放日資來臺設立分公司，勢必對本地貿易行的營運帶來衝擊。該次會議最終決議以折衷的方式，由主管機關視貿易情況及日商的信用能力，參照臺灣省出口及進口貿易商

整理辦法，先開放五家日商來臺設立分公司。[35] 在此原則下，1955年 7 月 29 日，行政院外匯貿易審議委員會召開第 23 次會議決議，准許三菱商事、第一物產、日盛產業、竹腰生產、東洋棉花等五間較具規模的商社在臺灣設立分公司。至於之後的申請案件，則俟未來貿易商登記開放後再議。[36]

另一方面，當時在兩岸政權的對峙下，臺灣政府不僅對日商與中國大陸貿易往來進行監控，並欲取消與中共從事商貿活動的日商在臺設立分公司資格。從資料上顯示，東洋棉花株式會社因擔任日本政府指定承辦進口中國食米商號，故政府取消其在臺分公司資格；為遞補東洋棉花的缺額，准許由積極宣稱反對日本與中共貿易，而且常與中華民國大使館往來的江商公司遞補。[37]

1957 年 10 月，國家安全局發文給經濟部，指出在臺設有支店與商務代表的日商，多參加與中國大陸進行貿易的「日中貿易組合」，或透過同一企業集團中不同的名稱商號進行。在臺設立分公司的五家日商中，第一物產、三菱商事、江商株式會社即與中國大陸進行貿易。[38]

行政院外匯貿易審議委員會認為，上述三間日本商社雖與中國有商務往來，理應依據公司法撤銷在臺分公司，或依據民法取消登記許可或解散。但總公司的行為，在臺分公司應否承擔負責，況且國家安全局提供的情報是否具有公信力，應再詳加考慮。[39]

此一案件經政府責成中華民國駐日本大使館查證後，指陳日本各商社的營業狀況僅能依據報刊記載提供，不若官方文件具有公信力。日本商社與中共的貿易行因無法獲得日本官方證明，成為調查時的最大困難。而且部分會社依法設立子公司或私下委託小商社出面辦理與中共貿易，亦缺乏官方證明文件。縱使掌握與中共直接進行貿易的商社，亦無法瞭解具體貿易實績。[40]

基於上述理由，中華民國大使館提出若要排斥與中國大陸貿易的日商往來，需從主客觀的層面考量以下三點。第一，各商社間以母子公司關係與委託關係，需要合法確鑿。其次，日商可隨時成立或委託新公司，以專營的方式對臺灣與大陸貿易。第三，

若同時排斥各商社，可能減少臺灣出口銷售的機會。若僅由我方不與和大陸直接或間接貿易者交易，可能會發生該商社因重視我方訂單，乃另組新公司專營對我方貿易，或是不重視臺灣訂單而減少競標。[41]

最終在 1959 年 1 月，行政院外匯貿易審議委員會指出，依據駐日大使館的調查，無法明確求證與中共有直接貿易關係。此外，日本政府對臺灣與中共貿易取以兩面政策，若處理過當，日商可能另組或委託新公司專營對中國貿易，似難獲得實質效果。因涉及兩國間外交敏感問題，對日商與中共貿易處罰標準未確定前，應暫緩議處。[42]

經由上述的討論，得以理解政府對是否開放日本商業資本來臺採行較為消極的態度，國安單位又欲對與中共貿易的日商進行懲罰。但就務實面來看，日商與中共的商業交流在查證上有所困難，故當時主管臺灣對外貿易的外匯貿易審議委員會在顧及臺灣的現實經濟利益下，不認同政府反共的政策。至 1972 年臺日關係中斷前，我方當局雖持續對同時與兩岸政權進行商貿往來的日商表示不悅，但仍無法以具體手段遏止日商行為。

日本商業資本對臺灣經濟的影響，除了上節所言以貿易商的姿態提供臺灣所需物資與進行第三國貿易外，伴隨 1960 年代臺灣對外投資政策日漸寬鬆，促使外資更願意來臺，再加上加工出口區的創辦，在臺的日本商業資本更進一步在臺創辦各項產業資本，促使來臺日資的發展趨於成熟。如表 2 和表 3 所示，1950 年代在臺灣設立分公司的三井物產與三菱商事株式會社等較具規模的商業資本，進入 1960 年代後透過與臺灣本地資本或其他日本資本合資的方式設立各種生產事業，在運用既有的國際通路下，促使臺灣成為日本國際加工基地的一環。

表 2 1960 年代三井物產株式會社在臺投資的生產事業　單位：美元

企業名稱	設立期間	資本額	日方出資者	日方出資比例	主要產品	臺灣合作對象
新臺灣農業機械股份有限公司	1961	625,000	久保田鐵工、三井物產	459,000（73.4%）	農業機械	陳逢源（代表人）
中國第一鋼纜股份有限公司	1962	623,000	三井物產	125,000（20%）	鋼纜	陳逢源（代表人）
恆隆實業股份有限公司	1962	762,500	大東紡織、三井物產	262,600（34%）	纖維	任再生（代表人）
東方人造纖維股份有限公司	1965	1,000,000	岐阜整染、東洋レーヨ（東洋人造纖維）、三井物產	500,000（50%）	針織品編織與染整	遠東紡織股份有限公司
臺灣可果美股份有限公司	1967	750,000	カゴメ（可果美）、三井物產	367,500（49%）	番茄醬	臺南食品股份有限公司

參考資料：松本繁一、石田平四郎，《台湾の経済開発と外国資本》（東京：アジア経済研究所，1971），頁 192-219。

表 3 1960 年代三菱商事株式會社在臺投資的生產事業　單位：美元

企業名稱	設立期間	資本額	日方出資者	日方出資比例	主要產品	臺灣合作對象
臺菱紡織股份有限公司	1962	900,000	三菱レーヨ（三菱人造纖維）、三菱商事	400,000（44%）	化合纖、紡織加工	新光實業股份有限公司
新光合纖股份有限公司	1968	4,500,000	東洋レーヨ（東洋人造纖維）、三菱商事	2,250,000（50%）	聚酯纖維	新光紡織、遠東紡織
東菱合纖股份有限公司	1969	5,000,000	三菱レーヨ（三菱人造纖維）、三菱商事	2,500,000（50%）	壓克力纖維	
中菱染織股份有限公司	1969	100,000	三菱アセテート（三菱醋酸）、三菱商事、岸商事	45,000	醋酸人造長纖紗織品	德昌實業公司

奇菱樹脂實業股份有限公司	1965	25,000	三菱油化、三菱商事	12,250（49%）	高壓聚乙烯	奇美實業股份有限公司
三發橡膠股份有限公司	1968		三島ゴム（三島橡膠）、三菱商事	206,250（外資55%）	帆布膠底鞋	
中國電器股份有限公司	1962	625,000	三菱電機、三菱商事	250,000	家電用品	中國電器股份有限公司

參考資料：松本繁一、石田平四郎，《台湾の経済開発と外国資本》，頁 192-219。

二、工業資本來臺的直接投資

除了前述的商業資本來臺，關於工業資本上，日商在衡量我國投資制度下，少部分以出資方身分來臺投資，大多數則採提供技術以獲取報酬金的風險趨避方式。究竟當時政府對欲來臺之日商的審核方針為何？接受日本技術的本地企業，市場銷售的成效又如何？對開發中國家的臺灣在推動進口替代工業化過程帶來怎樣的影響？其次，過去論著未曾將美援與來臺日資進行連動性的討論，來臺投資的日資或接受日本技術的本地廠商又是如何透過美援的資助進行設備投資？

（一）參與股份的投資型態

如表 4 所示，1950 年代來臺參與合資事業的日本資本共有 10 件多屬輕工業性質。過去對早期外來投資的認知多侷限在以民間或外銷需求為主的新興工業，而且多以民生需求為主。實際上，部分投資事業的興設，尚基於軍方、政府部門或投資母國之需求出現。本段將來臺參與合資的日資分成四大類型進行說明。

1. 以民生消費為主的輕工業

首先，東海工業株式會社與日本纖維工業株式會社在臺投資

表 4　1950 年代以輸入物資抵臺的日本資本

國外廠商	國內廠商	核准時間	投資金額	生產商品	接受美援項目
（第一類）民生消費事業與新興輕工業					
日本東海工業株式會社	臺灣製帶廠	1953	36,000 美元	織帶	新臺幣 23 萬 2,000 元（1954）
日本纖維工業株式會社	錦綸紡織股份有限公司	1953	159,744 美元	苧麻紡織	新臺幣 93 萬 6,000 元（1957）53,070 美元（1957）87,310 美元（1958）
日本福村產業株式會社	功學社股份有限公司	1957	3,035 美元	樂器	13,702.49 美元（1955）
日本大阪印刷油墨股份有限公司	亞洲工業股份有限公司	1957	6,078 美元	印刷油墨	
日本油漆股份有限公司	亞洲工業股份有限公司	1957	28,378 美元	船底漆合成樹脂塗料顏料合成樹脂	
日本桃井製網株式會社	臺灣桃井有限公司	1959	35,300 美元	合成纖維漁網與繩線	
（第二類）配合軍方需求設廠					
日本關西油漆株式會社	唐榮油漆廠	1954	13,889 美元	日本關西油漆株式會社	新臺幣 28 萬元（1957）
（第三類）政府公共建設需求設立					
日本電氣株式會社	臺灣通信工業股份有限公司	1958	98,000 美元	各種通信器材	
日本沖電氣工業株式會社	遠東電器工業股份有限公司	1958	185,926 美元	有限通信器材	57,157.40 美元（1957）
（第四類）滿足日本國內需求					
日本米星商事羽幌炭礦鐵道株式會社	南莊礦業股份有限公司	1958	貸款 957,096 美元	煉焦	

資料來源：〈外國人投資簡表〉（1952 年 7 月 -1959 年 6 月），經濟部（函），〈函送華僑及外國人投資簡表附查照〉（1959 年 12 月 30 日），《華僑及外國人來臺投資與技術合作、工業服務》，經合會檔案，檔號：36-19-001-002，藏於中央研究院近代史研究所檔案館。

的臺灣製帶廠和錦綸紡織股份有限公司，主要生產織帶、苧麻紡等紡織相關製品。前者所產織帶屬於新興的民生工業，後者則運用臺灣在地資源苧麻為原料進行麻紡織。桃井漁網株式會社在臺的投資，係為當時臺灣的化學纖維尚處於起步階段，故希望透過日資來臺投資生產人纖漁網。

　　另外，福村產業株式會社投資的功學社，主要業務為進行管樂器、口琴和手風琴的組裝，並於 1950 年代後期開始將口琴外銷至韓國。[43] 值得注意的是，日本的福村產業株式會社為旅日臺灣人謝敬智所創辦，該公司部分業務為將日本樂器株式會社生產 YAMAHA 品牌的口琴、風琴等樂器出口至臺灣，並作為臺灣銷售的總代理。1954 年謝家兄弟在臺成立功學社股份有限公司後，開始以進口原料的方式在臺灣組裝各項樂器。[44] 從外來投資的脈絡來看，由在日臺灣人於日本創辦的公司作為臺灣功學社企業的海外投資者，並以代理臺灣日本樂器株式會社的網絡關係，由日本方面提供原料與技術，在臺以生產口琴的作為起點。在以往的討論中，多強調在日臺灣人參與香蕉等青果貿易的活動，[45] 透過本案例的討論，顯現出部分來自日本的外來投資，實為在日臺灣人所建立的公司。其透過在日本的商業網絡取得技術，促使在臺同族的事業得以獲得進展。

　　再者，在日本油漆股份有限公司與大阪印刷油墨製造公司，均以設備與技術資本作為增資亞洲工業公司的股份。就前者而言，提供合成樹脂、塗料、船底漆、特殊油漆等折合約新臺幣 70 萬元的技術投資；後者則提供印刷和謄寫版、馬口鐵、玻璃等專用油墨技術，以及價值新臺幣 15 萬元的設備。[46]

　　基本上，日本企業來臺投資事業中，東海工業、日本纖維工業、桃井漁網株式會社等三件為紡織相關事業，雖然同時期政府對於棉紡織採取禁止舶來品生產的進口替代政策，但日資仍透過差別化的生產型態，來臺投資臺灣品目較少的紡織相關製品。其次，1950 年代臺灣的油漆市場多侷限於生產普通油漆，而且廠商家數與產量均達飽和。作為投資主管單位之一的行政院外匯貿易

委員會指出，欲來臺投資油漆事業的外資，僅能以船底油漆和臺灣尚仍無法生產的高級品為主。在此前提下，才出現日臺合資的亞洲工業股份有限公司，與下段將陳述的唐榮油漆廠。[47] 值得注意的是，此類型事業中的臺灣製帶廠、錦綸紡織股份有限公司與功學社股份有限公司，均曾接受美援的小型民營工業貸款。從這三間公司的生產品目而論，錦綸紡織以苧麻紡織為主的生產方式，屬於當時臺灣紡織業中發展較少的型態。臺灣製帶廠生產的織帶，有別於以棉布為主的生產。至於功學社進行樂器組裝的投資，也屬於新興工業的一環。

2. 順應軍方需求生產

戰後臺灣鋼鐵業中規模最大的唐榮鐵工廠，曾為臺灣南部規模最大的民營企業，戰後廢鋼原料供應來源之一是海軍，故與海軍有著較為密切的交流。[48]1954 年，政府核准由日本關西油漆株式會社與唐榮鐵工廠合資設立唐榮油漆公司，即是在海軍的需求下策動。當時臺灣每年所需 4,000 噸高級塗料，半數仰賴美援提供，或從歐美日等國進口。[49] 為此，海軍總司令馬紀壯提出國產油漆廠生產塗料的構想，以節省外匯支出。[50]

同時期正積極推動多角化經營的唐榮鐵工廠，決意配合海軍需求發展油漆製造，並於 1955 年 1 月與日本關西油漆株式會社正式合資設立唐榮油漆廠，由日本方面提供建廠計畫與生產技術。關西油漆株式會社曾於 1929 年在臺灣設立辦事處，當時主要是銷售繪製扇子使用之油漆，已初步認識臺灣市場。戰後該會社亦有意願出口半成品至臺灣加工，故與唐榮鐵工廠達成合作共識。[51] 然而，1958 年唐榮油漆廠投入生產後，在海軍所需之油漆銷路有限下，轉而生產建築用、木器、一般油漆等。[52]

總的來說，就 1950 年代臺灣的工業品生產而言，除了以滿足民間消費為主的生產外，還有過去既有論著較少關注的、針對軍方需求所進行之生產。大致上，以軍需為主的製品特性在於需要

高品質，但不利點是市場需求較少。唐榮油漆公司以供應海軍需求的前提創辦，投入營運後仍面臨市場需求的困境，最終轉型為生產民用油漆。

3. 以政府需求為前提的投資

1958 年，日本電氣株式會社與沖電氣株式會社以增資型態，分別來臺投資臺灣通信工業公司和遠東電氣工程公司兩案，均是以生產電信管理局所需的電信設備為基礎的投資，銷售對象亦鎖定政府部門。但這兩間合資公司，仍由本地資本占半數以上的資本額。資本額原為新臺幣 250 萬元的臺灣通信工業公司，為因應日方增資將其資本增加至新臺幣 500 萬元，再邀請日本電氣株式會社出資新臺幣 245 萬元，剩餘的新臺幣 5 萬元則由公司董事補足，以確保本國人股份得以過半。在生產事業上，日本電氣株式會社提供技術生產電話機、電話交換設備、無線電受信機、漆包線等，並規劃半數作為外銷。[53]

再者，資本額亦為新臺幣 250 萬元的遠東電氣工程公司為配合日資入股，同樣將資本額提升至 500 萬元，當中的 240 萬元由沖電氣工業株式會社以外匯及設備形式入股。[54] 在生產品目上，則以電話機、電話交換機、接線箱等設備為主。[55] 值得注意的是，沖電氣在進入臺灣投資與提供技術前，即由遠東企業行擔任該公司的進口代理商；遠東企業行除了從日本進口電話機與交換機外，尚提供警察電信網更新所需設備。遠東企業行為促成此項合資事業，將公司更名為遠東電氣工程公司。[56] 此事例的意義，是原本從事商業經營的臺灣人資本，藉助於日本的技術與設備投資，蛻變為工業資本。

在此可進一步追問，政府是在何緣由下同意臺灣通信工業公司與遠東電氣工程公司同時引進日本資本與技術，生產近乎相似的產品？作為電信主管單位的交通部認為，透過兩家公司生產相似性產品的競爭態勢，將能提高品質與控制價格，才不致於出現

獨占性市場。再者，這些合資事業生產的電信產品是否價格相較舶來品低廉？在行政院外匯貿易審議委員會的會議記錄中，可知悉工業委員會指出在臺生產電話機的售價初期將高於舶來品進口成本價的 10-12%，但在新興工業發展初期在國內自製率尚低的情形下，屬於可以接受的程度。由此可見，雖言初期的製品在價格上仍未具備競爭力，但因製品係以政府事業單位作為大宗購買者，可說確保此項事業的基本市場。[57]

4. 投資母國需求的計畫

最後，南莊礦業股份有限公司的投資案為 1950 年代來自日本投資最大者，主要係以日本國內原料為需求的投資，並且在政府的居中牽線下，由中日合作策進委員會的網絡所促成，此部分將在下節進行討論。

經由表 4 可知，半數來臺投資的日資，係運用美援計畫項目中的小型民營工業貸款計畫。此項貸款的緣起，可追溯 1953-1954 年間，行政院美援運用基金美援會與美國駐華經濟援助機構，針對臺灣小型民營工業的經營狀況進行調查，發現阻礙小型民營工業發展的主要因素為資金不足和外匯短缺，再加上商業銀行受限政府法規無法提供中長期貸款，因此常無力購買擴廠時所需的進口器材。有鑑於此，1954 年起，政府在美國的授意下舉辦美援小型民營工業貸款計畫，以提供小型工業支付建築房屋和購置生產設備所需的新臺幣與美元借款。[58] 由此得以顯現，部分來臺日資參與的生產事業中依附在美援體制下的經費進行設備投資。

作為後進國家的企業在發展初期除了取得所需的技術外，尚需有對應的資金作為資本財與原料購置。1950 年代臺灣的企業金融雖有三間商業銀行的存在，處於起步的企業經營者欲以抵押的方式向銀行體系取得融資仍有困難。即便當時日資積極從事外向投資政策，臺灣的第一間外資銀行分行勸業銀行還是遲至 1959 年才設立。[59] 再者，當時日本尚處於中進國的規模，企業本身的資

金尚未達到豐厚程度，願意來臺投資者未必有餘裕資金或願意進行更大規模的投資。美援貸款項目的實施，促使這些公司得以購入生產設備，與日資呈現兩相配合之狀態。

關於1950年代後進國臺灣推動工業化之過程，過去普遍認為，基礎建設與公營事業的整備仰賴美援，未曾關注到來臺投資的日資，亦是因美援而得以進行整配廠房設備。但透過冷戰體系下的美援制度提供來臺日資奧援，促使日資得以在出資規模不大之下，能夠在同時期扮演承先啟後角色，並奠定1960年代進一步加強對臺灣工業界的影響。

三、政府的對日經濟政策與美國對臺日經濟的支配

(一) 中日和約簽署後的對日經濟政策

承接前文討論日本商業與工業資本來臺的實態，本段從政府的層次說明1950年代臺灣政府的對日經濟觀。就戰後臺灣與日本兩國間的外交關係而論，直到1952年4月28日中日和約簽署，雙邊關係才告正常化。同年7月23日，在行政院召開的第250次院會通過「對日經濟合作計劃綱要」一案中，確認在工業、貿易、金融、航業、鹽業、煤礦、漁業等部門的對日方針。[60]

大致上，該綱要為臺灣政府在對日本外交關係正常化後，以宏觀性的角度提出對日經濟的政策論述。此一論述，不僅體現政府欲借重日方所長與資源尋求經濟發展，亦從兩岸對立的矛盾與臺日資源互補性的雙重觀點，剖析臺灣因欠缺資源而尋求與日方合作的契機。然而，即使當時政府曾強化對日經濟交流，但日本對外往來的選擇並不只偏限於臺灣，加上與中共關係日漸改善，而導致部分事業最終的執行與我方政府規劃出現落差。

臺灣在工業部門的發展遠不及日本，公民營事業均從日本引進技術或資材。在貿易方面，過去廖鴻綺已對1950年代臺灣與日

本間實施的計劃性貿易進行詳盡的研究，在此不加贅述。本段希望從金融、航業、鹽業、煤礦、漁業等部門進行簡要地檢討，理解此一綱要最終的執行狀況為何。

就金融層面上，日方認為伴隨日本貿易商來臺後，衍生的跨國匯款、融資和貨物保險問題勢必日漸活絡，故詢問我方當局是否同意短期內允許日方銀行來臺設立分行，未來再進一步設立保險公司。但政府基於臺灣的金融與貨幣情勢仍然嚴峻，決定暫時不對此案進行回應。[61] 此案最終直至中日合作策進委員會成立後，在日方委員的幹旋下，才促成 1959 年日本勸業銀行來臺開設分行，成為戰後在臺灣設立的第一家外商銀行分行。[62]

在航運上，當時臺灣船舶在噸位、性能、公司實力無法與日本抗衡，加上美國為解決日本航運蕭條的困境，提供航行海外的美國與日本籍商船補貼。有鑑於此，政府認為僅能以合作的方式避免惡性競爭。首先，若我方無力全數承攬對日貿易之物資，應運用中日貿易協定以不侵犯對方貨源為目的。再者，政府考量到日本的造船事業呈現復甦狀況，而且當時臺灣船舶常駛往日本進行大修，兩國政府若能會商合作辦法，促使日商給予我國船隻修理優惠、雙方合資造船經營臺日航業，抑或將船廠設施遷移來臺，均是能避免衝突又能促使雙方得利的政策。[63]

關於臺日間的船舶運輸，最初身為二次大戰敗戰國的日本國籍商船無法恣意行駛來臺，兩地間的物資幾乎單方地由臺灣航運業承攬。1950 年 9 月臺日貿易重啟後，同年 11 月 8 日召開的行政院第 158 次會議通過「日本商船出入臺灣港口暫行辦法」，明訂日本商船應於進入臺灣兩星期前先行報備，使得日本航運業能夠以不定期船行駛於臺日之間。[64]

然而，我方因航運規模遠不如日本商船，航運界對該國船隊來臺與承攬政府對日貿易物資採以抵制措施。承辦臺日間大宗物資採購的中央信託局，委託由公民營航運公司共同籌組的海外航務聯營總處辦理物資運送，故日本航商亦有意加入。海外航務聯營總處為避免市場利益受到分食，對日本航商採取抗拒態度。直

到 1952 年 4 月 22 日中日和約簽署、臺日兩國關係恢復常態後，同年 11 月聯營總處始同意日本郵船與大阪商船兩間會社加入此一團體。1953 年 3 月起，兩公司分別經營每個月一班次的「大阪—神戶—門司—基隆」航線。[65]

再則，當時在兩岸分治的背景下，政府尚期待經由日本官方參與投資我方的鹽業與煤礦部門，使其減少與中共交易。政府提出臺日鹽業合作的動機，是因為戰前日本的鹽，主要由關東州、華北、臺北等地由日本人經營的企業供應。戰後日本海外利權消失，日本商社在盟軍總部的許可下積極從中國和臺灣購入鹽品。[66]透過表 5，可知臺灣鹽的銷日成本相較中國高，臺灣當局體認到臺灣鹽的價格不敵中共，提出可與日本的專賣局或政府機關合資經營，以拓展對日銷路。[67]

表 5 日本自臺灣、中國、其他國家進口食鹽數量與平均進口價
單位：公噸、美元

年份	臺灣		中國		其他國家	
	數量	平均進口價	數量	平均進口價	數量	平均進口價
1950	21,445 (22.8)	11.33	82,454 (11.4)	8.59	291,719 (65.8)	11.73
1951	175,127 (9.7)	15.51	3,498 (0.2)	15.43	1,622,829 (90.1)	20.04
1952	161,634 (11.1)	11.55	0 (0)	0	1,298,415 (88.9)	14.56
1953	82,514 (6.0)	8.71	230,313 (16.8)	8.11	1,060,787 (77.2)	8.85
1954	120,249 (8.78)	8.78	463,834 (8.38)	8.38	1,360,195 (70)	9.33

資料來源：日本專売公社編，《戰後日本塩業史》（東京：日本專売公社，1958），頁260-261。

值得注意的是，1951 年在韓戰的背景下，日本參與由美國發起的對中禁運政策，1952 年日本無法取得從中國進口的食鹽。[68]

日本為因應此一困境，即籌組東南亞鹽業開發調查團，前往泰國、印尼、臺灣、菲律賓等地，尋求前往海外投資鹽業的可能性。該考察團前來臺灣時，我國政府提出每年能出口至日本 30 萬公噸的目標，但評估後認為臺灣適合產鹽的地域幾乎開發殆盡，而且臺灣的豪雨與颱風過多，故放棄在臺投資。最終日本屬意於泰國和菲律賓投資，但因其與當地政府的出資和營運的認知出現歧見，加上 1953 年日本與中國貿易再開，而無疾而終。[69]

至於煤業方面，美國安全總署東京分署署長阿托莫洛夫來臺時，曾論及能夠由臺日間共同開發南莊煤礦的可行性，政府並由經濟部資源委員會設立南莊煤田探勘處。之後駐日代表團李允成返臺時，提出日本八幡鋼鐵廠欲派三名專家來臺探勘，決定是否由八幡與富士兩間製鐵廠偕同日本化學株式會社聯合投資。與製鹽業的情況一樣，我方政府亦認為臺灣產煤成本過高，唯有與日本合作，才能避免出現與中國競爭的態勢。[70]

此案經臺灣省煤業調節委員會調查後，指出南莊煤礦具有 4,000 萬公噸的開採量。前述的八幡與富士製鐵廠認為當地煤層不順而放棄投資，該礦區轉由林為恭創辦南莊煤礦公司進行開採。[71]後來日本煤炭採掘的成本提高，逐漸成為夕陽產業，1957 年日本經濟企畫廳出版的《經濟白書》中宣示將積極從國外調度國內用煤。[72]後經中日合作策進委員會的居中牽線，1958 年南莊煤礦公司重要客戶米星商事株式會社，聯同羽幌炭礦鐵道株式會社，投資價值約 93 萬美元的機器設備，協助南莊礦業股份有限公司生產焦煤，並承諾收購該公司產煤，以確保產品銷路。[73]米星商事株式會社的角色，主要是提供日本國內工業機構產品與原料，並因戰後日本煤炭採掘的成本提高，開始從國外調度國內所需煤炭。[74]是故，此一投資案可解讀為日資透過資金與設備的投資，運用臺灣廉價的勞動力採煤，作為補充日本國內的能源。

政府在漁業方面選擇與日本合作的動機，則包含漁業技術與外交層面的考量。既有的外交史論著中，著重對漁權和海域的角度剖析臺日間的漁業問題，忽略經濟面所帶來的綜效。[75]當時兩

國間漁船在作業時經常發生漁區爭議，政府認為在臺日兩方漁業實力懸殊下，若能以合作代替競爭，不僅可達成臺灣漁業增產之目的，漁權爭議也將隨之減少。[76]

關於漁業經濟的合作，政府認為涉及到敏感的海洋地域問題，最初希望由兩國間的公營事業進行合作。但因日本漁業不存在公營事業，而且若限制臺灣民間資本與日方合作，將會因大多數邦交國多提倡開放市場的自由經濟理念下造成誤會。因此，政府決議允許符合國際觀感的公民營漁業與日本漁業公司合作，再以逐案審核方式管制外匯、對漁船種類、雇用日本籍船員名額等進行規範。[77]

此一方針確立後，1950 年代官方與日本民間分別推動兩個近海與遠洋漁業合作計畫，促使臺灣漁業獲得初步發展，並間接促使臺灣漁船建造事業興起。首先，1952 年經濟部籌組漁業參觀團赴日後，促成 1953 年由經濟部臺灣漁業善後物資管理處、臺灣農林公司水產分公司、臺灣省水產試驗所等三單位共同與日本人西村一松簽訂「中日鯖釣技術試驗合作合同」。在實施上，由日本派遣 1 艘 59 噸級漁艘抵達基隆，以三個月為期進行新式鯖魚一本釣魚法的示範性捕撈，並在過程中訓練我方技術人員。[78] 經由此一試驗與推廣後，臺灣民間始組織大昌漁業公司，1954 年從日本進口一艘鯖釣漁船進行營利性捕撈。雖然此事業因魚餌供應困難與公司營運不理想而告終，但因此合作計畫出現的外溢效果，促使臺灣漁業界瞭解臺灣東北部近海存在豐富的鯖魚資源。[79]

其次，1954 至 1955 年，政府為發展遠洋漁業所擬定的鮪釣業發展計畫中，委託臺灣造船公司承造籌建 30 艘 350 噸級鮪釣船，俟船舶竣工後交由臺灣省漁業管理處改組設立的中國漁業公司經營。船舶建造過程中，政府先選派 8 名漁撈人員前往日本實習，1955 年日本方面再派遣 130 噸級木殼漁船「大伸丸」及 350 噸鐵殼船「第二日東丸」來臺灣，以高雄為中心進行遠洋鮪釣漁業的示範經營，以及培育我方漁業技術人員。經此試驗性營運，證實以高雄為基地發展遠洋漁業為有利選擇，高雄一帶轉向漁業投資

者陸續增加。[80]

　　綜觀戰後臺日經濟的基礎，除了延續殖民地時期的市場構造與兩地經濟的互補性外，政府尚將兩岸分治下的市場競爭作為考量要素之一，希望能透過日資的參與，扭轉部分事業天然資源不足之不利局面。但在政策擬定的過程中，最初我國政府的對日合作是以臺灣的公營事業為目標，在漁業上甚至出現尋求日方相應公營事業合作之構想，卻未能符合日本國內不存在公營漁業的實情。但最終漁業部門則是經由政府官方網絡的帶領，並產生外溢效果，促成臺灣民間漁業事業的發展。另外，戰後日本在經濟復興的過程中，臺灣並非其資本輸出的唯一選擇，例如同時期日本經由戰後賠償的網絡，以提供公共工程與資本財設備的方式前往東南亞各國，促使日本企業得以深入當地。[81] 經由此舉，可知悉在探討戰後政府欲引進日本資本時，仍須放在整個東亞日本資本對外活動的框架下進行理解。

（二）美援與冷戰體系下的臺灣、日本與美國

　　1950 年代臺灣與日本分別與美國簽署協防或安保條約，隸屬於冷戰體系反共陣營的一員。[82] 臺灣在接受美國援助的同時，日本在 1950 年通商產業省即定調日本的通商產業重點，將參照美國對於後進國家的援助方針進行相關經濟活動，促使亞洲地區的經濟復甦。[83] 因中華民國政府並未向日本求償，故日本未以經濟協力的型態進入臺灣，而是以前節所述的商業與工業資本的形式前來臺灣投資。值得注意的是，當中的商業資本即希望能夠藉由承接美援的項目獲利。

　　從結果來看，日本在臺賺取美援計畫的實績與最初預期存在落差。戰前曾任臺灣總督府米穀調查員、對臺灣經濟有所瞭解的高橋龜吉，1956 年曾伴隨石井光次郎率領之訪問團來臺考察。高橋氏於返國後的同年九月在日本經濟俱樂部演講時，對美援與日本企業的影響進行深刻的評析。高橋氏指陳，每年美國對臺灣約

一億美元的援助項目，係透過投標的採購方式執行。最初日本商社認為在具備國際商業網絡的優勢下，曾積極參與美援農產品物資採購標案，但因投標決定權由美國決定而不易得標。此外，臺灣政府也認為美援計畫項目若能聘請日本籍技術人員，在語言溝通上將較美國人來的容易；臺灣雖曾向美國方面提出能夠儘量由日本企業得標之請求，但無法得到美方同意。[84]

針對此一困境，高橋氏認為臺灣與日本若能同時在華盛頓與美國談判，或許能改善當時不利於日資採購制度的空間，達到雙贏的效果；不過，前提是臺灣政府能接受此一看法。在此同時，臺灣政府也向高橋氏提出若日商願意前來臺灣投資，政府將願意協助其拓展與東南亞華僑的商貿關係。[85]

從事後的觀點來看，高橋氏所提出的臺灣與日本政府共同前往華盛頓談判之構想並未實現，原因或如高橋所言，臺灣政府不願與日本聯合與美國政府商議修改美援。至於日本未採納臺灣政府提出共同前往東南亞拓展華僑市場一案，則是由於日本本身係以戰後賠償的經濟協力渠道進入當地興建各項公共建設之故。[86]

戰後日本對臺以經濟協力為主的日圓貸款，遲到 1965 年才實施，故在此之前日本在臺的經濟活動，有別於東南亞諸國以戰後賠償為渠道進入之樣態。縱使美國對臺灣所提供的各項援助存在大宗物資運輸的市場利益，而且臺灣政府並未與日本共同在美援體系下合作，最終日資仍不易從美援衍生的商業活動獲利，而僅能藉由抵臺的商業與工業資本進行資本積累。

另一方面，臺灣與日本政府前進東南亞的經濟擴張活動，均曾寄望透過美援的計畫資助或得到美國政府支持，顯現出美國在冷戰體系作為非共產國家的共主地位。1956 年政府為積極遏止中共在東南亞地區的經濟滲透，由新聞局經安全分署同意下在美援項目設立「海外經濟擴展計劃」，透過專家派遣與工商團體來臺訪問等各種形式，力求各國與臺灣進行經濟合作。在執行上，由經濟部召集外交部、財政部、美援會、僑委會、外貿會、新聞局、中信局等單位共同擬定。在此計畫中，政府在越南策動華僑與當

地人士合資創辦紡織廠、在越南與泰國設立糖廠、出口食米至琉球，還增加與星馬等地的貿易量。[87] 值得注意的是，當時政府曾邀請日本參與此一計劃，但從資料顯示並未獲得日本回應。

日本未對臺灣經濟擴展計劃提出正面回應的原因，或在於1951 年 9 月舊金山和約簽署後，日本政府開始對緬甸、印尼、越南等東南亞各國進行戰後賠償，提供等同賠償金額的產品或服務，抑或藉由經濟協力的型態促使日本資本的機械和原物料等商品的網絡進入東南亞。[88] 從主觀條件來看，戰後日本對東南亞經濟的支配能力早已凌駕臺灣，故無須配合臺灣政府所提出的計畫。[89]

再者，1957 年日本首相岸信介曾提出「東南亞開發基金構想」，希望由美國提供鉅額資金，加上日本的技術與知識，運用東南亞的勞動力和資源進行各項開發。在具體行動上，同年五至六月，岸信介曾前往臺灣、緬甸、巴基斯坦、斯里蘭卡、泰國、印度等國家闡述其想法，但除了臺灣較為積極，其餘國家均為冷淡。同年六月，岸信介又前往美國訪問，針對其構想進行檢討，結果認為窒礙難行。最後在同年 11 至 12 月，岸信介前往南越、高棉、寮國、馬來亞、印尼、菲律賓、澳洲和紐西蘭陳述其理念，在未獲得正面回應下放棄此項計畫。

大致上，日本希望透過東南亞開發基金的推動，作為亞洲各國與其他自由國家陣營間的聯繫橋梁。臺灣當局支持此項計畫的原因，固然是欲透過各種網絡參與東南亞各國間的經濟開發活動，以拉攏反共盟友。[90] 再則，美國對此計畫的未給予正面回應，原因為 1955 年日本參與萬隆會議後，美國在冷戰體系下亞洲各國間詭譎多變的政經情勢尚未明朗，未同意日本的想法。[91] 日本的提案要至越戰白熱化後，美國體認到可聯合日本共同強化反共體制。1961 年 6 月，日本首相池田勇人和美國總統甘乃迪會談後提出日美共同聲明，才正式表態對東南亞開發援助的重視。[92]

總的來說，臺灣與日本兩國所顯現的格局，前者係以反共作為考量，後者則是希望能夠作為亞洲各國推動經濟發展的領導者，兩國的視野存在反共國策與經濟大國的差別。作為經濟小國的臺

灣著重反共的基礎，位於東南亞的利基僅侷限於華僑網絡，或參與當地的農產品加工和輕工業。作為亞洲經濟大國的日本在邁向高度成長的過程中，即透過戰後賠償的網絡參與東南亞各項工程的興建，希望一舉成為亞洲各國間的經濟領導，格局不會僅侷限在臺灣政府提出的計畫中。臺灣與日本在前進東南亞的過程中，小國臺灣仍須美援的資金挹注下才能實踐，日本欲進一步提升在亞洲的地位，也需仰賴美國政府提供金援，充分顯現出冷戰體系下美國的支配性格。

四、小結

1950 年 9 月臺日貿易協定簽署，初期來臺的日資顯現出具有戰前人脈的延續關係，但之後則依循以經濟利益為考量的外來投資。在此前提下，看待 1950 年代臺日經濟關係時，比起關注殖民地傳承關係的面向，或許從臺灣對日的經濟依賴性與日本的資本輸出角度出發更能貼近現實。

作為二次大戰敗戰國的日本，至 1950 年代儼然已成為亞洲經濟大國。同時期日資來臺係著眼於商業與工業市場利益，並試圖將較為成熟的技術移轉來臺，此點與日資在東南亞諸國以戰後賠償的經濟協力，由政府領導企業進入當地參與公共工程的投資方式有所差異。

首先，日本工業資本來臺的生產物資，供應對象尚包含政府與軍事單位；就此點而言，可視為政府在日資來臺生產或提供技術給本地廠商時，透過產業政策的執行以確保存在基本市場。透過此部分之討論，或能釐清以往對 1950 年代臺灣工業化的討論僅侷限在以民間消費財為主的進口替代認知。然而，政府一方面希望日本來臺投資，另一方面卻透過政策部門針對資金與技術的引進提供各項規範與限制。從政府拒絕給予日方味精製造一點而言，仍顯現出發展型國家政府所扮演的角色。

其次，政府對日本商業資本來臺態度較為消極，或許係因其在一定程度上能由臺灣官方或民間貿易業者取代。政府國安部門曾欲以日商的反共態度作為是否同意其來臺的檢視指標，實際上不僅存在查驗上困難，而且不敵對日經濟依賴而作罷。再者，1950 年代初期政府當局在兩岸分治的背景下，深知臺灣本地資源不若中國大陸，希望日本官方前來與我方政府合辦資源事業，企圖阻絕其向中共靠攏的可能。就此點而言，有別於過去獨占性資本多由國家經營的印象，可說帶有深具反共色彩的外資引進政策。過去對戰後臺灣經濟發展的討論，多強調後進國家因欠缺資金與技術，欲積極引進外資的經濟面考量，未言及政府欲將對日的外資政策與反共政策兩相結合。然而，戰後日本走向經濟復興的資本輸出之途，曾作為殖民地的臺灣並非唯一之選擇，尚有以戰後賠償結合的東南亞市場可供考慮，故臺日之間的部分資源連結關係也未如同戰前般的緊密。

過去對於 1950 年代美國、日本資本對臺的過程中，對美國的印象多著重集中在公營事業與基礎建設的支援，未曾從美援對日資來臺間的關連性著手討論。從當時全球政治經濟的支配來看，日本雖作為亞洲經濟第一大國，但若與美國經濟發展相較仍處於中進國的階段。作為後進國家臺灣在接受先進國美國援助的背景下，部分日資以提供原料與技術的方式，在美援計畫資助的羽翼下來臺。至於日本的商業資本來臺，最初是欲從美援計畫下攫取商業利益，但終究受限於美援的制度規範，僅能退而求其次地運用自身的全球商業網絡參與物資流通事業。1950 年代日資來臺的結構，進入 1960 年代後漸分流為民間與官方兩條渠道進行，直到 1972 年臺日斷交為止。就民間渠道而言，因臺灣的外來投資政策更加開放，以及加工出口區的設立，而促使臺灣成為當時日本重要的國際加工基地之一。就官方渠道而論，先以中日合作策進委員會為平台，促成日資提供公營事業的借款為始，再伴隨美援結束實施的日圓貸款，日本財閥與建設公司積極參與公營事業的更新與公共工程的建設。

註釋

1. 天川晃、荒敬、竹前栄治、中村隆英、三和良一編，《GHQ日本貿易史 第52卷 外国貿易》（東京：日本図書センター，1997），頁87-89。

2. 林滿紅，〈政權移轉與精英絕續：臺灣對日貿易中的政商合作(1950-1961)〉，李培德編，《大過渡：時代變局中的中國商人》（香港：商務印書館（香港）有限公司，2013），頁100-101。廖鴻綺，《貿易與政治：臺日間的貿易外交(1950-1961)》，頁13-15。中央信託局編，《中央信託局六十年史》（臺北：中央信託局，1985），頁7。

3. 〈行政院會議議事錄：第162次〉(1950年12月6日)，《行政院會議議事錄檔案》，檔號：105-1 011，藏於國史館。

4. 〈行政院會議議事錄：第129次〉(1950年4月29日)，《行政院會議議事錄檔案》，檔號：105-1 004，藏於國史館。

5. 〈行政院會議議事錄：第162次〉(1950年12月6日)，《行政院會議議事錄檔案》，檔號：105-1 011，藏於國史館。

6. 〈行政院會議議事錄：第170次〉(1951年1月31日)，《行政院會議議事錄檔案》，檔號：105-1 011，藏於國史館。

7. 〈行政院會議議事錄：第188次〉（1951年5月30日），《行政院會議議事錄檔案》，檔號：105-1 017，藏於國史館。

8. 〈臺灣區生產管理委員會貿易小組第三次會議〉（1950年11月18日），《日商來華貿易》，臺灣區生產事業管理委員會檔案，檔號：49-01-05-001-009，藏於中央研究院近代史研究所檔案館。

9. 〈臺灣區生產管理委員會貿易小組第三次會議〉(1950年11月18日)，《日商來華貿易》，臺灣區生產事業管理委員會檔案，檔號：49-01-05-001-009，藏於中央研究院近代史研究所檔案館。

10. 大森一宏、大島久幸、木山実編，《総合商社の歴史》（兵庫：関西大学出版会，2011），頁165、169。

11. 在臺設立分支機構的日本貿易業者為依據1952年中日和約簽訂後由臺灣方面成立的半官方組織中日文化經濟協會的報告資料整理而成。

12. 株式会社人事興信所，《調査通信（No237）：別冊「企業調査」》（東京：人事興信所，1952），18、94、113。

13. 三菱商事株式会社，《三菱商事社史（下卷）》（東京：三菱商事株式会社，1986），頁197。

14. 黃紹恆，〈日治初期三井物產在臺商業買賣之展開〉，許雪姬編，《臺灣歷史的多元傳承與鑲嵌》（臺北：中央研究院臺灣史研究所，2014），頁166-210。

15. 臺灣三井物產股份有限公司，《臺灣に於ける三井物產百年の步み》（臺北：臺灣三井物產股份有限公司，1996），頁16、65、68。〈宇坪善太郎兼任臺灣總督府工業研究所技師、敘高等官六等〉，臺灣總督府公文類纂，冊號：10097，文號：86，國史館臺灣文獻館。

16. 義容集團編輯小組作，《臺灣前輩企業家何義傳略》，頁38、84。

17. 臺灣三井物產股份有限公司編，《臺灣に於ける三井物產の百年步み》，頁65-66。

18. 〈本國來日商務人員登記表〉（1951年5月7日），《臺灣省政府核准對日貿易商登記表》，日賠會檔案，檔號：32-02-305，藏於中央研究院近代史研究所檔案館。

19. 古谷健彥，〈昭和30年頃の第一物產〉，臺灣三井物產股份有限公司編，《臺灣に於ける三井物產の百年步み》，頁76-77。

20. 臺灣三井物產股份有限公司編，《臺灣に於ける三井物產の百年步み》，頁 67-68、72。

21. 株式会社人事興信所，《調查通信（No237）：別冊「企業調查」》，頁 18。

22. 守谷正毅，《種のないところに芽は出ない》（東京：守谷正毅，1961），頁 17-18。

23. 千草默仙，《會社銀行商工業者名鑑》（臺北：圖南協會，1943），頁 62-63。

24. 株式会社日立製作所史料編纂委員会，《株式会社日立製作所年譜（附概観）：自昭和 14 年 3 月至昭和 24 年 2 月》（東京：日立評論社，1954），頁 75。株式會社日立製作所臨時五十週年事業部社史編纂部編，《日立製作所史 1》（東京：株式会社日立製作所，1960），頁 141。

25. 杉原佐一，《思い出の記—激動の七十年間を生きぬいた記錄》（私家版：1980），頁 26-27、47-48、100-101。

26. 東棉四十年史編纂編纂委員会，《東棉四十年史》（大阪：東洋棉花株式会社，1960），頁 206-209。

27. 兼松株式会社社史編纂室，《兼松株式会社創業 100 週年紀念》（東京：兼松株式会社，1990），頁 8-9。兼松株式会社編，《兼松回顧六十年》（神戶：兼松株式会社，1950），頁 116。

28. 兼松株式会社社史編纂室，《兼松株式会社創業 100 週年紀念》（東京：兼松株式会社，1990），頁 344。

29. 江商社史編纂委員会，《江商六十年史》（大阪：江商株式会社，1967），頁 328-329。

30. 江商社史編纂委員会，《江商六十年史》，頁 356-357。兼松株式会社社史編纂室，《兼松株式会社創業 100 週年紀念》，頁 344。

31. 央秘參（44）第 1431 號，〈傳我准許日本商行在臺設立分行〉，《日本貿易商登記》，外交部檔案，檔號：11-EAP-01922，藏於中央研究院近代史研究所檔案館。

32. 行政院外匯貿易審議委員會（函），〈關於日商申請登記為貿易商之實施辦法與院令核定原則不符囑再核議一節復請查照〉（1955 年 8 月 27 日），《日本貿易商登記》，外交部檔案，檔號：032.4/0001，藏於中央研究院近代史研究所檔案館。

33. 行政院外匯貿易審議委員會（函），〈關於日商申請登記為貿易商之實施辦法與院令核定原則不符囑再核議一節復請查照〉（1955 年 8 月 27 日），《日本貿易商登記》，外交部檔案，檔號：032.4/0001，藏於中央研究院近代史研究所檔案館。

34. 林滿紅，〈台臺湾の対日貿易における政府と商人の関係（1950-1961 年）〉，《アジア文化交流研究》，第 4 號（2009 年 3 月），頁 509-533。

35. 行政院外匯貿易審議委員會（函），〈關於日商申請登記為貿易商一案經本會決議實施辦法請查照辦理〉（1955 年 8 月 3 日），《日本貿易商登記》，外交部檔案，檔號：032.4/0001，藏於中央研究院近代史研究所檔案館。

36. 行政院外匯貿易審議委員會（函），〈為審議以江商股份有限公司登記為貿易商遞補東洋棉花公司缺額一案，處理經過，函請查照辦理〉（1957 年 2 月 16 日），《日本貿易商登記》，外交部檔案，檔號：032.4/0001，藏於中央研究院近代史研究所檔案館。

37. 行政院外匯貿易審議委員會（函），〈為審議以江商股份有限公司登記為貿易商遞補東洋棉花公司缺額一案，處理經過，函請查照辦理〉（1957 年 2 月 16 日），行政院外匯貿易審議委員會（函），〈事由：無〉（1958 年 5 月 26 日），《日本貿易商登記》，外交部檔案，檔號：032.4/0001，藏於中央研究院近代史研究所檔案館。

38. 行政院外匯貿易審議委員會（函），〈事由：無〉（1958 年 5 月 26 日），《日本貿易商登記》，

外交部檔案，檔號：032.4/0001，藏於中央研究院近代史研究所檔案館。

39. 行政院外匯貿易審議委員會（函），〈為審議以江商股份有限公司登記為貿易商遞補東洋棉花公司缺額一案，處理經過，函請查照辦理〉（1957 年 2 月 16 日），《日本貿易商登記》，外交部檔案，檔號：032.4/0001，藏於中央研究院近代史研究所檔案館。

40. 中華民國駐日本國大使館（呈），收文者：外交部〈事由：無〉（1958 年 10 月 16 日），《日本貿易商登記》，外交部檔案，檔號：032.4/0001，藏於中央研究院近代史研究所檔案館。

41. 中華民國駐日本國大使館（呈），收文者：外交部〈事由：無〉（1958 年 10 月 16 日），《日本貿易商登記》，外交部檔案，檔號：032.4/0001，藏於中央研究院近代史研究所檔案館。

42. 行政院外匯貿易審議委員會（函），受文者：經濟部（1959 年 1 月 31 日），《日本貿易商登記》，外交部檔案，檔號：032.4/0001，藏於中央研究院近代史研究所檔案館。

43. 〈匯款組為外人及華僑投資會函移功學社申請與日本福村會社技術合作製造樂器以原合約再予延期三年已同意照辦報請公鑒〉（1960 年 1 月 21 日），行政院外匯貿易審議委員會檔案，檔號：50-248-006，藏於中央研究院近代史研究所檔案館。

44. 謝敬智，《功學與我》（東京：福村產業株式會社，1985），頁 24-25、37-39、41、42、46。

45. 劉淑靚，《臺日蕉貿網絡與臺灣的經濟精英（1945-1971）》。

46. 〈外國人及華僑投資事件審委會函送亞洲工業公司與日本油漆公司及日商大阪印刷油墨製造公司以資本及技術投資合 作案已函覆參辦，報請公鑒〉（1957 年 8 月 30 日），《行政院外匯貿易審議委員會檔案》，檔號：53-130-007，藏於中 央研究院近代史研究所檔案館。

47. 行政院外匯貿易審議委員會（函），1955 年 12 月 30 日，(44) 臺外貿審專字第 10045 號，《外人及華僑來臺投資》，外交部檔案，檔號：430.4/0007，藏於中央研究院近代史研究所檔案館。

48. 許雪姬，〈戰後臺灣民營鋼鐵業的發展與限制（1945-1960）〉，陳永發編，《兩岸分途：冷戰時期的政經發展》，頁 293-337。

49. 関西ペイント株式會社社史編纂委員會，《関西ペイントの六十年あゆみ》（大阪：関西ペイント株式会社，1979），頁 111-112。

50. 許雪姬訪問，《民營唐榮公司相關人物訪問記錄（1940-1962）》，頁 11。

51. 関西ペイント株式會社社史編纂委員會，《関西ペイントの六十年あゆみ》，頁 112。

52. 許雪姬訪問，《民營唐榮公司相關人物訪問記錄（1940-1962）》，頁 11。関西ペイント株式会社社史編纂委員会，《関西ペイントの六十年あゆみ》，頁 112。

53. 〈外國人及華僑投資事件審議委員會函為日本電氣株式會社申請與臺灣通信工業股份有限公司技術合作在臺製造電話通信器材一案提請核議〉（1958 年 11 月 7 日），《行政院外匯貿易審議委員會檔案》，檔號：50-188-020，藏於中央研究院近代史研究所檔案館。

54. 〈外國人及華僑投資審委會函移日本沖電氣工業株式會社投資遠東電氣工業公司請匯入美金現金外匯折合新臺幣 40 萬元一案，提請核議〉（1960 年 6 月 17 日），《行政院外匯貿易審議委員會檔案》，檔號：50-267-028，藏於中央研究 院近代史研究所檔案館。

55. 〈外國人及華僑投資事件審議委員會為日商沖電氣工業株式會社申請供應本省遠東電氣工業補份有限公司技術協助或專利製造有限電通信器材一案再提請核議〉，《行政院外匯貿易審議委員會檔案》，檔號：50-188-019，藏於中央研究院近代史研究所檔案館。

56. 財團法人日本經營史研究所編，《進取の精神—沖電氣 120 年のあゆみ》（東京：沖電氣工業株式會社，2001），頁 105-106。

57. 關於自製率政策的制訂過程，可參見杜文田，《工業化與工業保護政策》（臺北：國際

經濟合作發展委員會，1970），頁 39-48。

58. 洪紹洋，〈1950 年代美援與小型民營工業貸款與匯率制度之變革：以中央政府與臺灣省議會之折衝為中心〉，《臺灣文獻》，第 61 卷第 3 期（2010 年 9 月），頁 333-353。

59. 洪紹洋，〈中日合作策進會對臺灣經建計畫之促進與發展（1957-1972）〉，《臺灣文獻》，第 63 卷第 3 期（2012 年 9 月），頁 103。

60. 〈行政院會議議事錄：第 250 次〉（1952 年 7 月 23 日），《行政院會議事錄檔案》，檔號：105-1 031，藏於國史館。

61. 〈行政院會議議事錄：第 250 次〉（1952 年 7 月 23 日），《行政院會議事錄檔案》，檔號：105-1 031，藏於國史館。

62. 洪紹洋，〈中日合作策進會對戰後臺灣經建計劃之促進與發展〉，頁 91-124。

63. 林本原，〈日本與戰後臺灣公營航運建設（1945-1957）〉，《國史館館刊》第 35 期（2013 年 3 月），頁 39-80。

64. 《日本商船出入臺灣辦法》，臺灣區生產管理委員會檔案，檔號：49-01-06-002-009，藏於中央研究院近代史研究所檔案館。

65. 日本郵船株式会社編，《七十年史》（東京：日本郵船株式会社，1956），頁 525。岡田俊雄編，《大阪商船株式会社 80 年史》（大阪：大阪商船三井船舶株式会社，1966），頁 160-163、267-268

66. 日本専売公社編，《戦後日本塩業史》（東京：日本専売公社，1958），頁 245-246。

67. 〈行政院第 250 次會議記錄〉（1952 年 7 月 23 日），《行政院會議議事錄》，檔號：105-1 031，國史館。

68. 国分良成、添谷秀芳、高原明生、川島真，《日中関係史》（東京：有斐閣，2013），頁 54-55。

69. 日本専売公社編，《戦後日本塩業史》，頁 272。

70. 〈行政院會議議事錄：第 250 次〉（1952 年 7 月 23 日），《行政院會議議事錄》，檔號：105-1 031，國史館。

71. 閻懷德，《臺灣名人傳》（臺北：商業新聞社，1956），頁 41-42。

72. 小堀聡，《日本のエネルギー革命》，頁 17-18。経済企画庁，《昭和 32 年度経済白書—速すぎた拡大とその反省》（東京：株式会社至誠堂，1957），頁 87-89。

73. 〈外國人及華僑投資事件審議委員會，函為日商米星商事株式會社及日本羽幌炭礦鐵道株式會社，申請投資及以技術協助南莊礦業股份有限公司開發煤礦一案提請核議〉（1958 年 5 月 30 日），行政院外匯貿易審議委員會檔案，檔號：50-166-030，中央研究院近代史研究所檔案館。《外國人及華僑投資事件審議委員會會議記錄》，外交部檔案，檔號：11-NAA-06089，中央研究院近代史研究所檔案館。

74. 〈行政院會議議事錄：第 250 次〉（1952 年 7 月 23 日），《行政院會議議事錄》，檔號：105-1 031，藏於國史館。

75. 閻懷德，《臺灣名人傳》（臺北：商業新聞社，1956），頁 41-42。

76. 小堀聡，《日本のエネルギー革命》，頁 17-18。経済企画庁，《昭和 32 年度経済白書—速すぎた拡大とその反省》（東京：株式会社至誠堂，1957），頁 87-89。

77. 〈行政院會議議事錄：第 262 次〉（1952 年 10 月 8 日），《行政院會議議事錄檔案》，檔號：105-1 033，藏於國史館。

78. 〈中日鯖釣漁業技術試驗合作經過〉，《經濟參考資料》，第 71 期（1953 年 11 月 20 日），頁 1-4。

79. 楊基銓，〈臺灣漁業之振興〉，徐慶鐘先生周甲紀念籌備會，《徐慶鐘先生周甲紀念論文集》（臺北：徐慶鐘先生周甲紀念籌備會，1967），頁 272。

80. 楊基銓，〈臺灣漁業之振興〉，徐慶鐘先生周甲紀念籌備會，《徐慶鐘先生周甲紀念論文集》，頁 272。

81. 鹿島平和研究所編，《日本外交史第 30 卷 講和後外交（Ⅱ）経済（上）》（東京：鹿島研究所出版会，1972），頁 133-146。

82. 国分良成、添谷芳秀、高原明生、川島真，《日中関係史》，頁 40。

83. 金子文夫，〈資本輸出の展開〉，原朗編，《高度成長始動期の日本経済》（東京：日本経済評論社，2010），頁 375。

84. 高橋亀吉，〈現地で見た台湾経済事情と問題点〉，《経済倶楽部講演（第 91 集）》（東京：東洋経済新報社，1956 年 10 月 20 日），頁 21-22。

85. 高橋亀吉，〈現地で見た台湾経済事情と問題点〉，《経済倶楽部講演（第 91 集）》，頁 21-22。

86. 財団法人日本経営史研究所編，《経済団体連合會三十年史》（東京：社団法人経済団体連合會，1978），頁 232-248。

87. 〈美援運用委員會四十八年第一次會議議程〉（1959 年 1 月），《行政院美援運用委員會會議記錄（四）》，行政院美援運用委員會檔案，檔號：31-01 004，藏於中央研究院近代史研究所檔案館。

88. 山本有造，《「大東亞共榮圈」経済史研究》（名古屋：名古屋大学出版会，2011），頁 235-236。

89. 金子文夫，〈資本輸出の展開〉，原朗編，《高度成長始動期の日本経済》，頁 387。

90. 金子文夫，〈資本輸出の展開〉，原朗編，《高度成長始動期の日本経済》，頁 387。

91. 五百旗頭真，《戦後日本外交史（第三版）》（東京：有斐閣，2010），頁 92。

92. 金子文夫，〈對アジア政策の積極化と資本輸出〉，原朗編，《高度成長展開期の日本経濟》（東京：日本経濟評論社，2012），頁 341-342。

第六章 ｜ 臺美經濟下的援助體系與外來投資

一、再探美援：企業金融、技術人員與商業網絡

（一）小型民營工業貸款

　　1950 年，美國恢復對中華民國政府提供經濟援助，最初的受援對象多集中在公營事業。在民營企業的融資上，臺灣雖存在三間由臺灣省政府經營的商業銀行，卻因放款較為保守與僧多粥少的情形下，不少企業則透過地下金融的渠道獲得融資。臺灣的中小企業融資要遲至 1970 年代，政府成立中小企業銀行與推動信用保證制度，才明確出現以中小企業為中心的融資政策。[1]

　　實際上，1950 年代美國曾提出以支援民營企業購入資本財和原料的貸款構想。這項構想的源起，可追溯自 1953-1954 年間美援會與美國駐華經濟援助機構針對臺灣小型民營工業的經營狀況進行調查，體認到阻礙小型民營工業發展的主因為資金不足與外匯短缺，故無力購買擴廠時所需的進口資材。臺灣的商業銀行受限於法規限制無法經營中期放款，未能發揮融資的功效。[2]

　　基於上述的理由，1954 年政府在美國的授意下，在美援的項目下舉辦小型民營工業貸款，提供業主支付購買資本財與建築房屋時所需資金。值得注意的是，這項計畫並非由當時主導工業政策的工業委員會進行審核，而是由商業銀行所承辦；究其原因，在於美國政府認為工業委員會係由來自中國大陸的外省人所主持，顧慮到審核時可能會偏袒外省人資本家，反倒是商業銀行對地域

經濟較為熟悉，也要陪放 20% 的資金，銀行本身存在風險，將會以嚴格的態度審核放款。然此計畫執行後，政府考量到銀行未必清楚當時的政策，故由安全分署、工業委員會、外匯貿易審議委員會、財政部、臺灣省政府建設廳、懷特公司和美援運用委員會等共同組成聯合委員會，提供電力、進口原料、外匯和政府政策等資訊供銀行參考。[3]

在資金放貸上，分為新臺幣與美元兩種。回顧 1950 年代臺灣的匯率制度，可知悉政府採行「複式匯率」制度，對屬於民生必需品與策略性工業所需外匯給予較為優惠的匯率，有別於一般匯率。例如 1951 年 4 月時，這類匯率的官價為 1 美元折合新臺幣 10.25 元，爾後匯率並經常調整。當時接受貸款的民營企業，借入美元時得以較為優惠的匯率，取得向海外購入資本財和原料，償還美元固然也以較為優惠的匯率作為規劃。然而，1958 年政府推動「改進外匯貿易方案」，政府宣告將走向單一體系的匯率，匯率由 1 美元從兌換新臺幣 24.78 元的匯率，貶值為 40.03 元。[4]

政府將匯率制度往單一匯率移行的過程，也促使原本以較低成本的優惠匯率取得美元貸款的民營企業，還款時因美元貶值需付出更多的成本，造成財務的衝擊。[5] 另一方面，關於這項貸款政策的評估成效究竟為何，是否能有助於改善產業金融體制？

從接受貸款的廠商家數來看，1954-1957 年共有 384 家工廠接受小型民營工業貸款。1958 年美援會開始就接受貸款的工廠，實施美援計畫後在財務方面是否獲得改善進行調查，發現該計畫對於受援工廠的資本結構並無顯著改善，原因在於這些工業資本的淨值本已偏低，大多數的事業為實施小型民營工業貸款，因此在增加資本配合的過程中，同時仰賴舉債，並因應添加設備之需或增加營運資金。[6]

1963 年林立鑫在《臺灣銀行季刊》發表的〈臺灣私營工礦企業資本結構之研究〉，以 1957 年底和 1958 年 6 月兩個時點的財務資料為基礎，對接受小型民營貸款前的 194 家廠商樣本，還有實施貸款後的 212 家廠商等兩類群體進行分析。在接受貸款工廠的

資本結構，以工廠淨值占負債總額的百分比為指標。結果發現，資本結構合乎標準的工廠（淨值占負債總額 100% 以上或無負債者），原本占全部工廠的 42%，計畫完成後占 38%。其次，資本結構接近標準的工廠（淨值占負債總額 71-100%），原本占 5%，計畫結束後升至 9%。復次，自有資本不足的工廠（淨值占負債 70% 以下與淨值虧盡者），計畫前後均占 54%，未有變化。經由此一報告體現出，大多數工廠仍呈現自有資金不足的情形。[7]

總的來說，美國政府要求臺灣實施的小型民營工業貸款，立意為提供購入資本財所需的資金借貸。但當資本財購入後仍需有對應的資金配合新的生產，再加上政府匯率制度更動在新臺幣貶值下，導致還款成本增加。也就是說，攸關企業體質的財務面，並非美援所提供的一次性借款所能改善，而是有賴於完備的產業金融制度，才有助於經營時所需的資金週轉。經由小型民營工業貸款的說明，或可提供對美援討論的另一條路徑，顯現出美援並非萬靈丹，仍存在援助制度的侷限。

（二）技術支援與技術者養成

以往吳翎君曾就大陸時期國民政府的商人與技術者團體的網絡進行討論，強調當時留學美國的學生返回中國後，成立中美工程師協會與中國美國商會，作為與美國間的聯繫和技術者集團的知識交流。[8] 撤退來臺的中華民國政府對美國政經往來的高層人士固然存在大陸時期的延續關係，[9] 但該如何掌握美國與臺灣間人力資源的產業技術連結關係？

對美援時期稍有了解的研究者，討論這段時間時的企業，常會聯想到懷特公司（White Company）的角色。然而，懷特公司與來臺投資的企業並不相同，而是作為美國對臺援助體系中的一環，負責各個計畫的評估與管理。稍詳言之，當時臺灣受限於技術專家極度缺乏，凡經建計畫的規劃、公民營事業的創設與投資，乃至公共工程與企業的技術管理層面等均需要專業協助時，常由懷

特公司提供各項諮詢；基於上述的理由，政府在申請美援計畫時，即將聘任懷特公司專家的費用納入在內。1948 年即與中華民國政府簽約的懷特公司，1950 年代該公司仍持續與撤退來臺的中華民國政府合作，負責審查關於美援提供資助的工業計畫。[10] 總的來說，中國大陸時期的中國匯集許多工程與技術人才，1949 年這些技術人員部分選擇來臺灣，這群人不乏有顯赫的學歷，但或許在欠缺豐富的大型工業與工程經驗，許多建設的規劃與諮詢仍仰賴懷特公司提供協助。

1949 年中國大陸時期，由曾經留學美國的中國工程師和美國籍工程師共同創辦的中美工程師協會，除作為知美派社群的連結外，並扮演中國與國際工程知識連結的橋梁。[11] 戰後臺灣技術者的社群組織，其中亦有從中國大陸撤退來臺的中國工程師學會與下屬各分會，進行各產業別的交流。[12] 與美國間的技術交流，則轉由中美技術合作研究會作為主要的橋梁。

此一組織的創辦背景，源於 1951 年起政府透過美援計畫派遣政府員工與公民營事業等人員前往美國為主的國家考察或受訓。從 1951 年起至 1964 年 6 月共派遣 2,677 人出國研修，其中以前往美國 1,727 人居冠。由於當時美國開發總署為了解這些出國考察者返國後是否有達到成果，故政府於 1963 年針對技術訓練進行檢討，提出這些人多具有學士以上的學歷，出國前已參加經濟建設計畫，返國後能將所學傳授給基層人員，對於實作、改良工作方法與提昇工作效率均有幫助，大多數的受訓人員返國後，均能將所學用於職場等經濟建設工作。[13]

另一方面，1954 年 11 月，這群曾前往國外受訓者成立社群組織「中美技術合作研究會」，至 1964 年底統計共有 1,800 餘名會員。研究會透過學術演講與參訪的過程，促使這些技術群體得以相互交流。此外，透過《中美技術》季刊的發行，刊物中所刊載的文章，均為作者本身針對其所學進行專業性的介紹與討論，並偏重將國外技術運用於臺灣的檢討。此研究會逐漸成為曾經前往美國學習技術的技術人員交流平台，協助解決臺灣本地的技術問題。[14]

從中美技術合作研究會出版的各期《會務通訊》，可知悉這些技術人員透過參訪國內的工業與教育設施，或可增廣本身的見識；例如 1961 年 6 月 5 日，該會曾舉辦參訪清華大學原子研究所、交通大學電子研究所、中國人造纖維公司；[15] 此外，研究會亦透過舉行聯誼會促使會員間能相互交流，而且重要活動期間可見當時美國駐臺援助單位主管的參與。例如 1960 年 9 月 17 日舉辦聯誼會時，美國駐華安全分署署長 Haraldson、副署長 James、訓練組長 Bremseth 均參與活動。[16] 在知識的交流上，則透過舉辦學術演講會與座談會，邀請美國派遣來臺專家，抑或曾前往美國受訓者，針對專門領域的國內外最新發展情形進行介紹；[17]1962 年起，設立中美技術合作研究會服務中心，接待第三國人士來受訓或考察。[18] 再則，該研究會設有英語中心提供即將前往美國的人員學習英文，1962 年 6 月開發總署訓練組則將辦公室遷移至研究會英語中心，顯現出該會與美國間的密切關係。[19] 另外，研究會也與中國生產力及貿易中心合作，舉辦陶瓷訓練班、燈泡品質管制講習會、市場推廣研究座談會等，向產業界提供新知識與市場狀況。[20]

基本上，研究會所舉辦的各項活動，提供返臺後的人員了解國內外產業界新知的管道。另外，當時在民營企業薪資多高過政府或公營企業，不乏有工作轉換的現象。究竟這些以前往美國為主的受訓人員，與本書所關注的民營企業，所分別扮演的角色為何？表 1 為依據 1974 年中美技術合作研究會出版的《中美技術合作研究會會員錄》進行整理，能夠看出曾經前往海外研修或考察的人員，在 1974 年時點於本書提及的企業位居要職。例如所記載的丁一善，為 1953 年畢業於臺灣大學農學院，進入林務局服務後，先後擔任至課長職務，1964 年離開政府部門，先後轉任臺灣英文雜誌社經理、建東企業公司營業部經理。1967 年在同樣屬於會員、新光企業的吳火獅邀請下，協助籌辦新光合成纖維公司，擔任祕書兼總務部經理。1970 年前往美國研修紡織兩個月，1971 年則擔任研究會總幹事。[21]

表 1 曾前往海外受訓的研究會成員於本書提及企業所擔任之職務（1974 年）

姓名	出國時間	科別	地點	職位
丁一善	1970 年 6-7 月	紡織	美國	新光合成纖維公司（查無職務）
丁玉鑫	1964 年 1-4 月	企業管理	未記載	永豐化學工業公司協理
丁瑞鈇	1960 年	商業管理	美國	南亞塑膠工業公司常務董事
王文望	1955 年 12 月 -1956 年 1 月	電機工程	美國	裕隆汽車製造工廠副廠長
何榮庭	1959 年 3 月	工業	美國	永豐化學工業公司常務董事
吳大禮	1953 年 8 月 -1954 年 8 月	工業教育	美國	臺灣塑膠公司副經理
吳火獅	1958 年	紡織	美國	新光企業董事長
施純沃	1963 年 4-6 月	食品加工	日本	味全食品工業公司副總經理
徐亦南	1971 年 1 月 -1973 年 1 月	工業管理	美國	新光合成纖維公司企劃專員
陳遠普	1963 年 1 月	工業	日本	中國化學製藥公司副總經理
郭明鎮	1951 年 9 月 -1952 年	機械製造	美國	味王發酵工業公司經理
陸智名	1957 年 11 月 -1958 年 5 月	熱處理	美國	裕隆汽車公司技術部經理
曾富	1959 年 9 月 -1960 年 4 月	公共行政	美國	臺灣塑膠公司協理
黃紹芳	1954 年 1 月 -1955 年 1 月	電機工程	美國	南港輪胎公司南港廠廠長
黃慶松	1961 年 5 月	工業	美國	大同公司董事長協理
董長蚯	1951 年 9 月 -1952 年	發酵	美國	味全食品公司經理
楊坤松	1961 年 10 月	貿易電子	美國、日本	大同電子公司董事長兼總經理
詹昭全	1957-1958 年	工業教育	美國	裕隆汽車公司副社員工訓練中心主任
蔡幸作	1970 年 2-5 月	製藥管理、品質管理	美國、德國、法國、瑞典	永豐化學工業公司新莊製藥廠製造課長
顏俊達	1972 年 5 月	機械工程、針織工程	英國	新光紡織公司士林廠技術股長

資料來源：中美技術合作研究會編，《中美技術合作研究會會員錄（中華民國六十三年）》（臺北：中美技術合作研究會，1974），頁 2、3、6、28、42、47、71、78、107、117、123、128、134、135、141、145、152、170、186。

（三）商貿網絡的關係

　　1949 年底從中國大陸撤退來臺的中華民國政府，究竟在臺灣時期的「臺美經濟」與大陸時期的「中美經濟」商業網絡相較，是否存在著延續與差別的構造？

　　有別於 1950 年代的日臺貿易係由諸多臺灣商人進行參與，探討戰後臺美間的經濟援助與對臺灣投資時所產生的經濟利益，應注意曾在中國時期任職於政府的官僚與技術人員，在商業往來層面上居中牽線。這些商人的背景，有的是 1949 年以前曾任職於政府部門的官僚與技術人員，有的是來臺後曾短暫服務於政府部門，爾後轉任臺灣或海外的民間事業謀職。

　　關於這部分的討論，可以 1957 年政府將公營的臺灣造船公司廠區承租給美商殷格斯臺灣造船公司，還有由美商森美公司在臺灣的活動進行了解。

　　戰後臺灣造船公司將廠區承租給美商經營的背景，在於戰後全球經濟復甦，造成油輪的購買耗日費時，中國石油公司在租用大型油輪困難下，採取駐美國採購服務團的建議，可從海外導入技術，運用本地廠房建造大油輪。1956 年政府派遣臺灣造船公司董事長周茂柏，與駐美國採購服務團代理團長包可永、中國石油公司駐美國代表夏勤鐸，三人一同前往美國殷格斯造船公司進行考察與協商。1957 年政府正式將臺灣造船公司廠房轉租給美商殷格斯臺灣造船公司（以下簡稱殷臺公司）。值得注意的是，該公司的股份構成中，除了美商殷格斯公司投資 54% 外，尚有中國國際基金會（China International Foundation, Inc.）投資 36%。[22]

　　當時即有立法委員質疑，該基金會前成員魏重慶與屠大奉在大陸時期曾任職於人人企業公司，[23] 該公司於戰後中國大陸時期，即承載中國石油公司從海外運送原油的業務；此外，魏重慶曾任職資源委員會，也被提出存在利益關係。但當時政府為達成造船計畫，提出該基金會已由美國人接手管理，而且在國民黨中常會明確的提出政策應給予支持。爾後在殷臺公司的財務面失當撤資

後，1963 年由監察委員陶百川的調查，指出該基金會所投資的部分子公司，經營者多為過去曾擔任資源委員會的系統華人。[24] 透過股臺公司投資的案例，能夠顯現出在美國的華人可能透過與政府官員熟識的網絡關係，一方面協助聯繫政府從美國引進工業建設所需技術的網絡關係，另一方面亦從臺美工業聯繫的過程中尋求可能存在的商業機會。

另外，戰後在美國紐約創辦的森美公司（Summit），為三位在美國麻省理工學院進修的華人王澄清、蕭人存、嚴保民於二戰結束後設立的貿易公司，其中擔任公司總裁的蕭人存，在中日戰爭時期曾參加過裝甲鏟汽兵團，爾後前往美國留學。[25]

該公司除了在亞洲各國設立分公司進行進出口業務，也為美國大企業在亞洲代理銷售產品，並促成 1962 年慕華公司來臺投資，爾後在泰國設立煉油廠，則是由中國石油公司派員協助建廠與營運。[26]

1962 年臺灣生產尿素投資計畫，係由中國石油公司與美國莫比石油公司合資成立的慕華公司，堪稱當時頗具規模的外資企業。這項投資的緣起，為森美公司的蕭人存聽聞中國石油公司開採到大量天然氣，故其與美國的莫比石油公司接洽，邀請該公司與森美公司前往臺灣投資設廠，以天然氣為原料製造尿素。獲得莫比公司同意後，蕭氏與時任經濟部部長李國鼎提出計畫，但李國鼎向其提出森美公司不要參與投資。原因在於森美公司老闆為美國籍華僑，與臺灣經濟部門的高層人士相識，擔心會引起立法委員的質疑。自此之後，森美公司不再於臺灣進行各項投資，而將重心轉往其他國家。[27]

另一方面，森美公司也運用中國石油公司的網絡關係，由中國石油公司派員協助森美公司在泰國投資煉油廠。1962 年起，森美集團與泰國國防部油料廳和動力廳取得聯繫，從美國進口供應軍方與民方所需的部分成品油料，突破原本由 Shell、Esso、Caltex 三家公司分食泰國的石油市場。在此同時，森美集團也向泰國政府提出申請設立煉油廠，最終獲得在 Siracha 建造柏油廠，主要產

品柏油供應泰國政府興建公路，也開始生產少量汽油、柴油、潤滑油。[28]

森美集團接手經營後，透過中國技術服務社向中油公司申請調派技術人員修復原有的工廠與建造新廠房，新廠於 1968 年 3 月完工試爐。值得注意的是，當時森美集團在泰國經營廠房的管理人員與技術人員，均是由中油公司高雄煉油廠的資深員工借調派任，每人以一年時間為限。[29]

透過以上的說明，可了解戰後臺美經濟交流中存在一群作為美國資本家與臺灣政府間的中介商人，在政府的經濟部門欲引進美國資本發展臺灣各項工業計畫時找尋機會。這些商人有些曾任職於政府的技術部門，在前往美國研修或留學後並未返國，反而留在當地尋求二戰結束後中美兩國之間的商業機會，至 1949 年底政府撤退來臺後，則作為美國資本與中華民國政府經濟部門間的掮客，從中獲取商業利益。這樣的脈絡，可說是延續自中國大陸時期技術人員所存在的中美關係網絡。

二、冷戰下的特許與軍事市場

（一）從特許經營到外資企業──民航空運業者的設立

1954 年申請成立的亞洲航空與民航空運股份有限公司，前身為 1946 年由陳納德（Charie Lee Chen-nault）向國民政府提議籌建空運機隊，名為「行政院善後救濟總署航空運輸隊」。善後救濟計畫結束後，1948 年 5 月底改組為民航空運隊，由交通部民航局管轄，主要業務為協助軍方物資的空運。[30]

在中國大陸時期，原本有兩家隸屬交通部管理的中國航空與中央航空運輸公司，但 1949 年兩間公司選擇投誠中共，並將大多數飛機駛往中共控制區。政府在撤臺初期尚無能力成立航空公司的背景下，民航空運隊成為當時臺灣重要的航空事業，並在政府

的允許下經營國內與國際航線。[31] 也就是說，民航空運隊以非公司法人的身分，在政府的首肯下經營航空業務。

1954 年外國人投資條例公布後，政府始對在臺灣進行投資的外國人資本進行規範。來臺投資的外國人為取得法人資格，需向經濟部提出申請與審查，涉及國防事業者則需經行政院認可。[32] 民航空運隊為符合臺灣的法律規範，將其全部資產一分為二，成立亞洲航空與民航空運股份有限公司，持續以中華民國國籍的飛機從事航空相關業務。

民航空運隊為符合民用航空法，使其所有航空器能繼續保持中國國籍，及避免國際航空事業上之障礙起見，將折合美金 1,100 餘萬元的資產一分為二，成立兩家公司。第一家為亞洲航空股份有限公司，資產 1,080 餘萬美元，由申請公司及美國僑民杜爾等四人為發起人。第二家為民航空運股份有限公司，資產共為 20 萬美元，由四成美國資本和六成華人資本組織。這兩家籌備的新公司總資本額約為 2 萬美元，申請時的資金先由股東墊款籌措，之後再以兩家公司的定期票據償還。實際上，向政府提出設立的兩家公司在法人上雖為獨立，但營運時實為一體。[33]

當時政府仰賴以民航空運隊為主體，服務臺灣對內、外的空運服務。但這項投資案件的爭論點，在於兩公司可運用資產總計高達 1,000 餘萬美元，但減去負債後兩家公司的淨資本額各為 2 萬美元。[34] 雖言公司法和民用航空法均無最低資本額的限制，但航空公司的資本額若過低，可能會出現民間觀感不佳的情形。此外，新成立的兩間公司大部分資金均為股東墊款，出現流動負債超過流動資產甚多的現象。交通部曾要求股東提高資本額，籌措相當美金外匯 100 萬元才核准籌設民營航空公司，但申請人表示有所困難。最終交通部與行政院均認為政策上有必要使該企業經營的需要仍同意設立，未來再視企業發展情形要求提高資本額。[35]

原本空運隊的經營，為美國資本以非公司型態，運用中國大陸撤退來臺資本財所經營的特許事業。政府在外國人投資條例設立後，空運隊為符合臺灣法規轉型為公司經營，過程中雖面臨資

本額過低的問題，仍因政府在未建立民航事業而須仰賴其提供空運服務的前提下，最終以較為寬鬆的標準准許其在臺設立企業。就企業組織而論，民航空運與亞洲航空公司雖有獨立的董事會，但業務和人事間卻相互支援。[36]

民航空運公司成立後，在民間航線的經營，可分為國內與國際兩種。在國內航線上，每日有客機提供臺北、臺中、臺南、馬公間的運送。至於國際航線方面，該公司堪稱戰後臺灣第一家經營國際航運的公司，航線陸續擴展至曼谷、香港、馬尼拉、沖繩、大阪、東京、漢城。但1964年和1968年該公司先後出現飛機失事，1969年決定停飛國際航線，對外航線由中華航空公司接辦。至於國內航線，則於1975年由中華航空公司接辦。[37]

值得注意的是，從民航空運隊到民航空運公司與亞洲航空公司階段，所經營的業務包含冷戰下軍事市場的運輸與修繕業務，美國政府並左右著企業之營運。2016年由亞洲航空公司出版的《亞洲航空公司70週年特刊1946-2016 AIR ASIA》中，記載美國中央情報局在政府撤退來臺後即收購民航空運隊，故除經營臺灣的國內外航線外，還參與韓戰時期、奠邊府戰爭與各地反共游擊隊的軍事運輸，這些軍事性業務在民航空運公司成立後仍持續。[38]

另一方面，從空運隊維修部門獨立的亞洲航空公司，成立初期即擁有美國FAA（Federal Aviation Administration）所頒發的修護證照。民航空運隊以韓戰爆發為契機，即承接美軍飛機的維修業務，在越戰中也大量參與戰機的維修與保養，業務並於1968-1969年達到高峰。亞洲航空公司的員工外派至東南亞時，則改穿「Air America」制服，以美國航空員工的身分，修理當地的美國航空機。亞洲航空時期的員工外派至寮國、泰國、越南等地，除維修美國航空和美軍戰機外，還提供美國航空租賃飛機的飛行服務。也就是說，亞洲航空公司雖未經營航線服務，但仍替美國提供飛行駕駛業務。[39]

亞洲航空公司的業務，可視為冷戰下作為美國在亞洲的軍事後援單位，但事業也伴隨美國淡出越南戰爭受到波及。1973年美

國淡出越南，中央情報局認為民航空運公司和亞洲航空公司已無利用價值，1975 年美國航空公司將亞洲航空公司出售給德州達拉斯美商怡新系統公司。同時，1975 年 9 月 1 日民航空運公司退出臺灣的國內航線，同年越南也宣告赤化；同年中央情報局出售美國航空所屬的亞洲航空公司，不久美國航空也結束營業。[40]

　　總的來說，由美國人經營的民航空運公司和亞洲航空公司，從經濟的角度看似承接本地的航運與飛機修繕。民航空運公司的航運業務，可說由美國彌補了戰後臺灣航空事業需求的空窗期。亞洲航空公司的修繕業務，則是提供航空機具的修護工作。這兩家公司除了民間市場的經營外，尚參與以冷戰為契機的軍事市場，經營者背景也存在美國政府與軍方的影子。但伴隨美國在東南亞軍事地位的減弱，最終也結束臺灣的空運業務，並隨之出售在臺之經營權。從投資經緯來看，與以往所知的外國人直接投資要經政府認可後才能進入臺灣有所不同，而是將在臺的事業「就地合法」，顯現出 1950 年代初期國民經濟自立時期，外來資本所存在的特殊狀況。

（二）福樂奶品公司──以駐臺美軍市場為起點

　　福樂奶品公司的成立，源於 1955 年 11 月美商亞洲國際奶品製造公司為供應駐臺美軍及其他美國及外交人員合成牛奶與其他奶製品，向經濟部提出申請後，與國內人士王雲程等人合資設立公司。[41] 作為美國與臺灣合資的福樂公司，臺灣方面的重要參與人士，為原本從事紡織資本的劉文騰（1907-1981）。

　　劉文騰原本畢業於北京工業大學紡織科，之後前往英國里茲大學取得紡織學博士，返回中國後，於中日戰爭時期的重慶政府先後擔任經濟部工礦調整處專門委員、戰時生產局技正。戰後派至上海擔任紡織事業管理委員會業務處長，並兼任中國紡織建設公司總工程師。1949 年來臺後擔任臺灣工礦公司紡織部副理兼總工程師，爾後在 1952 年轉任民營的申一紡織公司擔任總經理。爾

後劉氏在臺灣的事業除了熟悉的紡織業外，還參與奶品和餅乾等食品業的生產。[42] 福樂奶品公司的成立，即為劉氏從過去嫻熟紡織業，轉向新的食品工業經營的起點。但從本文所能得到的資料，尚無法得知劉氏如何與美方合作的資本取得聯繫之過程。

1956 年 2 月，外國人及華僑投資事件審議委員會召開的第 12 次會議，同意福樂奶品公司的投資，但規定該公司所製產品僅限於供應美軍，不許參與民間市場的銷售，倘若違反將要求停業與撤銷在臺投資。由於奶品公司的生產具有一定的規模性，政府也要求公司的剩餘產品，應無償交由政府統籌分送給榮譽軍人醫院、肺病療養院、孤兒院等。福樂奶品公司銷售給美軍的外匯所得，應依據政府規定數額交給臺灣銀行。[43]

由於福樂奶品公司的技術是由美國企業所供應，雙邊訂立的的技術報酬，流質牛奶為銷貨總額支付的 6%、冰淇淋則為 9%。經濟部並要求福樂奶品公司應以合理價格供應美軍，還要協助臺灣乳牛事業的改進與牛乳之消毒。[44]

福樂奶品公司以供應在臺美軍成立，或許在市場規模有限的前提下，欲進一步拓展至民間市場。1957 年福樂奶品公司申請以美援 480 公法項目下的奶品原料生產冰淇淋、乳酪、冰棒等副產品銷售至民間市場，外國人及華僑投資事件審議委員會認為此項業務與原本投資案件不符，故未予以同意。[45]

實際上，福樂奶品公司所面臨最大的障礙為本地乳品業者的反彈，本地業者希望政府能以政策保護在地廠商發展，但最終在政府官員的堅持下，促使福樂奶品公司能參與民間市場銷售。

1959 年 5 月 14 日，福樂奶品公司向經濟部提出，政府預計向美方採購價值 60 萬美元的脫脂奶粉與無水奶脂，可運用美援的原料與公司的設備與技術，生產成具備營養價值的合成奶品，並遵照政府規定向外出售，將能夠節省外匯。同年 5 月 27 日，經濟部要求美援會依據行政院核定 1959 年美國 480 公法，剩餘農產品脫脂奶粉處理原則予以核配，並讓福樂奶品公司在美援會核定的數量內生產合成牛奶對外出售，優先供應學校和醫院。在售價方面，

政府規定每單位售價不能低於同質量之本地鮮奶，公司的每月銷售量，應按照原料來源作全年平均分配。[46]

值得注意的是，政府從反對到支持福樂奶品公司向民間銷售的過程，政府官員與民意機關曾進行激烈的辯論。由於當時「乳業管理規則」不允許銷售合成牛奶，福樂奶品公司若要在市面上販賣，則必須進行修法。1959 年 5 月 14 日召開美援運用委員會第 5 次委員會議時，針對是否准予美商福樂奶品公司在臺製銷合成牛奶一案進行討論。[47]

當時經濟部與美援會副主委尹仲容均贊同福樂奶品公司在臺製銷，但臺灣省政府則站在保護本土乳業的立場，抱持反對態度。臺灣省政府認為不應為福樂奶品公司的利益修改乳業管理規則。再者，臺灣省政府認為公開銷售合成牛乳，將危及島內鮮乳業的生存；縱使要銷售脫脂奶粉，可交由糧食局等機關配銷，無須交由福樂奶品公司銷售。[48]

尹仲容認為食品管理應以衛生條件為中心，不應因其他理由限制合於衛生之食品產銷。福樂奶品公司的合成牛乳早已供應美軍與臺灣空軍，足以證明其合乎衛生標準。此外，尹氏還提出臺灣的乳牛業不可仰賴限制他人的經營以求生存，反而應在公平競爭下求進步。[49]

嚴家淦指出，1956 年臺灣省政府訂立乳業管理規則時，尚無合成牛乳之製銷。當時此項法規的制訂，係考量市面有不肖之徒將外國慈善機構贈送之脫脂奶粉加入水分冒充鮮乳出售，不合衛生標準。所謂的合成牛乳，係以機器設備將脫脂奶粉、油脂與水分重新調合。合成牛乳在成分上與鮮奶相同，而且合於衛生標準，自不在禁止之列。臺灣省政府可在法規條文解釋上作此認定，如此一來，即不需修改法規。[50]

最後，美援會決議，請臺灣省政府採取適當措施，或修改乳業管理規則，或採用條文解釋方式，以求合成牛奶銷售問題得以早日解決，而免美援剩餘農產品協定之簽訂遭受影響。[51] 綜觀 1950 年代末期政府的經濟政策，從管制經濟逐漸走向開放。從尹

仲容和鮮少在會議中發言的嚴家淦，均支持福樂奶品公司參與臺灣民間市場的產銷之下，促成該公司參與臺灣民間市場經營的有利條件。

1959 年 9 月 4 日，福樂奶品公司又提出以美援 480 公法項目下的奶品原料生產冰淇淋、巧克力牛奶、酸奶、奶酪、酸奶油等五種產品對外銷售。或許因該公司的合成奶品已在市場銷售，政府對此次申請採行正面態度，認為核准這些奶製品的銷售，將能減少該項原料製造和合成牛奶的數量，有助於節約外匯。另一方面，政府認為福樂奶品公司將產能集中在牛奶以外的製品，將能減少與省產鮮奶的競爭，有利於本地乳品業成長。基於以上的理由，1960 年 4 月 14 日行政院同意該公司以美援原料生產五種奶製品。另一方面，福樂奶品公司的生產原料原本均仰賴美援的進口，政府要求其因提高售價所得的額外利益，應用作協助改進本省乳牛業。1960 年 3 月 1 日，福樂奶品公司又要求核准購入本省牛奶加工製造各項奶製品在市場銷售，並獲得政府核准。[52]

經由福樂奶品公司的案例討論，可知悉該公司的創辦是以軍事市場為銷售目標。但企業的成長需要以市場的擴大為基礎，在軍事市場有限的情形下，故積極尋求向民間市場販賣的可能性。但該公司在生產設備與質量因高於本地業者，故參與本地市場的申請過程存在與本地乳品業者相衝突的困難。以往對於產業政策的討論，常強調保護本地事業發展工業化，但 1950 年代末期福樂奶品公司欲轉向民間市場銷售的過程，獲得中央政府官員的支持，或顯現出政府以本地事業為主的食品工業，與以走向海外銷售的工業所抱持的態度，兩者呈現不同的策略。

三、由上而下策動的民需事業：中國人造纖維公司

1950 年代臺灣人造纖維事業的出現，係以國際上較為成熟的人造絲生產作為起點。以民營事業姿態發端的中國人造纖維公司，

是由政府先進行廠房與生產的規劃，並確定技術提供者後再尋覓民間投資者經營。這樣的企業創辦模式，有別於當前企業創辦多由民間資本家自行發起的認識；但1950年代政府為開展新興工業，常採行這種由上而下的策進模式，堪稱為當時推動產業政策的典型。

創辦新興事業除了要關注廠房建置與市場銷售等層面外，技術與資金的支援也是不可或缺的。中國人造纖維公司在技術上獲得美國企業的支援，資金上還獲得政府特別的奧援。1950年代臺灣的金融體系對企業提供融資的態度較為保守，但政府對中國人造纖維公司給予的融資方式，則超越以往公營行庫提供的認識，由中央信託局提供借款和信用保證。

中國人造纖維公司雖是在外國人直接投資的管道下設立，亦被定義為美國資本。但該公司實際經營是由本地資本家所創辦。本節將以有限的資料對其在1950年代的創辦背景與設廠過程進行考察，以了解美國資本所扮演的角色，並就政府政策的功能進行討論。

（一）事業出現的背景

臺灣人造纖維事業的出現，為1950年代主導臺灣經濟決策的尹仲容所提出。

1952年10月17日，尹仲容以中央信託局局長的身分向行政院院長陳誠提出簽呈，提出創辦人造纖維事業的構想。尹仲容認為臺灣的棉紡織事逐漸邁向自給自足，但在棉花多賴進口、本地產棉有限的背景下，一旦遭遇戰事將出現供應困難的情形，勢必會造成嚴重衣荒。基於上述的理由，尹氏建議設立以生產人造棉為主的人造纖維公司，並兼生產人造絲和包裝用透明紙。[53]

當時尹仲容從市場、外匯、原料等經濟層面，陳述創立人造纖維工業所具備的四項利基。第一，人造纖維製品適合天氣溫暖的臺灣，政府為保護本地紡織業，對舶來品課徵100%的從價關稅，

若能自製將毋須擔心市場的競爭問題。第二，人造棉與人造絲若能自製，將能減少棉花和棉紗的進口，能夠節省外匯。第三，臺灣已有能力供應人造纖維所需的燒鹼和硫酸等原料。第四，作為原料的木漿平常可仰賴進口，戰爭時期還可運用難以出口的蔗漿作為替代。[54]

經由以上說明，可知悉尹仲容從經濟的考量出發，並將人造棉、人造紗作為棉花、棉紗的替代品，認為人造纖維將有助於節約外匯的進口替代工業。發展人造纖維事業，並能以臺灣既有的化學工業原料為基礎，提供本地工業體系有機性的連結。

行政院院長陳誠對尹仲容所提出的議案，擬定「即照此進行」。尹仲容在獲得閣揆的首肯後，發起籌組臺灣人造纖維股份有限公司之計畫。籌備期間除邀請紡織工業、化學工業、銀行和私人參與投資外，還聘請美國人造纖維最具聲譽的 Oscar Kohrn 公司派遣副總經理兼工程司柯斯達來臺進行調查與設計。[55]

1953 年 4 月 2 日，在行政院財政經濟小組委員會的第 82 次會議中，尹仲容以行政院經濟安定委員會副主委的身分，討論建立人造纖維工廠提的可行性。尹仲容指出，人造纖維廠房的機器小部分在美國製造，大部分於日本製造，並由 Oscar Kohorn & Co. 公司予以指導與檢驗。由於建廠的資本財多從國外進口，中央信託局將就建廠計畫所需10% 自由美金外匯（約為美金 32 萬 4,000 元），由該局自有外匯項目下撥付。尹仲容說明，此案將由中央信託局負責吸收民營事業投資，以償還貸款，但政府在預算內應列入這筆款項所需之外匯。[56]

然而，時任安全分署的斯邦司樂（W.A. Sponsler），從經濟層面的角度對設立人造纖維工廠提出質疑。首先，當時臺灣政府欠缺外匯，安全總署雖儘可能的提供臺灣協助，但建廠需耗費 300 餘萬美元之高，若未具備充分理由，安全總署將無法說服華盛頓撥付金額。其次，也對臺灣人造棉的市場規模提出質疑，並舉出 1951 年臺灣的人造棉需求約為棉花的二十至三十分之一，懷疑臺灣政府評估竣工後的需求將成長三倍是否為真。從技術面來看，

其指出臺灣的人造棉乾洗、紡織、染整設備尚未充足，對本地是否有能力建構起整個生產體系提出質疑。[57]

關於安全分署的質疑，尹仲容從節約外匯與外國人投資的角度進行回應。尹仲容認為人造纖維與棉織品為替代品，設廠後將能取代部分棉花進口，人造絲的生產量雖達 1951 年度消費量的三倍，而且能節省外匯。另外，人造纖維的投資如同臺灣電力公司北部發電廠的貸款計畫，華盛頓政府並無理由反對這類長期投資。但與美國創辦人造纖維的合約，必須要在臺灣政府批准後才能生效。[58]

這次會議決定，由經濟部長張茲闓召集臨時工作小組，邀集財政部長嚴家淦、美援會祕書長王蓬、尹仲容副主委、斯邦司樂（W. A. Sponsler）針對該項建議有關係之問題進行研議後，再將結論於財政經濟小組委員會說明。若臨時工作小組商討有結論，應報委員會備案。[59]

1953 年 5 月 28 日，行政院財政經濟小組委員會召開第 83 次會議，決議這項投資將由中央信託局紐約保險處結束後，已繳回臺灣銀行的剩餘存款 230 萬美元之中，提撥建廠計畫初步估計所需 321 萬美元中 10%，即為 32 萬 1,000 美元作為訂約使用。此外，中央信託局也將向紡織業籌措新臺幣 1,000 萬元，作為建築和裝置所需經費。[60]

財政經濟小組委員會對是否設立人造纖維工廠，也存在贊成與反對兩方意見。贊成者認為人造纖維工業就性質上可取代一部分棉花和羊毛，而且符合開放民營和吸引外資僑資之政策。從資金面來看，不僅中央信託局承諾提供資金，民間也確定可籌措新臺幣 1,900 萬元。[61]

持反對者則指出，在臺灣外匯極度匱乏下，仍應審慎評估是否需要人造纖維事業。整個投資案共需新臺幣 7,000-8,000 萬元，而且已籌措的 1,900 萬資金投資人多屬與政府系統相關連的紡織業；在此之下，對民間紡織業是否能完全不仰賴臺灣銀行貸款提供投資，抱持保留之態度。再則，中央信託局的外匯資金可能會

有其他用途。[62]

　　最終委員會商討決議，將正反兩方意見以專案簽報行政院核定是否建立人造纖維工廠，並由當時的總統蔣介石簽署意見。[63] 依據 1953 年 7 月 13 日，由行政院提交給中央信託局的令中，記載蔣介石提出的兩點意見。第一，蔣介石對籌設人造纖維工廠抱持認可的態度，但認為應以民營為原則，所需資本要有半數以上由民間投資；時程上要俟民間投資確認有成後才籌辦，以減少政府的開支。第二，蔣介石瞭解中央信託局結束駐美國產物保險分處業務後將能收回 200 萬美元，提醒這筆款項將繳回國庫另作他用，似帶有提醒尹仲容勿將這筆資金用作人造纖維事業的投資。[64]

（二）建廠計畫與股東構成

　　在經政府同意後，經濟安定委員會於 1955 年 11 月 29 日、1956 年 1 月 6 日擬具計畫和概算。[65]

　　在生產規劃上，最初計畫每日生產人造棉 10 公噸，全年共產 3,000 公噸。所需經費分成美金和新臺幣兩部分。美金部分主要為購入設廠用機械，估算全部機器總價約為 235 萬美元；另外，每年需補充之機器配件以機器總價的 5% 估算，約為 11 萬 2,000 美元。至於新臺幣部分，如表 2 所示，主要有土地、廠房、附屬房屋、圍牆通路、水電、運費和關稅等，在房屋和省內運費安裝等約需新臺幣 2,935 萬元。至於建廠時間，預計在政府核准設立訂購機器的兩年後完成。值得注意的是，1956 年美援提供新臺幣 2,000 萬元的借款，作為廠房設置的經費，之後該筆款項於 1959 年還清。[67]

表 2 中國人造纖維公司建廠所需經費與用途　　單位：新臺幣 元

項目	所需經費
土地	300
廠房	600

附屬房屋	250
圍牆通路	150
水電	200
運費、關稅、保險	1,110（機器總價 20% 計算）
開辦安裝	325
合計	2,935

資料來源：臺灣省接收委員會日產處理委員會，《臺灣省接收委員會日產處理委員會結束總報告》（臺北：臺灣省接收委員會日產處理委員會，1947），頁 27-33。

　　在發起人名單中，可透過表 3 了解，包含來自上海的紡織業者、臺灣本地的織布業者和布商，以及從中國大陸撤退來臺、以保管處存在的交通銀行。如前所述，中國人造纖維公司的出資結構是在政府的策動下進行，但從戰後企業創辦的資本積累路徑來看，有別於以往紡織業和其他事業的認識。稍詳言之，瞿宛文對戰後臺灣紡織業資本的建立，最初的認識是以上海資本家紡織機械撤退來臺的主體，並在政府的代紡代織政策下孕育。[68] 近年來謝國興分別把梳紡紗和織布部門的資本家背景與企業成長脈絡，發現在織布部門有諸多臺灣資本家參與，而且促使戰前小規模呈現停滯或成長緩慢的態勢一舉成長，進而提出「合軌說」。[69] 但從中國人造纖維公司成立的出資成員背景來看，有別於以往對1950 年代資本積累的型態分成大陸系或本地系，而是由政府動員官方、大陸和本地資本所集資創辦；這樣的出資行為，除了顯現出當時發展新興工業資金缺乏的情形下，需要匯集多方資金才能達成。

　　1955 年 3 月中國人造纖維公司成立，由石鳳翔擔任董事長，賴清添擔任總經理，吳火獅擔任常務董事。作為外資成立的中國人造纖維公司，美國萬可宏公司僅出資 10%，並提供技術與紡絲機。在籌備期間，美援會貸款新臺幣 2,000 萬元。[70]

　　從吳火獅的回憶錄可知悉，除了官方檔案記載的政府由上而下的創辦外，當時吳火獅本身也有意願成立。稍詳言之，吳火獅

曾向尹仲容提出生產人造絲和人造棉的構想，尹氏回應說若能募集到新臺幣 2,000 萬元建廠基金，將會有美援相對基金提供支援。為此，吳火獅拜訪工商協進會束雲章和中央信託局呂鳳章等人，並聯繫大秦紡織公司董事長石鳳翔。中國人造纖維公司成立後，由吳火獅邀請石鳳翔擔任成立後的董事長。[71] 然而，至 1960 年前後，其他股東因不堪公司虧損，欲將新臺幣 1 億 2,000 萬元出售給吳火獅，但因官員反對將大規模事業交給本省籍年輕企業家而作罷。[72]

　　新興工業在營運初期或存在風險，政府一方面勸誘資本家投資新興工業，或許希望以個人或法人單位出資部分的形態以降低風險。從企業發展的過程來看，有垂直整合、水平整合、多角化經營三類；中國人造纖維公司由多方共同出資的形態，可視為在 1950 年代欠缺資金的時期，由各方資金共同創辦。但就外資所參與的角色，除了 10% 的出資外，尚提供生產所需的資本財與相關技術。

表 3 臺灣人造纖維股份有限公司發起股東名單

姓名	經歷
張久香	大陸時期：曾任永華製漆股份有限公司經理。
趙志垚	大陸時期：曾擔任湖北省財政廳廳長、軍政部重慶供應局局長等。 臺灣時期：擔任臺灣省物資調節委員會主任委員等，1950 年代中期擔仼交通銀行常務董事兼董事長和臺北紡織公司董事長、臺灣區棉紡織工業同業公會理事長等。
趙葆全	大陸時期：曾任農林部農村經濟司司長。 臺灣時期：中國農民銀行總經理，1955 年擔任交通銀行總經理。
王新衡	大陸時期：曾任軍事委員會少將處長、上海市政府參事兼處長。 臺灣時期：立法委員、中華毛紡織場股份有限公司董事、1960 年代擔任亞洲水泥股份有限公司董事長。
王厚甫	大陸時期：上海華豐毛絨廠總經理、華綸毛紡織染織廠董事長、大光明毛紡織染廠總經理。 1950 年代中期：臺北福華毛紡織染廠總經理、永安紡織整染廠股份有限公司總經理、臺灣區毛紡織工業同業公會理事。
張福華	布商。
馬俊生	布商。

侯雨利	臺南縣人，曾任先復興棉布行行東、臺灣區織布同業公會理事，1950 年代後期擔任新興紡織廠股份有限公司、臺南紡織公司董事等。
陳清曉	臺南縣人，東雲織布廠和東和染織廠廠東，1963 年時點擔任東和紡織印染公司常務董事兼總經理。
宗仁卿	大陸時期：曾擔任湖北省財政廳廳長、軍政部重慶供應局局長。 臺灣時期：來臺後擔任臺灣省物資調節委員會主任委員等，1955 年擔任交通銀行常務董事兼董事長和臺北紡織公司董事長，臺灣區棉紡織工業同業公會理事長等。
徐有庠	大陸時期：經營大同棉業公司、同性泰機器榨油廠、惠民植物油廠、華豐證券投資公司。 臺灣時期：遠東織造廠遷臺，1952 年擴展為遠東紡織股份有限公司。
陳能才	大陸時期：上海中華煤油股份有限公司總經理、華威銀行董事長兼總經理。 臺灣時期：1950 年代中期擔任中華毛紡織廠股份有限公司總經理、中國皮鞋股份有限公司董事長、臺灣區毛紡織公會同業公會常務理事。
趙耀東	大陸時期：資源委員會中央機器廠工程師、天津機器廠廠長。 臺灣時期：中本紡織公司總經理。
張肇元	大陸時期：擔任律師、稅務處總處長、財政部次長。 臺灣時期：福華毛紡織染廠。
劉文騰	大陸時期：經濟部工礦調整處專門委員、戰時生產局技正、紡織事業管理委員會業務處長、中國紡織建設公司總工程師。 臺灣時期：臺灣工礦公司紡織部副理兼總工程師、1952 年轉任申一紡織公司總經理。

資料來源：（45）經安秘收 297 號，發文者：人籌字第 005 號，發文時間 1956 年 2 月 28 日，受文者：行政院經濟安定委員會工業委員會，《人造纖維》，行政院經濟安定委員會檔案，檔號：30-01-14-039，藏於中央研究院近代史研究所檔案館。徐有庠口述，王麗美執筆，《走過八十歲月：徐有庠回憶錄》（臺北：徐旭東，1994），頁 95、102、112。中華徵信所企業股份有限公司，《對臺灣經濟建設最有貢獻的工商人名錄 500》（臺北：中華徵信所企業股份有限公司，），頁 257、481。中華民國工商協進會，《自由中國工商人物誌》（臺北：中華民國工商協進會，1955），頁 14、45、226、302。中華民國工商協進會，《中華民國工商人物誌》（臺北：中華民國工商協進會，1963），頁 45、487。中國徵信所，《上海工商人名錄》（上海：中國徵信所，1936），頁 120。許晚成編，《上海百業人才小史》（上海：龍文書店編輯部，1945），頁 240。

（三）生產實績與產業構造

　　1957 年 2 月中國人造纖維公司開工生產，[73] 最初以人造絲為生產起點的原因，是考量到當時臺灣每年進口 200 萬磅人造絲，在評估未來市場消費增加與發展外銷的可能下，建立每天生產 5 公噸、年產 400 萬磅的生產線。但工廠竣工運作後，實際的銷售

量與預期相差甚大，僅有每日 2 公噸；公司原本規劃將收入作為還款的財務規劃出現失衡，故擬將多餘產能調整為生產人造棉，希望能透過人造棉銷售的收入改善財務狀況。[74]

當時公司指出，建廠時工業委員會計畫日產 150 丹尼[75]嫘縈絲 5 公噸所需機器設備，是由政府先購妥後才由公司接手，之後卻面臨以下問題。首先，嫘縈工業每一生產單位通常在日產 10 公噸以上，投資額相當龐大，產量未達此數總投資金額將不能按比例減少，導致每公噸的投資額更高。公司為適應市場僅日產 110 丹尼人造絲 3.7 公噸，投資總額達 800 萬美元時，每噸產量的投資額高達 220 萬美元。這樣的生產成本居高不下，不但無法與國外價格比擬，甚至與臺灣其他種類的纖維相競爭也很困難。該公司認為，小規模的嫘縈工業要有政府的保護才能夠存在。[76]

中國人造纖維公司指出，臺灣因人口有限，故對人造絲需求並不高。公司認為，工業委員會以提出日產 5 公噸人造絲的生產計畫為前提，才出現創辦公司的脈絡，似應協助產品能夠全數銷售；但工業委員會在公司成立後，又於廠房尚未竣工前核准大批人造棉紡錠進口，提供其他廠商發展人造棉紡織，似出現政策性不一致的現象。公司認為人造絲與人造棉作為替代品，具有排擠效果，使得工廠開工後的人造絲滯銷。[77]

基於以上理由，公司認為唯有增加人造棉的生產才能挽救公司的營運危機，要求工業委員會核准增加每日生產 15 公噸人造棉生產計畫，運用原有一部分設備建築先立即擴充為每日生產 6.5 公噸的人造棉設備。1955 年 2 月 26 日，公司先向工業委員會提出添購人造棉廠的申請，並在同年 12 月 24 日將初步日產 6.5 公噸設廠計畫書的申請；工業委員會最初認為該公司正進行人造絲建廠工作且資金短缺，故並未核准這項申請。直到人造絲工廠試車成功後才再次提出申請。[78]

中國人造纖維公司提出，至 1956 年 2 月左右臺灣已經有七萬餘人造棉紡錠，每日約需 13-14 公噸的原料，但以全部產品供應臺灣將造成生產過剩。為解決上述困境，應該要有半數的產品出

口。公司提出若初步擴充人造棉製造設備，每日的總產能達到嫘縈 10.2 公噸，但因嫘縈工廠的生產成本較高、欠缺出口競爭力，故仍著眼於內銷，並將每日產能縮減至 6.5 公噸。[79]

1957 年 5 月 15 日由李國鼎主持召開的〈中國人造纖維公司申請擴建人造棉廠會議〉，對中國人造纖維公司原本的建廠規劃與營運調整申請進行檢討與討論。基本上，最初中國人造纖維公司估計每日生產五噸人造絲的計畫背景，為臺灣人造絲進口最多時，當時臺灣進口人造棉的數量還很少。若從價格面來看，1955 年人造絲的價格低於天然絲、人造棉價格高於天然棉，故董事長石鳳翔認為生產人造絲較具市場機會，並未預料到兩年後市場出現巨變。[80]

與會的工業委員會代表齊世基指出，1954-1955 年人造絲開始在市面銷售時，消費者見到其外表美觀而銷路廣大，但不久後因品質不堅而易破損，消費量開始下降；在市場需求降低下使得進口人造絲存貨增加，絲織廠的營運也受到影響，導致中國人造纖維公司的人造絲銷路更為困難。從品質來看，過去多從日本進口的人造絲纖維強度僅有 1.3 至 1.7，美國進口品為 2.2 以上，中國人造纖維公司生產的人造絲檢驗厚達 2.2 至 2.4；也就是說，中國人造纖維公司的產品可與美國舶來品相較。[81]

中央信託局局長俞國華認為，中國人造纖維公司生產人造絲的每日市場消化量約為 2 公噸，僅有先前預估量的 50%，原因為國內人造絲還有四個月的存貨，短期間的需求可能不高。值得注意的是，俞國華也提出公司的產品種類可能影響市場銷路的可能。亦即，該公司目前只生產一種有光者，要等待部分設備抵臺後才能生產無光者。作為消費者可能會選擇有光或無光的人造絲，在公司僅提供一種品項下，可能也是造成生產銷路小的原因之一。另一方面，由於市場上人造棉織品的數量甚多，對人造絲銷路不免有影響。俞國華又認為，中國人造纖維公司擬申請製造人造棉，將能減少因人造棉進口的外匯支出，並解除人造絲生產過剩的困境。但俞國華質疑公司稱產製人造棉只需再籌措新臺幣 800 萬元

的估計似乎過低，新添購機器的分期付款不應該依賴將來收益支付，應該在開始時就籌措以後各期分期付款資金。[82]

工業委員會嚴演存指出，通常製造人造絲利潤高於人造棉，人造絲售價每磅約為美金 0.5 元，人造棉售價僅美金 0.2 元左右，兩者相差一倍。在製造成本上，所用原料相近，差別僅在人造絲所用的漿相較人造棉的漿略為高級。中國人造纖維公司的問題應在於市場未能開展，使得財務周轉發生困難。該公司之困難。臺灣銀行董事長張茲闓則認為，公司在調整至增產人造棉營運後的財務和成本時，不應以現在人造棉的市場價格為計算依據，應以一年半運轉後人造棉市場可能產生的價格變動情況予以估計。[83]

最終政府同意中國人造纖維公司生產嫘縈棉，並於 1958 年開始生產，爾後在 1964 年進一步生產多元酯棉。另外，1964 年中國人造纖維又與中華開發信託公司共同投資創辦聯合耐隆股份有限公司，生產耐隆絲。在此之下，臺灣的人造纖維製造工業生產的纖維有四種——嫘縈絲、嫘縈棉、耐隆絲、多元酯棉，已具備初步基礎。[84]

總的來說，以中國人造纖維公司為中心發起的各類人造纖維製造，係以本地資源為主，有別於 1960 年代後期以石油化學原料為基礎生產的合成纖維。從產業發展的階段來看，中國人造纖維公司最初雖為獨佔性生產，但初期受限於市場規模較小與人造棉紡織工廠的競爭，在財務上一度出現困難。由此可見，政府雖扶植新興工業的企業創辦，但在管制經濟的背景下，一方面要扶植生產，也要注意到臺灣本身的需求而增加人造棉紡織廠。也就是說，政府受到市場供需的調節，未必能對所扶植的這些企業充分予以保護。就此點而言，似乎可視為新興工業的投資風險。作為後起者成立的臺灣化學纖維公司，在產能上超越中國人造纖維公司，而且能夠促使臺灣本地的需求能夠滿足，並開始走向出口。

四、小結

　　以往常強調美援對戰後臺灣經濟帶來莫大之貢獻，然而從小型民營工業貸款的實施來看，美援對企業金融的實施僅解決民營企業設備不足的問題，未能有效解決企業金融的問題。至於在技術的層面上，戰後臺灣與美國間的技術交流，有別於中國大陸時期以留美工程師為主體組成的中美技術工程會，而是由前往美國為主進行受訓返國的人員組成的中美技術合作研究會作為重要的對口橋梁。該組織除了作為產業與企業界提供國內外產業與市場新知的窗口外，與美國駐華總署也保有密切的關係。至於臺美商業網絡的關係，仍需關注到原本服務於政府的人員，在兩國間的投資過程與商品買賣中所尋求的市場機會。

　　對於 1950 年代外資來臺的討論，可知悉美國資本如同前章討論的日本資本一般，多採行技術轉讓的方式，少數以直接投資的方式體現。日資來臺的投資動機，有以著眼於民生市場和日本國內市場為前提的民需部分，還有滿足以軍方和政府需求為目標的投資。大致上，當時如唐榮油漆廠的投資原本以滿足軍方需求為主，最終因市場狹小調整至加入民間市場。至於在政府需求上，則是以生產電信管理局所需的電信設備為主。

　　本文從有限的企業進行案例考察，顯現出 1950 年代為數不多願意來臺投資的美國資本，對軍事市場的參與相較於來臺日資更為強烈。

　　如申請成立民航空運和亞洲航空公司的外來投資，事業起源可追溯自中國大陸時期提供政府運輸，在兩岸分治的背景下，在臺並持續承辦臺灣的運輸業。這類的投資申請，並無法體現於1950 年代流入的國際資金中，而是運用已經在臺的資產註冊成立，並非在政府許可公司成立後才從國外引進資產和資金。福樂奶品公司的申請，與從日本來臺投資創辦的唐榮油漆廠如出一轍，最初是以軍方市場需求為起點，爾後逐漸調整為民間市場。但從臺灣奶品市場分成軍事與民間市場兩部分，生產品質較高的福樂奶

品公司以美軍軍方市場為主的起點，轉變至欲參與民間市場時，則受到民間奶品業者的反對，爾後在官方的支持下才得以進入。

　　至於在中國人造纖維公司的創辦，能夠見到的是創辦時期以美國資本為主，最後卻為本地資本取得經營權，並由美援提供借款。但這項投資是政府由上而下的策動，在外資的技術取得上也是由政府主動聯繫。這樣的發展模式，與之後工業委員會對新興工業採行的模式接近。但就外資來臺的過程來看，國外資本是在政府的邀請下來臺，而非主動積極的前來參與。

　　透過本文的討論，究竟對 1950 年代外資來臺有著怎樣的啟發？ 1960 年代外資來臺所導向的是在臺灣進行生產銷售至海外，或是來臺生產政府為提升自製率採行管制進口的商品。1950 年代的外資來臺，除了前述以民間需求為導向的市場，還需注意到以軍事需求或政府公共建設為主的市場機會。作為後進國家的臺灣，在本地經濟尚待發展的初期，外資來臺多要確認有一定的市場基礎，才願意前來。

　　從宏觀的角度來看，1950 年代臺灣除少許來自美國的投資外，對美國的經濟關係仍以援助為主的體系。透過以企業為出發個體行為的討論，超越以援助為主的歷史認識，了解到美資於管制經濟的背景下，所考量的市場有別於爾後以民間市場為主的投資動機。

註釋

1. 石田浩著、石田浩文集編譯小組譯，《臺灣經濟的結構與開展：臺灣適用「開發獨裁」理論嗎？》，頁 18。

2. 洪紹洋，〈1950 年代美援小型民營工業貸款與匯率制度之變革：以中央政府與臺灣省議會之折衝為中心〉，《臺灣文獻》第 61 卷第 3 期（2010 年 9 月），頁 337。

3. 洪紹洋，〈1950 年代美援小型民營工業貸款與匯率制度之變革：以中央政府與臺灣省議會之折衝為中心〉，頁 337、339-340。

4. 洪紹洋，〈1950 年代美援小型民營工業貸款與匯率制度之變革：以中央政府與臺灣省議會之折衝為中心〉，頁 342-344。

5. 洪紹洋，〈1950 年代美援小型民營工業貸款與匯率制度之變革：以中央政府與臺灣省議會之折衝為中心〉，頁 345-346。

6. 林立鑫，〈臺灣私營工礦企業資本結構之研究〉，《臺灣銀行季刊》第 14 卷第 4 期（1963 年 12 月），頁 5-6。

7. 林立鑫，〈臺灣私營工礦企業資本結構之研究〉，頁 6。

8. 吳翎君，《美國人未竟的中國夢：企業、技術與關係網》（臺北：聯經出版事業股份有限公司，2020），頁 189-301。

9. 文馨瑩，《經濟奇蹟的背後：臺灣美援經驗的政經分析（1951-1965）》（臺北：自立晚報文化出版社，1990），頁 277-284。

10. 楊翠華，〈美援技術協助：戰後臺灣工業化開端的一個側面〉，陳永發編，《兩岸分途：冷戰初期的政經發展》，頁 268。

11. 吳翎君，《美國人未竟的中國夢：企業、技術與關係網》，頁 250-301。

12. 中國工程師學會，〈中國工程師學會一覽〉（1958 年 6 月 6 日），頁 6-8。

13. 楊翠華，〈美援技術協助：戰後臺灣工業化開端的一個側面〉，頁 282-283。錢艮，〈十年來中美技術訓練之回顧〉，《中美技術季刊》第 9 卷第 4 期（1964 年 12 月），頁 29-30。

14. 錢艮，〈十年來中美技術訓練之回顧〉，《中美技術季刊》第 9 卷第 4 期（1964 年 12 月），頁 29-30。

15. 中美技術合作研究會編，《中美技術合作研究會會務通訊》第 7 卷 6-7 號（1961 年 6-7 月），頁 8。

16. 中美技術合作研究會，《中美技術合作研究會會務通訊》第 6 卷第 8-9 號（1960 年 8-9 月），頁 5。

17. 中美技術合作研究會，《中美技術合作研究會會務通訊》第 5 卷第 12 號（1959 年 12 月），頁 11。

18. 中美技術合作研究會，《中美技術合作研究會會務通訊》第 8 卷第 3-4 號（1962 年 3、4 月），頁 10-11。

19. 中美技術合作研究會，《中美技術合作研究會會務通訊》第 8 卷第 5-6 號（1962 年 5、6 月），頁 13。

20. 中美技術合作研究會，《中美技術合作研究會會務通訊》第 8 卷第 3-4 號（1962 年 3、4 月），頁 21。

21. 中美技術合作研究會，《中美技術合作研究會會務通訊》第 17 卷第 6 號（1971 年 11、12 月），頁 3。

22. 洪紹洋，《近代臺灣造船業的技術轉移與學習》（臺北：遠流文化事業股份有限公司），頁 125-127。

23. 洪紹洋，《近代臺灣造船業的技術轉移與學習》，頁 131-132。

24. 陳政宏，《造船風雲 88 年：從臺船到中船的故事》（臺北：行政院文化建設委員會，2005），頁 50-51、53-55。

25. 馮宗道，《楓竹山居憶往錄》（自行出版，2000），頁 284。馮宗道，〈中油人在泰國〉，中油人回憶文集編輯委員會，《中油人回憶文集（第二集）》（臺北：中油人回憶文集編輯委員會，2006），頁 113-114。

26. 洪紹洋，〈国家と石油開発政策―1950-1970 年台湾における中国石油公司を例に〉，堀和生、萩原充編《世界の工場への道》（京都：京都人學出版會，2019），頁 373-399。

27. 馮宗道，《楓竹山居憶往錄》，頁 284。

28. 馮宗道，〈中油人在泰國〉，中油人回憶文集編輯委員會，《中油人回憶文集（第二集）》，頁 114。

29. 馮宗道，〈中油人在泰國〉，頁 116-118。

30. 張興民，《從復員救濟到內戰軍運：戰後中國變局下的民航空運隊（1946-1949）》（臺北：國史館，2013），頁 1、4。

31. 大石惠，〈冷戦期台湾の民間航空市場をめぐる米華関係〉，《産業研究（高崎経済大学付属産業研究所紀要）》第 47 卷第 2 号（2012 年 3 月），頁 31-39。大石惠，〈台湾における外資航空会社の存俗問題―外国人投資条例（1954 年）の施行をめぐって〉，《産業研究（高崎経済大学付属産業研究所紀要）》第 46 卷第 2 号（2011 年 3 月），頁 39-48。

32. 大石惠，〈台湾における外資航空会社の存俗問題―外国人投資条例（1954 年）の施行をめぐって〉，頁 39-48。

33. 〈外國人暨華僑投資事件審議委員會第一次會議記錄〉（1954 年 11 月 13 日），〈行政院第三七四次會議記錄〉（1954 年 12 月 2 日），《行政院會議議事錄》，檔號：105-1 073，藏於國史館。

34. 由於無法取得早期該公司財務報表的資料，負債過高的原因或為當時航空機仰賴租賃。

35. 〈行政院第三七四次會議記錄〉（1954 年 12 月 2 日），《行政院會議議事錄》，檔號：105-1 073，藏於國史館。

36. 〈行政院第三七四次會議記錄〉（1954 年 12 月 2 日），《行政院會議議事錄》，檔號：105-1 073，藏於國史館。

37. 宛同、程柏光、劉瑞成、李中霖、李清正、陳詠達編，《亞洲航空公司 70 週年特刊 1946-2016AIR ASIA》（臺南：亞洲航空（股）公司，2016），頁 6。

38. 宛同、程柏光、劉瑞成、李中霖、李清正、陳詠達編，《亞洲航空公司 70 週年特刊 1946-2016AIR ASIA》，頁 8。

39. 宛同、程柏光、劉瑞成、李中霖、李清正、陳詠達編，《亞洲航空公司 70 週年特刊 1946-2016AIR ASIA》，頁 6-7、19-20。

40. 宛同、程柏光、劉瑞成、李中霖、李清正、陳詠達編，《亞洲航空公司 70 週年特刊 1946-2016AIR 41.〈福樂乳品股份有限公司投資案核准經過及建議調查方案〉（1970 年），《美國維吉尼亞奶品公司申請特約承辦人（一）》，外交部檔案，檔號：020000011610A，藏於國史館。

41. 〈福樂乳品股份有限公司投資案核准經過及建議調查方案〉（1970 年），《美國維吉尼

亞奶品公司申請特約承辦人（一）》，外交部檔案，檔號：020000011610A，藏於國史館。

42. 中華徵信所企業股份有限公司，《對臺灣經濟建設最有貢獻的工商人名錄》（臺北：中華徵信所企業股份有限公司，1973），頁481。

43. 〈福樂乳品股份有限公司投資案核准經過及建議調查方案〉（1970年），《美國維吉尼亞奶品公司申請特約承辦人（一）》，外交部檔案，檔號：020000011610A，藏於國史館。

44. 〈福樂乳品股份有限公司投資案核准經過及建議調查方案〉（1970年），《美國維吉尼亞奶品公司申請特約承辦人（一）》，外交部檔案，檔號：020000011610A，藏於國史館。

45. 〈福樂乳品股份有限公司投資案核准經過及建議調查方案〉（1970年），《美國維吉尼亞奶品公司申請特約承辦人（一）》，外交部檔案，檔號：020000011610A，藏於國史館。

46. 〈福樂乳品股份有限公司投資案核准經過及建議調查方案〉（1970年），《美國維吉尼亞奶品公司申請特約承辦人（一）》，外交部檔案，檔號：020000011610A，藏於國史館。

47. 洪紹洋，〈嚴家淦與戰後臺灣財政金融體系〉，吳淑鳳、陳中禹編，《轉型關鍵：嚴家淦先生與戰後臺灣經濟發展》（臺北：國史館，2014），頁211-238。

48. 洪紹洋，〈嚴家淦與戰後臺灣財政金融體系〉，吳淑鳳、陳中禹編，《轉型關鍵：嚴家淦先生與戰後臺灣經濟發展》，頁211-238。

49. 洪紹洋，〈嚴家淦與戰後臺灣財政金融體系〉，吳淑鳳、陳中禹編，《轉型關鍵：嚴家淦先生與戰後臺灣經濟發展》，頁211-238。

50. 洪紹洋，〈嚴家淦與戰後臺灣財政金融體系〉，吳淑鳳、陳中禹編，《轉型關鍵：嚴家淦先生與戰後臺灣經濟發展》，頁211-238。

51. 洪紹洋，〈嚴家淦與戰後臺灣財政金融體系〉，吳淑鳳、陳中禹編，《轉型關鍵：嚴家淦先生與戰後臺灣經濟發展》，頁211-238。

52. 〈福樂乳品股份有限公司投資案核准經過及建議調查方案〉（1970年），《美國維吉尼亞奶品公司申請特約承辦人（一）》，外交部檔案，檔號：020000011610A，藏於國史館。

53. 抄本，財政部（代電），受文者：行政院，事由：密，發文時間：1953年8月2日，《人造纖維》，行政院經濟安定委員會檔案，檔號：30-01-14-039，藏於中央研究院近代史研究所檔案館。

54. 抄本，財政部（代電），受文者：行政院，事由：密，發文時間：1953年8月2日，《人造纖維》，行政院經濟安定委員會檔案，檔號：30-01-14-039，藏於中央研究院近代史研究所檔案館。

55. 抄本，財政部（代電），受文者：行政院，事由：密，發文時間：1953年8月2日，《人造纖維》，行政院經濟安定委員會檔案，檔號：30-01-14-039，藏於中央研究院近代史研究所檔案館。

56. 〈行政院財政經濟小組委員會第八十二次會議記錄節略〉（1953年4月2日），《財政經濟小組委員會第82至83次會議記錄節略》，行政院經濟安定委員會檔案，檔號：30-01-05-028，藏於中央研究院近代史研究所檔案館。

57. 〈行政院財政經濟小組委員會第八十二次會議記錄節略〉（1953年4月2日），《財政經濟小組委員會第82至83次會議記錄節略》，行政院經濟安定委員會檔案，檔號：30-01-05-028，藏於中央研究院近代史研究所檔案館。

58. 〈行政院財政經濟小組委員會第八十二次會議記錄節略〉（1953年4月2日），《財政經濟小組委員會第82至83次會議記錄節略》，行政院經濟安定委員會檔案，檔號：30-01-05-028，藏於中央研究院近代史研究所檔案館。

59. 〈行政院財政經濟小組委員會第八十二次會議記錄節略〉（1953年4月2日），《財政經濟小組委員會第82至83次會議記錄節略》，行政院經濟安定委員會檔案，檔號：30-

01-05-028，藏於中央研究院近代史研究所檔案館。

60. 〈行政院財政經濟小組委員會第八十三次會議記錄節略〉（1953 年 5 月 28 日），《財政經濟小組委員會第 82 至 83 次會議記錄節略》，行政院經濟安定委員會檔案，檔號：30-01-05-028，藏於中央研究院近代史研究所檔案館。

61. 〈行政院財政經濟小組委員會第八十三次會議記錄節略〉（1953 年 5 月 28 日），《財政經濟小組委員會第 82 至 83 次會議記錄節略》，行政院經濟安定委員會檔案，檔號：30-01-05-028，藏於中央研究院近代史研究所檔案館。

62. 〈行政院財政經濟小組委員會第八十三次會議記錄節略〉（1953 年 5 月 28 日），《財政經濟小組委員會第 82 至 83 次會議記錄節略》，行政院經濟安定委員會檔案，檔號：30-01-05-028，藏於中央研究院近代史研究所檔案館。

63. 〈行政院財政經濟小組委員會第八十三次會議記錄節略〉（1953 年 5 月 28 日），《財政經濟小組委員會第 82 至 83 次會議記錄節略》，行政院經濟安定委員會檔案，檔號：30-01-05-028，藏於中央研究院近代史研究所檔案館。

64. 〈前行政院財政經濟小組委員會暨經濟安定委員會歷次商討本省設立人造纖維工廠案之經過節略：經濟安定委員會秘書處調查報（1956 年 2 月 10 日）〉，《人造纖維》，行政院經濟安定委員會檔案，檔號：30-01-14-039，藏於中央研究院近代史研究所檔案館。

65. （45）經安秘收 297 號，發文者：人籌字第 005 號，發文時間 1956 年 2 月 28 日，受文者：行政院經濟安定委員會工業委員會，《人造纖維》，行政院經濟安定委員會檔案，檔號：30-01-14-039，藏於中央研究院近代史研究所檔案館。

66. （45）經安秘收 297 號，發文者：人籌字第 005 號，發文時間 1956 年 2 月 28 日，受文者：行政院經濟安定委員會工業委員會，《人造纖維》，行政院經濟安定委員會檔案，檔號：30-01-14-039，藏於中央研究院近代史研究所檔案館。

67. 行政院美援運用委員會編，《十年來接受美援單位的成長》（臺北：行政院美援運用委員會，1961），頁 135。

68. 瞿宛文，〈重看臺灣棉紡織業早期的發展〉，《新史學》，第 19 卷第 1 期（2008 年 3 月），頁 167-227。

69. 謝國興，〈雙元繼承與合軌：從產業經營看一九三〇一一九五〇年代的臺灣經濟〉，財團法人臺灣研究基金會策劃，《三代臺灣人：百年追求的現實與理想》，頁 343-377。

70. 薛化元、張怡敏、陳家豪、許志成，《臺灣石化業發展史》，頁 213。

71. 黃進興，《吳火獅先生口述傳記：半世紀的奮鬥》（臺北：允晨文化實業股份有限公司，1990），頁 148-149。

72. 黃進興，《吳火獅先生口述傳記：半世紀的奮鬥》，頁 151。

73. 中華徵信所企業股份有限公司編，《中華民國六十年臺灣區產業年報》（臺北：中華徵信所企業股份有限公司，1971），頁 52。

74. 〈中國人造纖維公司申請擴建人造棉廠會議〉（1957 年 5 月 15 日），《中國人造纖維公司申請擴建人造棉廠會議》，行政院經濟安定委員會檔案，檔號：30-01-01-014-102，藏於中央研究院近代史研究所檔案館。

75. 丹尼是計算人造纖維粗細之單位，1 丹尼是 1 公克重的纖維素溶液抽成 9,000 公尺長的纖維絲時的粗細，以此類推。

76. 中國人造纖維股份有限公司發文，受文者：工業委員會，〈請對敝公司添建人造棉廠計畫早予核准以符貴會工業政策由〉（1957 年 2 月 16 日），CFO（46）字第 61 號，《中

國人造纖維股份有限公司函添建人造棉廠計畫早予核准以符工業委員會政策〉，行政院
經濟安定委員會檔案，檔號：30-01-01-011-219，藏於中央研究院近代史研究所檔案館。

77. 中國人造纖維股份有限公司發文，受文者：工業委員會，〈請對敝公司添建人造棉廠計
畫早予核准以符貴會工業政策由〉（1957 年 2 月 16 日），CFO（46）字第 61 號，《中
國人造纖維股份有限公司函添建人造棉廠計畫早予核准以符工業委員會政策》，行政院
經濟安定委員會檔案，檔號：30-01-01-011-219，藏於中央研究院近代史研究所檔案館。

78. 中國人造纖維股份有限公司發文，受文者：工業委員會，〈請對敝公司添建人造棉廠計
畫早予核准以符貴會工業政策由〉（1957 年 2 月 16 日），CFO（46）字第 61 號，《中
國人造纖維股份有限公司函添建人造棉廠計畫早予核准以符工業委員會政策》，行政院
經濟安定委員會檔案，檔號：30-01-01-011-219，藏於中央研究院近代史研究所檔案館。

79. 中國人造纖維股份有限公司發文，受文者：工業委員會，〈請對敝公司添建人造棉廠計
畫早予核准以符貴會工業政策由〉（1957 年 2 月 16 日），CFO（46）字第 61 號，《中
國人造纖維股份有限公司函添建人造棉廠計畫早予核准以符工業委員會政策》，行政院
經濟安定委員會檔案，檔號：30-01-01-011-219，藏於中央研究院近代史研究所檔案館。

80. 〈中國人造纖維公司申請擴建人造棉廠會議〉（1957 年 5 月 15 日），《中國人造纖維
公司申請擴建人造棉廠會議》行政院經濟安定委員會檔案，檔號：30-01-01-014-102，藏
於中央研究院近代史研究所檔案館。

81. 〈中國人造纖維公司申請擴建人造棉廠會議〉（1957 年 5 月 15 日），《中國人造纖維
公司申請擴建人造棉廠會議》，行政院經濟安定委員會檔案，檔號：30-01-01-014-102，
藏於中央研究院近代史研究所檔案館。

82. 〈中國人造纖維公司申請擴建人造棉廠會議〉（1957 年 5 月 15 日），《中國人造纖維
公司申請擴建人造棉廠會議》，行政院經濟安定委員會檔案，檔號：30-01-01-014-102，
藏於中央研究院近代史研究所檔案館。

83. 〈中國人造纖維公司申請擴建人造棉廠會議〉（1957 年 5 月 15 日），《中國人造纖維
公司申請擴建人造棉廠會議》，行政院經濟安定委員會檔案，檔號：30-01-01-014-102，
藏於中央研究院近代史研究所檔案館。

84. 中華徵信所企業股份有限公司編，《中華民國六十年臺灣區產業年報》，頁 8。

第七章　結論

　　戰後臺灣脫離日本殖民統治轉與中國大陸經濟相接軌，至中華民國撤退來臺後成為獨立的經濟個體，1950 年代始透過外來援助與運用有限的資源推動各項事業。本書以有限的企業與企業家的活動進行說明，對戰後臺灣經濟史能夠達到哪些新的認識？

一、政權更迭、經濟復興與資本積累

　　以往對於戰前臺灣資本積累的過程中，常強調日本人與臺灣人參與構造型態，日本人多參與規模較大事業的投資，臺灣人則以參與商業買賣居多。日本敗戰後國民政府接收日本人所經營的事業後，主要的工業部門多由官方所經營，民間資本參與的空間相對有限。資本家在惡性通貨膨脹的背景下，投入工業原物料的購買涉及到諸多環節的交易行為，較難掌握生產過程的成本問題，反倒投入商業經營仍存在相當豐厚的套利空間。另一方面，臺灣在戰後復興的過程中，出現以修繕戰時遭受破壞資本財為主的市場，大同公司雖掌握這段時間的熱潮進行鐵道車輛的修繕，但企業將業務投入單一事業的經營，在這波修復熱潮結束後無以為繼；1950 年代大同公司轉而選擇較為穩定的民需家電與官方電錶等市場作為標的，邁入大量生產的營運模式。

　　以往對戰前臺灣人在中國大陸的活動，有聚焦在國民政府任官、被稱為「半山」的臺灣人，戰後部分返臺者進入官場服務。

其次，也有說明曾前往滿洲國謀職的臺灣人，戰後返臺後早期多隱姓埋名的隱藏這段經驗。復次，也有針對集中在福建一地的臺灣籍商人進行考察，說明持有日本國籍的臺灣人在當地所進行的各項活動。若從商人活動的軌跡來看，戰後他們從事臺灣與中國大陸間的商業往來，並非在國民政府接收臺灣後才開始，而是存在戰前商貿經驗的活用與延續。稍詳言之，部分在戰前於日本領有區域從事經濟活動的臺灣商人，戰後憑藉在中國大陸的經商經驗，尋求在臺灣與中國大陸之間進行商業買賣。

另一方面，戰後初期臺日經濟往來在大幅限縮的背景下，臺灣的對外關係活動場域轉以中國大陸為主，連帶使得原本從事臺日商品買賣的臺灣商人，轉而前往中國大陸尋求與臺灣間的貿易買賣。透過這樣的討論，不僅能對戰前、戰後臺灣人的人員流動提供新的認識，尚凸顯出臺灣商人因應主權更迭下能夠在事業上靈活應對，尋求新的商業機會。

二、獨立經濟體的創業、生產與經營

對於 1950 年代參與經濟活動的資本家，除了本地的商人以外，還要注意 1949 年從中國大陸移轉來臺的事業家。從統治構造來看，來自中國大陸撤退來臺的官員固然長時間掌控中央政府的統治階層，從中國大陸來臺的事業家則納入臺灣經濟體系中尋求發展；不容否認的是，初期政府在推動特定產業時，仍存在挑選較為熟悉或親近者優先參與的情形。這段時期從事企業經營，仍存在生產時的技術層面與資金調度等問題有待克服，未必所有的企業均能順遂發展。

戰前臺灣在日本的殖民統治下，曾培育一批接受中低階技術教育的技術者，有些於戰前即進行小規模創業。1950 年代參與工業化初期，這些技術者仰賴過去執業與生產的經驗進行新商品的生產。迄今為止的通說，常強調早期黑手師父於早期臺灣產業發

展中存在不可磨滅的貢獻，然從縫紉機生產的事例來看，顯現出當時在進口替代階段中的製品仍存在諸多問題。從生產型態來看，作為組裝性產業的縫紉機，需要由衛星工廠提供零組件交由中心工廠進行最終的組配。當衛星工廠的品質尚未提升，必然會影響最終製品的質量。隸屬於廣義機械業的縫紉機，有些衛星工廠的零件具有共通性，理應能裝配在各種品牌的縫紉機；但受限於設備簡陋與產業內欠缺嚴格執行零組件標準化的共識下，衛星工廠的零件呈現良窳不一的現象，未必能組裝在各個中心工廠，抑或存在中心工廠仍需就零件進行修整才得以組裝。透過這樣的討論，或可顯現出本土資本在未仰賴國外技術支援下，投入新興工業所存在的技術邊界。

接著，本地資本以選擇從國外導入技術的途徑生產新製品，政府在外匯有限的前提下，就企業提出的申請採行逐案審核的方式進行。例如大同公司、中國化學製藥、裕隆汽車等皆在此階段開始參與新興事業，後來在臺逐步成長為頗具規模的大型企業。然而，唐榮公司在資金調度追不上多角化經營的擴展，最終出現經營權易手的現象。

企業家在投資新興工業時，受惠於政府政策的保護存在本地市場的保障，但當產業需要投入大量資金達到規模經濟的綜效，也可能出現臺灣因市場規模過小而出現投資無法回收的風險，投資者進而放棄投資計畫的現象。例如永豐公司的何家原本欲參與PVC 的生產時，在了解西德的發展經驗後，認為臺灣初期的發展規模無法與先進國相抗衡，也擔心本地市場過小等問題，因而將事業轉由王永慶主導。王永慶在接手經營後，促使臺灣塑膠公司得以 PVC 生產為起點，爾後並逐步增加產能與多角化經營，成為大型企業集團。

另外，大眾常認為參與新興事業要以自行創辦廠房的方式進行，但在土地改革的公營事業民營化階段，作為民營化標的之臺灣工礦公司將各個廠房個別標售給持有股份者，獨立成為新的公司。在此契機下，出現原本從事商業經營買賣者，或已從事新興

工業的事業家四處募集股票，參與這些工廠的標售。從戰前、戰後臺灣經濟史的角度來看，這些 1930 年代戰前戰時工業化創辦的機電與紡織事業，戰後初期由省政府經營時呈現發展停滯，改由民間接手經營後又持續成長。這樣的事業創辦模式省去事前設廠時的土地與資材購入等程序，促使事業家能以較短時間參與新興工業。

1950 年代許多資本家活絡的參與新興工業生產，出現資本家從商業經營轉換為工業經營的型態。但就資本運行的過程來看，土地改革雖促成事業家以低成本參與新興工業的途徑，但這些非以地主為本業的參與者所取得股票的途徑之一，多向不熟稔股票的地主以低於面值的價格購入。從股票交易的流動背景來看，在證券交易所尚未設立前，對於股票價格也未存在公開資訊與交易平臺，可說是犧牲地主權益促成事業家參與新興工業的途徑。就此點而言，提供了臺灣經濟史中土地改革新的視點，也說明政府過往宣稱地主取得股票後，得以將資金流入工商業、活絡臺灣經濟的說詞，應修正為部分地主在取得股票後未必熟悉股票價值，故將其以低價轉售給有興趣參與事業的經營者。

三、外資的角色

對於 1950 年代外資來臺的討論，可知悉美國資本如同日本資本一般，多採行技術轉讓的方式，少數以直接投資的方式體現。日資來臺的投資動機，有以著眼於民生市場和日本國內市場為前提的民需部分，還有滿足以軍方和政府需求為目標的投資。大致上，當時如唐榮油漆廠的投資原本以滿足軍方需求為主，最終因市場狹小調整至參與民間市場。至於在政府需求上，則是以生產電信管理局所需的電信設備為主。另一方面，部分由日本提供技術轉讓的本地資本，亦受到美援項目下的小型工業貸款，協助資本財的購入。

日資來臺所著眼的市場，除了延續戰前殖民地的臺日經濟從屬所形成的供需關係外，戰後一方面日本商社以商業市場銷售的體系來臺，另一方面日本的生產事業則與本地的商人以代理商的模式進行。1960年代日本商社積極參與本地中小企業的設廠合資，還有日本資本與本地代理商共同創辦新事業的模式，其源流可說來自於1950年代日資商貿網絡所奠定的關係。

　　1950年代來臺進行直接投資的美國企業，多是在美國對臺灣給予軍事和經濟援助的背景下，以所衍生的軍事市場為起點，或為因應當時臺灣交通設施不足所出現的，政府並就這些投資案件給予程度不一的政策融通。這段時期出現在臺灣的美國投資所著眼的市場較具侷限性，與1960年代出現在臺灣的爾後作為以經濟為導向的直接投資並不相同。另外，由美國資本參與的人造纖維投資，美國資本主要以機械與資金參與，經營層面仍由本地商人所主導。政府對人造纖維事業所採行的政策，可說是1950年代產業政策的典型，給予多方面的支援。

　　1950年代臺灣經濟中的外資的動機，與1960年代以本地民需市場和走向出口的投資動機有所區別，並非普遍所認識的外來投資現象。此點或顯現出外資對後進國家臺灣發展初期處於保守的外資政策下，固然也採行較為謹慎的應對措施，多停留在提供技術給本地企業的方式進行。對這段時期外資所進行的考察，能夠超越同時期對外關係以援助為主的歷史認識，了解以管制經濟政策掛帥的1950年代，美國與日本外資企業個體所從事的經濟活動。

四、後續：邁向1960年代的高度成長

　　自1950年代前期率先發展的紡織業，受限於臺灣島內市場狹小，至後期即開始積極將製品販售至國外，促使臺灣經濟結構逐步轉型成以出口為導向的成長型態。再者。伴隨1950年代後期美國對臺的援助逐漸減少，政府除了尋求從日本等國或國際組織尋

求貸款，尚以吸引外國人投資作為獲取外匯與推動經濟成長的策略之一。

　　從統計數字來看，1962 年起至 1973 年為止臺灣每年的經濟成長率均達到 8% 以上，並於 1964、1965、1967、1971-1973 年出現 10% 以上的經濟成長率。但 1973 年底因石油危機發生後，經濟成長率由 1973 年的 11.83% 跌落至 1974 年的 1.86%。大致上，1950 年代臺灣平均經濟成長率為 8.2%，1960 年代 9.3%，直到 1973 年的 11.83% 高峰。外國人投資案件部分，1950 年代外來投資件數僅有 20 件，1960 年代增至 567 件。1970 年代前期臺灣經濟雖歷經石油危機的衝擊，但來臺外資仍持續成長至 746 件。外資自 1960 年代起即參與頗深，可視為外資在臺競逐的時代。石油危機後政府雖將重心轉往重工業和高科技產業，但因外資制度體系在臺已臻健全，直至新竹科學園區建立後，外資仍在臺參與各項事業投資。

　　1960-1970 年代臺灣經濟出現 10% 的經濟成長率，在這高度成長的階段中，企業的型態與資本的運行可從以下的簡要敘述進行初步了解。

　　1960 年代由於政府法規鬆綁、積極吸引外資來臺，臺灣經濟不再如 1950 年代的產業開發以本地資本為主，而是抵臺外資數目和投資金額大幅成長。此外，政府還對特定商品採行限制進口或課徵高關稅的策略，外資在無法進口或進口成本過高下，也成為來臺投資的動機之一。外資來臺對臺灣經濟的貢獻，除了增加就業與促進出口外，還透過與本地資本家合資，令臺灣在地資本積累型態大幅轉變。這些產品除了在本地市場銷售外，有些還透過日本商社的網絡出口到各國。從宏觀的角度而言，臺灣農業的產量逐漸式微、製造業掛帥，外資引進不僅促使臺灣產業的製造品質提升，部分來臺外資亦成為中小企業的一環。

　　1965 年 6 月 30 日美援結束後，7 月 1 日起日本提供給臺灣的「日圓貸款」，受到借款的部門均集中在基礎建設與公營事業。在貸款的換文中，載明臺灣應將貸款款項供進口及購買實施計畫所需日本物資與技術服務。依據至 1967 年 12 月底為止的日圓貸

款的發包工程財務報表顯示，由日本廠商所得標的共為 73 億 2,144 萬 5,977.34 日圓，臺灣廠商所得標的金額為 14 億 2,399 萬 6,234.96 日圓，約為我方廠商的 5.14 倍強。[1] 由上述的統計數據或可說明，日圓貸款經由制度的設計使日本廠商在簽約內容占的優勢，讓日本企業能夠從中獲利，擴大在臺灣機電與營建市場的影響力。日圓貸款透過對資本財的大舉進口過程機會下，亦孕育出一批以專門從進口重機具的貿易商人。

註釋

1. 外交部條法司《中日貸款 1965、1966 年度執行辦法及個別計畫貸款合約》，檔號：074 條 82 D2/26〈Incoming Shipment Under First year Japanese Yen Credit (For December 1967)〉February 1,1968，〈函請遠送日本貸款計畫進度月報表由〉行政院國際經濟合作發展委員會，國經合（二）（57）字 2748 號，1968 年 4 月 30 日。《日圓貸款總卷》，檔號：36-08-027-001，中央研究院近代史研究所檔案館，劉進慶著，王宏仁、林繼文、李明峻譯，《臺灣戰後經濟分析》，頁 370。

後記

　　這本書的構想源於 2010 年本人在東京大學社會科學研究所擔任外國人特別研究員期間，認為可逐步就臺灣經濟史予以分期，針對特定部門或個體進行研究，以瞭解近現代臺灣經濟體系的形成。爾後因就職、教學和育兒工作，歷經十年多光景初步的研究成果才得以實現。

　　回顧十餘年前從事戰後經濟史研究時，臺灣史學界以日治時期的研究最為活絡，戰後研究則以政治史領域成果最多。當時本人曾思考經濟史研究作為歷史學和經濟學領域的冷門領域時，從事戰後臺灣經濟史研究時可能會遭遇的難題。

　　第一，日治時期研究使用檔案、報紙、雜誌和書籍均存在豐富的數位化資料庫，戰後研究相對可運用的資料庫相對較少。為求研究得以順利進展，除了統計數據的整理之外，開始透過大量蒐集官方檔案、早期出版品與期刊、回憶錄和等各類史料，以及解讀、整理，試著釐清人物、企業和政府政策的樣態。

　　第二，要如何將整理好的資料進行分析，並提出框架與解釋論點。在分析的技法上，本人除閱讀各類研究成果來思索呈現方式外，並多方向學界先進請益、討論。在問題意識的養成上，博士論文階段除了指導教授黃紹恆告誡要勤於閱讀經典著作外，還藉由與瞿宛文教授的討論學習到產業政策的精神。在日本研究階段，經由密集的閱讀與課堂的參與，進一步將視野拉高至東亞經濟史的範疇。在田島俊雄教授的課堂中，本人學習近現代中國經濟的發展脈絡。還有在武田晴人教授的課堂中，本人透過日本經濟史經典著作的閱讀，鍛鍊出掌握經濟構造的能力。本人也參加吉澤誠一郎教授的課程，而學習到近中國歷史的前沿研究。另外，

本人有幸透過與中國近現代經濟史與外交史研究者的交流，進而
拓展研究視野且有助於提出新論點。

迄今為止，大眾對戰後臺灣經濟的歷史認識，仍多停留在中
學教科書的論點，停留在歌頌政府賢明政策與讚揚經濟官僚之論
點。例如對戰後初期的認識，侷限於公營企業的成立與幣制改革，
而對 1950 年代臺灣經濟的理解，也停留在接受美援與產業政策促
成棉紡織工業化的進口替代階段。這些年來，本人在閱讀越多第
一手史料文獻後，認為仍有許多問題待釐清。

在文稿撰寫的過程中，最初本人無法確定這本書將如何展現，
但透過以企業和企業家事例研究的逐步整理與累積，逐漸浮現出
可從臺灣經濟的內部結構與對外關係兩個脈絡釐清資本積累的運
行過程。有鑑於此，本書遂以企業和企業家的活動為中心，探討
戰後至 1950 年代所進行的商業與生產活動。本書考察的對象除了
本地臺灣人與 1949 年底來自中國大陸資本家的營運外，還有來自
美國和日本的外國資本。另一方面，亦就土地改革促成資本家經
營型態的轉變進行說明。

本書部分內容曾經發表於期刊論文，或是在研討會發表的報
告，最後在改寫為專書過程中提出整體的脈絡，並對原有文稿進
行修正。出處如下：

第二章 〈戰後初期臺灣對外經濟關係之重整（1945-1950）〉，《臺
灣文獻》第 65 卷第 3 期（2015 年 9 月），頁 103-149。

第三章 "Production and Market: The Development and Transformation of
Taiwan's Modern Machinery Industry Firms (1919–1960s)" International
Session of the 52nd Annual Meeting of BHSJ, Chuo University. （2016
年 10 月）〈1950 年代臺、日經濟關係的重啟與調整〉，《臺
灣史研究》第 23 卷第 2 期（2016 年 6 月），頁 165-210.

第四章 〈台灣工礦公司之民營化：以分廠出售為主的討論〉，《台
灣社會研究季刊》104 期（2016 年 9 月），頁 103-148.

第五章〈1950 年代臺、日經濟關係的重啟與調整〉,《臺灣史研究》
　　第 23 卷第 2 期（2016 年 6 月），頁 165-210.

第六章〈1950 年代的臺美經濟：貿易商、外來投資與外交關係〉,
　　第三屆臺灣商業傳統：海外連結與臺灣商業國際學術研討會
　　暨林本源基金會年會（2020 年 9 月）。

　　本書內容在資料收集、研究寫作過程，先後歷經科技部「臺
灣經濟構造的轉換 (1931-1949)」（102-2410-H-602-001）、「美援
下的日臺經濟交流」（102-2410-H-010-018）、「1950 年代的臺灣
經濟 - 工業化、在臺美資與企業金融」（105-2410-H-010 -002 -）、
「1950-1960 年代臺灣組裝性產業的摸索與試煉」（108-2811-H-010-
500）計劃的支持。另外，本人參與日本立教大學經濟學部林采成
教授主持日本學術振興會「東アジアの高度經濟成長史に関する
国際比較研究：日本、韓国、台湾、中国」研究計劃，在 2019 年
7 月於研究會中針對第三章的部分內容進行報告。

　　這本書從單篇論文改寫為專書的過程中，由國立臺灣大學臺
灣文學研究所碩士班阮芳郁同學協助閱讀與校對，還有陳慧宜小
姐協助排版與整理參考文獻。透過她們的協助，本書的可讀性大
為提升。

　　目前本人任職的國立陽明交通大學（原國立陽明大學）人文
與社會學院對於鼓勵年輕老師投入研究，在此向傅大為、鄭凱元、
王文基教授等歷任和現任院長表達感謝之意。此外，2019 年本人
合聘至社會與科技研究所，與院內老師與研究生有更進一步的知
識交流。在出版方面，感謝讀書共和國社長郭重興先生允諾出版，
出版過程中也得到編輯龍傑娣女士的協助。

　　最後，感謝內人施姵妏與家母呂容如女士支持本人進行學術
研究。本人在兩位小孩出生後，也學習到如何運用有限的時間進
行資料整理與論文撰寫。

參考文獻

一、史料檔案、報紙、網站資料

（一）史料檔案

（45）經安秘收 297 號，發文者：人籌字第 005 號，發文時間 1956 年 2 月 28 日，受文者：行政院經濟安定委員會工業委員會，《人造纖維》，行政院經濟安定委員會檔案，檔號：30-01-14-039，藏於中央研究院近代史研究所檔案館。

〈The letter-Chinese Mission in Japan〉（1948 年 12 月 10 日，東京），《鄒任之伍和企業公司；紀秋水臺陽輪船公司；黃及時光隆行；開源水產公司》，駐日代表團檔案，檔號：32-02-398，藏於中央研究院近代史研究所檔案館。

〈大同製鋼機械股份有限公司與美國西屋電機公司技術合作進度報告表〉（1957 年 10 月 31 日），《1957 年度大同公司馬達級電器開關計畫生產》，行政院國際經濟合作發展委員會檔案，檔號：36-06-013-028，藏於中央研究院近代史研究所檔案館。

〈中國人造纖維公司申請擴建人造棉廠會議〉（1957 年 5 月 15 日），《中國人造纖維公司申請擴建人造棉廠會議》，行政院經濟安定委員會檔案，檔號：30-01-01-014-102，藏於中央研究院近代史研究所檔案館。

〈出售公營事業估價工作總報告審查會議記錄〉（1953 年 5 月 20 日）。

〈司法行政部行政調查局情報報告（通報）：東京日人組織高雄同志會〉，《雜卷》，外交部檔案，檔號：11-EAP-02533，藏於中央研究院近代史研究所檔案館。

〈外國人及華僑投資事件委員會函送華納賴伯脫〉，《行政院外匯貿易審議委員會第 221 次會議》（1959 年 7 月 10 日），行政院外匯貿易審議委員會檔案，檔號：50-099-020，藏於中央研究院近代史研究所檔案館。

〈外國人及華僑投資事件審委會函送亞洲工業公司與日本油漆公司及日商大阪印刷油墨製造公司以資本及技術投資合作案已函覆辦，報請公鑒〉（1957年8月30日），《行政院外匯貿易審議委員會檔案》，檔號：53-130-007，藏於中央研究院近代史研究所檔案館。

〈外國人及華僑投資事件審議委員會，函為日商米星商事株式會社及日本羽幌炭礦鐵道株式會社，申請投資及以技術協助南莊礦業股份有限公司開發煤礦一案提請核議〉（1958年5月30日），行政院外匯貿易審議委員會檔案，檔號：50-166-030，藏於中央研究院近代史研究所檔案館。

〈外國人及華僑投資事件審議委員會會議記錄〉，外交部檔案，檔號：11-NAA-06089，藏於中央研究院近代史研究所檔案館。

〈外國人及華僑投資事件審議委員會函為日本電氣株式會社申請與臺灣通信工業股份有限公司技術合作在臺製造電話通信器材一案提請核議〉（1958年11月7日），《行政院外匯貿易審議委員會檔案》，檔號：50-188-020，藏於中央研究院近代史研究所檔案館。

〈外國人及華僑投資事件審議委員會為日商沖電氣工業株式會社申請供應本省遠東電氣工業補份有限公司技術協助或專利製造有限電通信器材一案再提請核議〉，《行政院外匯貿易審議委員會檔案》，檔號：50-188-019，藏於中央研究院近代史研究所檔案館。

〈外國人及華僑投資事件審議會，為華僑孫以勤投資華孚有限公司，與美商技術合作案，提請核議〉，《行政院外匯貿易審議委員會檔案第99次會議》（1957年1月18日），行政院外匯貿易審議委員會檔案，檔號：50-099-020，藏於中央研究院近代史研究所檔案館。

〈外國人及華僑投資審委會函移日本沖電氣工業株式會社投資遠東電氣工業公司請匯入美金現金外匯折合新臺幣40萬元一案，提請核議〉（1960年6月17日），《行政院外匯貿易審議委員會檔案》，檔號：50-267-028，藏於中央研究院近代史研究所檔案館。

〈外國人投資簡表〉（1952年7月-1959年6月），經濟部（函），〈函送華僑及外國人投資簡表附查照〉（1959年12月30日），《華僑及外國人來臺投資與技術合作、工業服務》，經合會檔案，檔號：36-19-001-002，藏於中央研究院近代史研究所檔案館。

〈外國人投資簡表〉〈1952年7月-1959年6月〉，經濟部（函），〈函送華僑及外國人投資簡表附查照〉〈1959年12月30日〉，《華僑及外國人來臺投資與技術合作、工業服務》，行政院國際經濟合作發展委員會檔案，檔號：36-19-001-002，藏於中央研究院近代史研究所檔案館。

〈外國人暨華僑投資事件審議委員會第一次會議記錄〉（1954 年 11 月 13 日），
〈行政院第三七四次會議記錄〉（1954 年 12 月 2 日），《行政院會議議事錄》，檔號：105-1 073，藏於國史館。

〈本國來日商務人員登記表〉（1951 年 5 月 7 日），《臺灣省政府核准對日貿易商登記表》，日賠會檔案，檔號：32-02-305，藏於中央研究院近代史研究所檔案館。

〈在外資產返還關係 /Petition Respecting Return of Overseas Assets/ 在外資產の返還についての陳情書ダレスが對日講話條約準備のために來日した機會に業界代表として、終戰により在外資產賠償が引当として接收された。現地の經營必ずしも順調ではないので元の所有者への返還願〉，號碼：26121，在華日本紡績同業會資料，日本紡績協會。

〈宇坪善太郎兼任臺灣總督府工業研究所技師、敘高等官六等〉，臺灣總督府公文類纂，冊號：10097，文號：86，藏於國史館臺灣文獻館。

〈行政院出售公營事業估價委員會第二次常會會議記錄〉（1952 年 11 月 14 日）、〈行政院第二六八次會議〉，《行政院會議議事錄》（1952 年 11 月 19 日），檔號：105-1 035，藏於國史館。。

〈行政院財政經濟小組委員會第八十二次會議記錄節略〉（1953 年 4 月 2 日），《財政經濟小組委員會第 82 至 83 次會議記錄節略》，行政院經濟安定委員會檔案，檔號：30-01-05-028，藏於中央研究院近代史研究所檔案館。

〈行政院財政經濟小組委員會第八十三次會議記錄節略〉（1953 年 5 月 28 日），《財政經濟小組委員會第 82 至 83 次會議記錄節略》，行政院經濟安定委員會檔案，檔號：30-01-05-028，藏於中央研究院近代史研究所檔案館。

〈行政院第二七二次會議〉，《行政院會議議事錄》（1952 年 12 月 17 日），檔號：105-1 037，藏於國史館。

〈行政院第二九二次會議〉，《行政院會議議事錄》（1953 年 5 月 21 日），檔號：105-1 043，藏於國史館。

〈行政院第二九三次會議〉，《行政院會議議事錄》（1953 年 5 月 28 日），檔號：105-1 043，藏於國史館。

〈行政院第二六八次會議〉，《行政院會議議事錄》（1952 年 11 月 19 日），檔號：105-1 035，藏於國史館。

〈行政院第三二〇次會議〉，《行政院會議議事錄》（1953 年 12 月 3 日），檔號：105-1 053，藏於國史館。

〈行政院第三八一次會議〉，《行政院會議議事錄》（1955 年 1 月 13 日），檔號：
　　105-1 074，藏於國史館。

〈行政院會議議事錄：第 129 次〉（1950 年 4 月 29 日），《行政院會議議事錄
　　檔案》，檔號：105-1 004，藏於國史館。

〈行政院會議議事錄：第 162 次〉（1950 年 12 月 6 日），《行政院會議議事錄
　　檔案》，檔號：105-1 011，藏於國史館。

〈行政院會議議事錄：第 170 次〉（1951 年 1 月 31 日），《行政院會議議事錄
　　檔案》，檔號：105-1 011，藏於國史館。

〈行政院會議議事錄：第 188 次〉（1951 年 5 月 30 日），《行政院會議議事錄
　　檔案》，檔號：105-1 017，藏於國史館。

〈行政院會議議事錄：第 250 次〉（1952 年 7 月 23 日），《行政院會議議事錄
　　檔案》，檔號：105-1 031，藏於國史館。

〈行政院會議議事錄：第 262 次〉（1952 年 10 月 8 日），《行政院會議議事錄
　　檔案》，檔號：105-1 033，藏於國史館。

〈希即檢送對日貿易商表冊以憑查證〉（1950 年 9 月 15 日），《貿易商登記》，
　　檔號：32-02-347，日賠會檔案，藏於中央研究院近代史研究所檔案館。

〈函復關於供應臺灣塑膠公司氯氣情形〉，《臺灣碱業公司函覆關於供應臺灣
　　塑膠公司氯氣情形》，行政院經濟安定委員會檔案，檔號：30-01-01-001-
　　055，藏於中央研究院近代史研究所檔案館。

〈前行政院財政經濟小組委員會暨經濟安定委員會歷次商討本省設立人造纖維
　　工廠案之經過節略：經濟安定委員會秘書處調查報（1956 年 2 月 10 日）〉，
　　《人造纖維》，行政院經濟安定委員會檔案，檔號：30-01-14-039，藏於中
　　央研究院近代史研究所檔案館。

〈省府檢討工礦公司鋼鐵機械分公司會議記錄〉（1950 年 3 月 30 日）。

〈美援運用委員會四十八年第一次會議議程〉（1959 年 1 月），《行政院美援
　　運用委員會會議記錄（四）》，行政院美援運用委員會檔案，檔號：31-01
　　004，藏於中央研究院近代史研究所檔案館。

〈赴日商務代表貿易計劃〉，《資源委員會檔案》，檔號：24-10-001-04，藏於
　　中央研究院近代史研究所檔案館。

〈商討農林工礦兩公司開放民營事前準備供作及移轉民營過程中各項問題第二
　　次座談會議記錄〉，《檢送商討農林公司、工礦公司開放民營過程中各項

問題第二次座談會紀錄》（1954 年 2 月 15 日），臺灣省政府檔案，檔號：042660025828004，藏於國史館臺灣文獻館。

〈陳情書〉（1945 年 9 月），《本邦会社関係雑件／台湾ニ於ケル会社現状概要》，アジア歷史資料センター，レファレンスコード：B08061272000。

〈報告〉（1948 年 8 月 21 日，東京），《鄒任之伍和企業公司；紀秋水臺陽輪船公司；黃及時光隆行；開源水產公司》，駐日代表團檔案，檔號：32-02-398，藏於中央研究院近代史研究所檔案館。

〈匯款組為外人及華僑投資會函移功學社申請與日本福村會社技術合作製造樂器以原合約再予延期三年已同意照辦報請公鑒〉（1960 年 1 月 21 日），行政院外匯貿易審議委員會檔案，檔號：50-248-006，藏於中央研究院近代史研究所檔案館。

〈會社事業概要調查事項〉（1945 年 9 月 20 日），《本邦会社関係雑件／台湾ニ於ケル会社現状概要》，アジア歷史資料センター，レファレンスコード：B08061272000。

〈經安會據中央高級玻璃工廠等建議省製日光燈玻璃管已達國際標準請禁止外貨進口以利國人私人企業發展案移請外貿審議會核辦〉，經濟安定委員會檔案，檔號：30-01-01-010-575，藏於中央研究院近代史研究所檔案館。

〈經濟統制諸法令廢止ニ關スル件〉，《臺灣總督府公文類纂》，冊號 10510，文號 14，藏於國史館臺灣文獻館。

〈農林工礦兩公司分售單位談話會紀錄〉，《奉經濟部令關於農林、工礦兩公司分售單位談話會紀錄希即依照決定一項列表說明一案函請查照辦理并見復由》（1954 年 7 月 27 日），臺灣省政府檔案，檔號：0042660025830011，藏於國史館臺灣文獻館。

〈對日貿易指導委員會第一次會議記錄〉（1947 年 8 月 13 日），《對日貿易指導委員會會議記錄》，資源委員會檔案，檔號：24-10-10-001-02，藏於中央研究院近代史研究所檔案館。

〈福樂乳品股份有限公司投資案核准經過及建議調查方案〉（1970 年），《美國維吉尼亞奶品公司申請特約承辦人（一）》，外交部檔案，檔號：020000011610A，藏於國史館。

〈臺灣工礦股份有限公司會計工作視導報告〉（1953 年 6 月）。

〈臺灣工礦股份有限公司鋼鐵機械分公司概況〉，《鋼鐵公司業務檢討》（1950 年 3 月），臺灣區生產事業管理委員會檔案，檔號：29-01-02-002-015，藏

於中央研究院近代史研究所檔案館。

〈臺灣省青果運銷合作社聯合社代電〉（1949 年 8 月 24 日），《殷占魁臺省青果合作社；黃頌昌協聯貿易企業公司；廖雲士惠昌商行；李澤民三洋貿易公司》，駐日代表團檔案，檔號：32-02-411，藏於中央研究院近代史研究所檔案館。

〈臺灣省政府核准赴日貿易商人名單〉（1950 年 10 月 14 日止），《臺灣省政府核准貿易商》，日賠會檔案，檔號：2-02-303，藏於中央研究院近代史研究所檔案館。

〈臺灣區生產事業管理委員會鋼鐵分公司檢討會議記錄〉（5 月 8 日）。

〈臺灣區生產管理委員會工礦、農林總公司及各分公司業務檢討會（1950 年 1 月 26、27 日）〉，《歷次檢討會記錄（1-2）》，臺灣區生產事業管理委員會檔案，檔號：49-01-01-009-254，藏於中央研究院近代史研究所檔案館。

〈臺灣區生產管理委員會貿易小組第三次會議〉（1950 年 11 月 18 日），《日商米華貿易》，臺灣區生產事業管理委員會檔案，檔號：49-01-05-001-009，藏於中央研究院近代史研究所檔案館。

〈臺灣區電工器材工業同業公會會務報告〉（1958 年 3 月），頁 10。

〈臺灣銀行〉，《本邦会社関係雑件／台湾ニ於ケル会社現状概要》，アジア歴史資料センター，レファレンスコード：B08061272000。

〈謹擬司長接見日本「臺灣同盟」代表田中泰作之談話參考資料〉，《日本留臺財產請求償還》，外交部檔案，檔號：11-EAP-02373，藏於中央研究院近代史研究所檔案館。

《中國化學製藥公司請在美援相對基金內撥借新臺幣 300 萬元案；關於民營工業貸款》，行政院經濟安定委員會檔案，檔號：30-01-01-007-024，藏於中央研究院近代史研究所檔案館。

《日本協和醱酵工業株式會社申請製造氨基酸之方法等專利案請予重行審查並撤銷該會社之專利權》，行政院經濟安定委員會檔案，檔號：30-01-01-013-442，藏於中央研究院近代史研究所檔案館。

《日本商船出入臺灣辦法》，臺灣區生產管理委員會檔案，檔號：49-01-06-002-009，藏於中央研究院近代史研究所檔案館。

《日昌丸走私處罰案》，日賠會檔案，檔號：32-00 137，藏於中央研究院近代史研究所檔案館。

《各事業單位與外國技術合作辦理情形》，經濟部國營事業司檔案，檔號：35-25-01 344，藏於中央研究院臺灣史研究所檔案館。

《臺灣省政府核准對日貿易商登記表》，日賠會檔案，檔號： 32-00 670，藏於中央研究院近代史研究所檔案館。

《臺灣區電工器材同業公會會員錄》（1956 年 4 月）。

Formosa Plastic Corporation，"An Application for Development Loan Fund: POLY-VINYL-CHLORIDE EXPENSION"（1958 年 6 月 8 日），《臺灣塑膠公司 PVC 擴展計畫》，行政院國際經濟合作發展委員会檔案，檔號：36-05-011-001，藏於中央研究院近代史研究所檔案館。

大同製鋼機械股份有限公司（呈），〈為呈報敝公司馬達級開關製造計劃各產品生產資料由〉（1960 年 7 月 20 日），《1957 年度大同公司馬達級電器開關計畫生產》，行政院國際經濟合作發展委員會檔案，檔號：36-06-013-028，藏於中央研究院近代史研究所檔案館。

大同製鋼機械股份有限公司，〈第二十五屆營業報告書（中華民國五十二年度）〉。

中央委員會設計考核委員會，〈新興工業及農產加工之實際狀況考察報告書〉（1959 年 12 月）。

中國人造纖維股份有限公司發文，受文者：工業委員會，〈請對敝公司添建人造棉廠計畫早予核准以符 貴會工業政策由〉（1957 年 2 月 16 日），CFO（46）字第 61 號，《中國人造纖維股份有限公司函添建人造棉廠計畫早予核准以符工業委員會政策》，行政院經濟安定委員會檔案，檔號：30-01-01-011-219，藏於中央研究院近代史研究所檔案館。

中華民國駐日本國大使館（呈），收文者：外交部〈事由：無〉（1958 年 10 月 16 日），《日本貿易商登記》，外交部檔案，檔號：032.4/0001，藏於中央研究院近代史研究所檔案館。

央秘參（44）第 1431 號，〈傳我准許日本商行在臺設立分行〉，《日本貿易商登記》，外交部檔案，檔號：11-EAP-01922，藏於中央研究院近代史研究所檔案館。

朱柏林，〈利澤工業衣車廠股份有限公司調查報告〉，金屬工業發展中心，〈備函〉（1964 年 6 月 11 日），（53）金研字第 0469 號，《金屬工業發展中心輔助相關產業處理工程及材料、唐榮鐵工廠、機械工業》，行政院國際經濟合作發展委員會檔案，檔號：36-06-001-162，藏於中央研究院近代史研究所檔案館。

行政院主計處編訂，〈國民所得統計改進計畫結束工作計劃書〉（1963 年 5 月），
《1964 年度行政院主計處國民所得統計改進計畫》，行政院國際經濟合作
發展委員會檔案，檔號：36-10-011-038，藏於中央研究院近代史研究所檔
案館。

行政院外匯貿易審議委員會（函），〈事由：無〉（1958 年 5 月 26 日），《日
本貿易商登記》，外交部檔案，檔號：032.4/0001，藏於中央研究院近代史
研究所檔案館。

行政院外匯貿易審議委員會（函），〈為審議以江商股份有限公司登記為貿易
商遞補東洋棉花公司缺額一案，處理經過，函請查照 辦理〉（1957 年 2 月
16 日），行政院外匯貿易審議委員會（函），〈事由：無〉（1958 年 5 月
26 日），《日本貿易商登記》，外交部檔案，檔號：032.4/0001，藏於中
央研究院近代史研究所檔案館。

行政院外匯貿易審議委員會（函），〈關於日商申請登記為貿易商一案經本會
決議實施辦法請查照辦理〉（1955 年 8 月 3 日），《日本貿易商登記》，
外交部檔案，檔號：032.4/0001，藏於中央研究院近代史研究所檔案館。

行政院外匯貿易審議委員會（函），〈關於日商申請登記為貿易商之實施辦法
與院令核定原則不符囑再核議一節復請查照〉（1955 年 8 月 27 日），《日
本貿易商登記》，外交部檔案，檔號：032.4/0001，藏於中央研究院近代史
研究所檔案館。

行政院外匯貿易審議委員會（函），1955 年 12 月 30 日，（44）臺外貿審專字
第 10045 號，《外人及華僑來臺投資》，外交部檔案，檔號：430.4/0007，
11-NAA-06011，藏於中央研究院近代史研究所檔案館。

行政院外匯貿易審議委員會（函），受文者：經濟部（1959 年 1 月 31 日），《日
本貿易商登記》，外交部檔案，檔號：032.4/0001，藏於中央研究院近代史
研究所檔案館。

抄本，財政部（代電），受文者：行政院，事由：密，發文時間：1953 年 8 月 2 日，
《人造纖維》，行政院經濟安定委員會檔案，檔號：30-01-14-039，藏於中
央研究院近代史研究所檔案館。

經發第 2926 號，中華民國駐日代表團用籤，《吳半農函稿》，資源委員會檔案，
檔號：24-10-10-001-06，藏於中央研究院近代史研究所檔案館。

經濟研究室編擬，〈臺灣工礦事業考察報告〉。

資日購字第 40 號，事由：呈報以後中日貿易原則與辦法，1948 年 4 月 23 日，《專
員陳紹琳函稿》，資源委員會檔案，檔號：24-10-10-001-05，藏於中央研究

院近代史研究所檔案館。

臺灣工礦股份有限公司編，〈臺灣工礦股份有限公司三十八年度工作檢討報告〉。《各事業 38 年度工作檢討總報告》（1949 年 11 月），臺灣區生產事業管理委員會檔案，檔號：49-01-02-002-026，藏於中央研究院近代史研究所檔案館。

臺灣省保安司令部編，〈證券市場新風波之調查〉，《證券市場新風波之調查》，行政院經濟安定委員會檔案，館藏號：30-01-01-014-020，中央研究院近代史研究所檔案館。

（二）網路資料

〈辛文炳紀念室〉，南臺科技大學網站，下載日期 2015 年 9 月 15 日，網址：http://www.stust.edu.tw/web/hsinwenpin/。

新竹縣議會網站，下載日期 2015 年 9 月 15 日，網址：http://www.hcc.gov.tw/hccago/session/1.asp。

臺灣日立股份有限公司網站，下載日期 2015 年 9 月 15 日，網址：http://www.taiwan-hitachi.com.tw/company/company.aspx。

臺灣省諮議會網站，〈省議員小傳：馬有岳〉，下載日期 2015 年 9 月 15 日，網址：http://www.tpa.gov.tw/opencms/digital/area/past/past01/member0250.html。

臺灣省諮議會網站，〈省議員小傳：黃宗焜〉，下載日期 2015 年 9 月 15 日，網址：http://www.tpa.gov.tw/opencms/digital/area/past/past02/member0079.html。

臺灣省諮議會網站〈黃業〉，下載日期 2015 年 9 月 15 日，網址：http://www.tpa.gov.tw/opencms/digital/area/past/past02/member0087.html。

臺灣當代人物誌資料庫，下載日期 2014 年 9 月 30 日，網址：http://elib.infolinker.com.tw/login_whoswho.htm。

臺灣總督府職員錄系統，下載日期 2014 年 9 月 30 日，網址：http://who.ith.sinica.edu.tw/mpView.action。

臺灣省諮議會，「歷屆議員查詢」，下載日期 2014 年 9 月 30 日，網址：http://www.tpa.gov.tw/big5/Councilor/Councilor_view.asp?id=571&cid=3&urlID=20。

謝聰敏，〈延平學院的朱昭陽與劉明〉，《新臺灣新聞周刊》2002 年 2 月，下載日期 2014 年 9 月 30 日，網址：http://www.newtaiwan.com.tw/bulletinview.jsp?bulletinid=46777。

二、專書

50 年史編集委員会,《松下電氣貿易 50 年のあゆみ―家電貿易のパイオニアをめざして―》。東京：松下電氣貿易株式会社,1985。

三菱商事株式会社,《三菱商事社史（下巻）》。東京：三菱商事株式会社,1986。

千草默仙,《會社銀行商工業者名鑑》。臺北：圖南協會,1943。

大同製鋼機械股份有限公司編,《中華民國五十二年度第二十五屆營業報告書》。臺北市：大同製鋼機械股份有限公司,1963。

大森一宏、大島久幸、木山実編,《総合商社の歴史》。兵庫：関西大学出版会,2011。

大蔵省関税局,《税関百年史（下）》。東京：日本関税協會,1972。

小堀聡,《日本のエネルギー革命》。名古屋：名古屋大学出版会,2010。

山本有造,《「大東亞共榮圈」経済史研究》。名古屋：名古屋大学出版会,2011。

川島真、清水麗、松田康博、楊永明,《日台関係史 1945-2020（増補版）》。東京：東京大学出版会,2020。

工業發展投資小組,《一個「公眾公司」的形成：介紹大同製鋼機械公司》。臺北：工業發展投資小組,1961。

工業發展投資研究小組編,《工業發展投資參考資料之十一―貫作業的臺灣煉鐵公司：財務公開報告之五》。臺北：工業發展投資研究小組,1961 年 9 月。

工業発展投資研究小組編,《新興的臺灣塑膠公司：財務公開報告之七》。臺北：工業發展投資研究小組,1962。

中央信託局編,《中央信託局六十年史》。臺北：中央信託局,1985。

中國工程師學會,《中國工程師學會一覽》（1958 年 6 月 6 日）。臺北：中國工程師學會,1958。

中國第二歷史檔案館、海峽兩岸出版交流中心編,《館藏民國臺灣檔案彙編：第 249 冊》。北京：九州出版社,2007。

中華民國工商協進會編,《中華民國工商人物志》。臺北：中華民國工商協進會,1963。

中華開發信託股份有限公司編，《中華開發信託股份有限公司三十五週年紀念特刊》。臺北：中華開發信託股份有限公司，1994。

中華徵信所企業股份有限公司編，《中華民國六十年臺灣區產業年報》。臺北：中華徵信所企業股份有限公司，1971。

中華徵信所企業股份有限公司編，《對臺灣經濟建設最有貢獻的工商人名錄》。臺北：中華徵信所企業股份有限公司，1973。

五百旗頭真，《戰後日本外交史（第三版）》。東京：有斐閣，2010。

天川晃、荒敬、竹前栄治、中村隆英、三和良一編，《GHQ 日本貿易史 第 52卷 外国貿易》。東京：日本図書センター，1997。

文大宇著、拓殖大学アジア情報センター編，《東アジア長期経済統計 ・ 別卷 2：台湾》。東京：勁草書房，2002。

文馨瑩，《經濟奇蹟的背後：臺灣美援經驗的政經分析（1951-1965）》。臺北：自立晚報文化出版社，1990。

日本専売公社編，《戦後日本塩業史》。東京：日本専売公社，1958。

日本郵船株式会社編，《七十年史》。東京：日本郵船株式会社，1956。

王永慶，《生根・深耕》。臺北：遠景出版社，1996。

王穎琳，《中国紡織機械製造業の基盤形成：技術移転と西川秋次》。東京：学術出版会，2009。

民治出版社編，《臺灣建設（下冊）》。臺北：民治出版社，1950。

矢内原忠雄著，林明德譯，《日本帝國主義下之臺灣》。臺北：財團法人吳三連臺灣史料基金會，2004。

石田浩著、石田浩文集編譯小組譯，《臺灣經濟的結構與開展：臺灣適用「開發獨裁」理論嗎？》。臺北：自由思想學術基金會，2007。

石原昌家，《大密貿易の時代》。東京：株式会社晩声社，1982。

守谷正毅，《種のないところに芽は出ない》。東京：守谷正毅，1961。

江商社史編纂委員会，《江商六十年史》。大阪：江商株式会社，1967。

行政院主計總處，《國民所得統計摘要（民國 40 年至 108 年）》。臺北：行政院主計總處，2020。

行政院外匯貿易審議委員會，《五十四年度化學工業之發展及貿易資料彙編》。

行政院美援運用委員會編，《十年來接受美援單位的成長》。臺北：行政院美援運用委員會，1961。

行政院國際經濟合作發展委員會編，《美援貸款概況》。臺北：行政院國際經濟合作發展委員會，1964。

何義麟，《跨越國境線：近代臺灣去殖民地化之歷程》。臺北：稻鄉出版社，2005。

何鳳嬌編，《政府接收臺灣史料彙編（上冊）》。臺北：國史館，1990。

吳若予，《戰後臺灣公營事業之政經分析》。臺北：業強出版社，1992。

吳修齊，《吳修齊自傳》。臺北：遠景出版事業公司，1993。

吳翎君，《美國人未竟的中國夢：企業、技術與關係網》。臺北：聯經出版事業股份有限公司，2020。

吳濁流，《無花果》。臺北：前衛出版社，1988。

李廷河，《大同人》。自行出版，1994。

李國鼎、陳木在，《我國經濟發展略總論（下冊）》。臺北：聯經事業出版公司，1987。

杜文田，《工業化與工業保護政策》。臺北：國際經濟合作發展委員會，1970。

杉原佐一，《思い出の記：激動の七十年間を生きぬいた記錄》。私家版：1980。

沈雲龍編，《尹仲容先生年譜初稿》。臺北：傳記文學社，1988。

谷浦孝雄，《台湾の工業化：国際加工基地の形成》。東京：アジア経済研究所，1988。

協志大同創業發展史編輯委員會，《協志大同創業發展史》。臺北：協志工業叢書出版股份有限公司，2003。

和泰汽車股份有限公司公關課編，《和泰汽車五十年史》。臺北：和泰汽車股份有限公司，1998。

宛同、程柏光、劉瑞成、李中霖、李清正、陳詠達編，《亞洲航空公司 70 週年特刊 1946-2016 AIR ASIA》。臺南：亞洲航空公司，2016。

岡田俊雄編，《大阪商船株式会社 80 年史》。大阪：大阪商船三井船舶株式会社，1966。

東棉四十年史編纂委員会，《東棉四十年史》。大阪，東洋棉花株式会社，1960。

林孝庭，《意外的國度：蔣介石、美國、與近代臺灣的形塑》。臺北：遠足文化事業股份有限公司，2017。

林長城口述、邱建文採訪整理，《走過東元：林長城回憶錄》。臺北：遠流出版事業股份有限公司，1999。

林清波總策劃，互助營造股份有限公司編，《臺灣營造業百年史》。臺北：遠流文化事業股份有限公司，2012。

林滿紅，《台湾海峽兩岸経済交流史》。東京：財團團法人交流協会，1997。

林滿紅，《獵巫、叫魂與認同危機：臺灣定位新論》。臺北：黎明文化出版公司，2008。

松本繁一、石田平四郎，《台湾の経済開発と外国資本》。東京：アジア経済研究所，1971。

松田良孝，《与那国台湾往來記：「国境」に暮らす人々》。沖縄：南山舍，2013。

姚惠珍，《孤隱的王者：臺塑守護之神王永在》。臺北：時報出版，2015。

洪紹洋，《近代臺灣造船業的技術移轉與學習》。臺北：遠流出版社，2011。

美援工業發展投資小組編，《一個「公眾公司」的形成：介紹大同製鋼機械公司》。臺北：美援工業發展投資小組，1962。

計學然，《縫紉機如何外銷》。臺北：中國生產力及貿易中心，1970。

兼松株式会社社史編纂室，《兼松株式会社創業 100 週年紀念》。東京：兼松株式会社，1990。

兼松株式会社編，《兼松回顧六十年》。神戶：兼松株式会社，1950。

原幹洲，《南進日本之第一線に起つ：新臺灣之人物》。臺北：拓務評論臺灣支社，1936。

唐榮鐵工廠編，《唐榮十二年》。高雄：唐榮鐵工廠，1976。

徐有庠口述、王麗美執筆，《走過八十歲月：徐有庠回憶錄》。臺北市：徐旭

東發行，1994。

株式會社人事興信所，《調查通信（No237）：別冊「企業調查」》。東京：人事興信所，1952。

株式会社日立製作所史料編纂委員会，《株式會社日立製作所年譜（附概観）：自昭和 14 年 3 月至昭和 24 年 2 月》。東京：日立評論社，1954。

株式会社日立製作所臨時五十週年事業部社史編纂部編，《日立製作所史 1》。東京：株式会社日立製作所，1960。

殷章甫，《中國之土地改革》。臺北：中央文物供應社，1984。

袁穎生，《光復前後的臺灣經濟》。臺北：聯經出版事業公司，1998。

財団法人日本経営史研究所編，《進取の精神：沖電氣 120 年のあゆみ》。東京：沖電氣工業株式会社，2001。

財団法人日本経営経營史研究所編，《経済団体連合会三十年史》。東京：社団法人経済団体連合会，1978。

高承恕，《頭家娘：臺灣中小企業「頭家娘」的經濟活動與社會意義》。臺北：聯經出版公司，1999。

高禩瑾編，《中國機械工程學會臺灣分會特刊：臺灣機械工業》。臺北：中國機械工程學會臺灣分會，1948。

国分良成、添谷秀芳、高原明生、川島真，《日中関係史》。東京：有斐閣，2013。

張炎憲、李筱峰、莊永明編，《臺灣近代名人誌（第三冊）》。臺北：自立晚報，1987。

張國安，《歷練：張國安自傳》。臺北：天下文化出版股份有限公司，1987。

張興民，《從復員救濟到內戰軍運：戰後中國變局下的民航空運隊（1946-1949）》。臺北：國史館，2013。

張駿，《創造財經奇蹟的人》。臺北：傳記文學雜誌社，1987。

許珩，《戰後日華経済外交史 1950-1978》。東京：東京大学出版会，2019。

許雪姬、黃子寧、林丁國訪問，藍瑩如、林丁國、黃子寧、鄭鳳凰、許雪姬、張英明記錄，《日治時期臺灣人在滿洲國的生活經驗》。臺北：中央研究院臺灣史研究所，2014。

許雪姬訪問，《民營唐榮公司相關人物訪問記錄（1940-1962）》。臺北：中央研究院近代史研究所，1993。

許雪姬訪問，官曼莉、林世青、蔡說麗紀錄，《民營唐榮公司相關人物訪問記錄（1940-1962）》。臺北：中央研究院近代史研究所，1993。

許雪姬編，林獻堂著，《灌園先生日記（廿二）：1950 年》。臺北：中央研究院臺灣史研究所，2012。

許燦煌，《鴻爪屐印》。臺北：自行出版，1994。

郭岱君，《臺灣經濟轉型的故事：從計劃經濟到市場經濟》。臺北：聯經出版事業股份有限公司，2015。

陳介玄，《臺灣產業的社會學研究：轉型中的中小企業》。臺北：聯經出版事業股份有限公司，1998。

陳先輝編，《自由中國工業要覽》。臺北：亞洲經濟出版社，1955。

陳冠任，《萌動、遞嬗與突破：中華民國漁權發展史（1912-1982）》。臺北：政治大學歷史學系，2013。

陳政宏，《造船風雲 88 年：從臺船到中船的故事》。臺北：行政院文化建設委員會，2005。

陳家豪，《近代臺灣人資本與企業經營：以交通業為探討中心（1895-1954）》。臺北：政大出版社，2018。

陳善鳴，《臺灣石油化學工業上、中、下游發展配合問題之研討》。臺北市：行政院經濟設計委員會，1977。

陳鳴鍾、陳興唐，《臺灣光復和光復後五年省情》。南京：南京出版社，1989。

堀和生編，《東アジア資本主義史論〈1〉形成 ‧ 構造 ‧ 展開》。京都：ミネルヴァ書房，2009。

馮宗道，《楓竹山居憶往錄》。自行出版，2000。

黃俊傑，《戰後臺灣的轉型及其展望》。臺北：正中書局，1995。

黃烈火口述，賴清波記錄整理，《學習與成長：和泰味全企業集團創辦人黃烈火的奮鬥史》。臺北：財團法人黃烈火福利基金會，2006。

黃進興，《吳火獅先生口述傳記：半世紀的奮鬥》。臺北：允晨文化實業股份

　　有限公司，1990。

經濟日報編，《中華民國主要企業：中華民國 60 年》。臺北：經濟日報社，
　　1971。

経済企画庁，《昭和 32 年度経済白書：速すぎた拡大とその反省》。東京：株
　　式会社至誠堂，1957。

義容集團編輯小組，《臺灣前輩企業家：何義傳略》。臺北：允晨文化實業公司，
　　2003。

葉萬安，《二十年來之臺灣經濟》。臺北：臺灣銀行，1967。

廖慶洲編，《臺灣食品界的拓荒者：謝成源》。臺北：金閣企管顧問股份有限
　　公司，2004。

廖鴻綺，《貿易與政治：臺日間的貿易外交（1950-1961）》。臺北：稻鄉出版社，
　　2005。

熊國清，《證券市場論》。臺北：世界書局，1955。

聞懷德，《臺灣名人傳》。臺北：商業新聞社，1956。

臺灣三井物產股份有限公司編，《臺灣に於ける三井物產の百年步み》。臺北：
　　臺灣三井物產股份有限公司，1996。

臺灣土地銀行，《臺灣土地銀行卅五年》。臺北：臺灣土地銀行，1981。

臺灣工礦公司編，《工礦公司最近四年概況》。臺北：臺灣工礦公司，1953。

臺灣工礦公司編，《臺灣工礦股份有限公司創立實錄》。臺北：臺灣工礦股份
　　有限公司，1947。

臺灣省行政長官公署工礦處，《臺灣一年來之工業》。臺北：臺灣省行政長官
　　公署宣傳委員會，1946。

臺灣省行政長官公署宣傳委員會，《臺灣省行政工作概覽》。臺北：臺灣省行
　　政長官公署宣傳委員會，1946。

臺灣省政府，《臺灣省政府施政報告（1947 年 6 月）》。臺北：臺灣省政府，
　　1947 年 6 月。

臺灣省政府建設廳，《臺灣建設行政概況》。臺北：臺灣省政府建設廳，
　　1947。

臺灣省政府統計處，《中華民國三十五年度 臺灣省行政紀要〈國民政府年鑑臺

灣省行政部分〉》。臺北：臺灣省政府統計處，1947。

臺灣證券交易所股份有限公司編，《臺灣證券輯要：五十一年度》。臺北：臺灣證券交易所股份有限公司，1963。

與那原惠著、辛如意譯，《到美麗島》。臺北：聯經出版事業股份有限公司，2014。

趙既昌，《美援的運用》。臺北：聯經出版事業公司，1985。

遠東紡織關係企業遷臺 30 週年紀念特刊編印小組，《遠東紡織關係企業遷臺 30 週年紀念》。臺北：遠東紡織關係企業遷臺 30 週年紀念特刊編印小組，1979。

劉益昌、林祝菁，《林挺生傳》。臺北：商訊文化事業股份有限公司。

劉淑靚，《臺日蕉貿網絡與臺灣的經濟菁英（1945-1971）》。臺北：稻鄉出版社，2001。

劉進慶著，王宏仁、林繼文、李明峻譯，《臺灣戰後經濟分析》。臺北：人間出版社，1992。

劉鳳翰、王正華、程玉凰訪問，王正華、程玉凰，《韋永寧訪談錄》。臺北：國史館，1994。

鄭建星編，《臺灣商業名錄》。臺北：國功出版社，1948。

鄭秋霜，《大家的國際牌：洪健全的事業志業》。臺北：臺灣電化商品股份有限公司，2006。

興南新聞社編，《臺灣人士鑑》。臺北：興南新聞社，1943。

薛化元、張怡敏、陳家豪、許志成，《臺灣石化業發展史》。臺北：財團法人現代財經基金會，2017。

薛毅，《國民政府資源委員會研究》。北京：社會科學文獻出版社，2002。

謝國興，《臺南幫：一個本土企業集團的興起》。臺北：遠流出版事業股份有限公司，1999。

謝敬智，《功學與我》。東京：福村産産業株式会社，1985。

瞿宛文，《臺灣戰後經濟發展的源起：後進發展的為何與如何》。臺北：中央研究院、聯經出版事業股份有限公司，2017。

関西ペイント株式会社社史編纂委員会，《関西ペイントの六十年あゆみ》。

大阪：関西ペイント株式会社，1979。

嚴演存，《早年之臺灣》。臺北：時報文化出版企業有限公司，1989。

籠谷直人，《アジア國際通商秩序と近代日本》。名古屋：名古屋大学出版会，2000。

Frank, Ander Gunder, *Latin America: Underdevelopment or Revolution*. New York: Month Review Press, 1970.

Galenson, Walter, ed.（1979），*Economic Growth and Structural Change in Taiwan：the Postwar Experience of the Republic of China. London*：Cornell University Press.

Siu-lum Wong, *Emigrant Enterpreneur: Shanghai Industrialist in Hong Kong*. New York：Oxford University Press, 1988.

三、期刊論文

〈「わが生がいの最良の年」に再起「在京組」の噂話〉，《全國引揚者新聞》7（1949 年 1 月 1 日），第 4 版。

〈バナナの香りもほのかに待望の日台貿易：台湾からバイヤー迎へて〉，《全國引揚者新聞》1（1948 年 9 月 1 日），第 2 版。

〈中日和平條約全文〉，《日本研究》3：1（1952）。

〈中日鯖釣漁業技術試驗合作經過〉，《經濟參考資料》71（1953 年 11 月 20 日），頁 1-4。

〈在日省人の顔(3)：謝成源氏〉，《日台通信》19（1952 年 4 月 20 日），第 4 版。

〈股市寵兒工業驕子：臺灣塑膠公司鼓勵獨厚〉，《投資與企業》121（1965 年 3 月 5 日），頁 6-7。

〈臺灣證券交易揭開新頁〉，《投資與企業》2（1962 年 2 月），頁 1-2。

〈證券交易所的成立經過〉，《投資與企業》2（1962 年 2 月），頁 9-10。

《大同公司慶祝創業 53 週年紀念特刊》（1971 年 11 月 11 日），第 8 版。

大石惠，〈台湾における外資航空会社の存俗問題：外国人投資條例（1954 年）の施行をめぐって〉，《産業研究（高崎経済大学付属産業研究所紀要）》46：2（2011 年 3 月），頁 39-48。

大石惠，〈冷戰期台湾の民間航空市場をめぐる米華関係〉，《産業研究（高崎経済大学付属産業研究所紀要）》47：2（2012 年 3 月），頁 31-39。

大同鋼鐵機械股份有限公司，〈大同製鋼機械股份有限公司概況〉，《大同彙集》39：6（1957 年 11 月），頁 19-22。

中美技術合作研究會編，《中美技術合作研究會會務通訊》17：6（1971 年 11、12 月），頁 3。

中美技術合作研究會編，《中美技術合作研究會會務通訊》5：12（1959 年 12 月），頁 11。

中美技術合作研究會編，《中美技術合作研究會會務通訊》6：8-9（1960 年 8、9 月），頁 5。

中美技術合作研究會編，《中美技術合作研究會會務通訊》8：3-4（1962 年 3、4 月），頁 10-11、21。

中美技術合作研究會編，《中美技術合作研究會會務通訊》8：5-6（1962 年 5、6 月），頁 13。

中美技術合作研究會編，《中美技術合作研究會會務通訊》7：6-7（1961 年 6、7 月），頁 8。

中國機械工程學會臺灣分會，〈唐榮鐵工廠概況〉，收於高禩瑾編，《中國機械工程學會臺灣分會特刊：臺灣機械工業》，頁 79。臺北：中國機械工程學會臺灣分會，1948。

日本糖業聯合會，〈支那糖業事情（一）〉，臺灣糖業聯合會會報，《糖業》26：3（1939）。

加島潤，〈戰後上海棉布の生產・流通と台湾〉，收於加島潤、木越義則、洪紹洋、湊照宏等編，《中華民国経済と台湾》。東京：東京大学社会科学研究所，2012。

古谷健彦，〈昭和 30 年頃の第一物産〉，收於臺灣三井物產股份有限公司編，《臺灣に於ける三井物產の百年步み》，頁 76-77。臺北：臺灣三井物產股份有限公司，1996。

本報記者，〈臺灣日光燈股份有限公司訪問記〉，《日本評論》創刊號（1956 年 3 月 20 日），頁 25-27。

田島俊雄，〈中国・台湾の産業発展と旧日系化学工業〉，《中国研究月報》59：9（2005 年 9 月），頁 1-22。

朱雲鵬，〈經濟自由化政策之探討〉，收於施建生編，《1980 年代以來臺灣經濟發展經驗》，頁 133-170。臺北：中華經濟研究院，1999。

羽文，〈論工礦公司的改組〉，《臺灣經濟月刊》4：3（1950 年 10 月 15 日），頁 3-4。

作者不詳，〈四大公司如何移轉民營〉，《經濟參考資料》98（1955 年 2 月 28 日），頁 3。

作者不詳，〈臺灣證券商之管理〉，《經濟參考資料》107（1955 年 8 月 31 日），頁 6。

吳淑鳳，〈抗戰勝利前後國民政府處置日本態度的轉變〉，《國史館館刊》38（2013 年 12 月），頁 43-65。

吳聰敏，〈1945-1950 年國民政府對臺灣的經濟政策〉，《經濟論文叢刊》25：4（1997 年 12 月），頁 521-554。

吳聰敏，〈美援與臺灣的經濟發展〉，《臺灣社會研究季刊》1（1988 年 2 月），頁 145-158。

呂士炎，〈臺灣化學製藥工業公司及其主持人：杜聰明博士〉。《臺灣經濟月刊》1：5（1948 年 9 月 1 日），頁 23-35。

李益銘，〈臺灣之肥皂工業〉，臺灣銀行經濟研究室編，《臺灣之工業論集：卷 2》，頁 153-154、158-161。臺北：臺灣銀行，1958。

周國雄，〈臺灣之味精工業〉，臺灣銀行經濟研究室編，《臺灣之工業論叢：卷 3》，頁 127-129。臺北：臺灣銀行經濟研究室，1965。

林本原，〈日本與戰後臺灣公營航運建設（1945-1957）〉，《國史館館刊》35（2013 年 3 月），頁 39-80。

林立鑫，〈臺灣私營工礦企業資本結構之研究〉，《臺灣銀行季刊》14：4（1963 年 12 月），頁 1-18。

林滿紅，〈政權移轉與精英絕續：臺灣對日貿易中的政商合作（1950-1961）〉，收於李培德編，《大過渡：時代變局中的中國商人》，頁 100-101。香港：商務印書館（香港）有限公司，2013。

林滿紅，〈台湾の対日貿易における政府と商人の関係（1950-1961 年）〉，《アジア文化交流研究》4（2009 年 3 月），頁 509-533。

林蘭芳，〈日治時期產業組合與臺灣農村〉，收於李力庸等編，《新眼光：臺

灣史研究面面觀》。臺北：稻鄉出版社，2013。

林蘭芳，〈戰後初期資源委員會對臺電之接收〈1945-1952〉：以技術與人才為中心〉，《中央研究院近代史研究所集刊》79（2013 年 3 月），頁 87-135。

金子文夫，〈資本輸出の展開〉，收於原朗編，《高度成長始動期の日本経済》，頁 375。東京：日本経済評論社，2010。

金子文夫，〈對アジア政策の積極化と資本輸出〉，收於原朗編，《高度成長展開期の日本経済》，頁 341-342。東京：日本経済評論社，2012。

洪紹洋，〈1950 年代美援與小型民營工業貸款與匯率制度之變革：以中央政府與臺灣省議會之折衝為中心〉，《臺灣文獻》61：3（2010 年 9 月），頁 333-360。

洪紹洋，〈中日合作策進會對臺灣經建計劃之促進與發展〈1957-1972〉〉，《臺灣文獻》63：3（2012 年 9 月），頁 88-124。

洪紹洋，〈日治時期臺灣機械業發展之初探：以臺灣鐵工所為例〉，收於中央圖書館臺灣分館編，《臺灣學研究國際研討會：殖民與近代化論文集》。臺北：國立中央圖書館臺灣分館，2012。

洪紹洋，〈外資、商業網絡與產業成長：論出口擴張期臺灣的日資動向〉，《臺灣史研究》26：4（2019 年 12 月），頁 107-108。

洪紹洋，〈臺灣基層金融體制的型構：從臺灣產業組合聯合會到合作金庫（1942-1949）〉，《臺灣史研究》20：4〈2013 年 12 月〉，頁 99-134。

洪紹洋，〈臺灣進口替代的摸索與困境：以 1950 年代自行車產業為例〉，《國史館館刊》66（2020 年 12 月），頁 205-247。

洪紹洋，〈戰後臺灣工業發展之個案研究：以 1950 年代以後的臺灣機械公司為例〉，收於田島俊雄、朱蔭貴、加島潤、松村史穗編，《海峽兩岸近現代經濟研究》，頁 121-127。東京：東京大學社會科學研究所，2011。

洪紹洋，〈戰後臺灣機械公司的接收與早期發展〈1945-1953〉〉，《臺灣史研究》17：3〈2010 年 9 月〉，頁 151-182。

洪紹洋，〈戰時體制下臺灣機械工業的發展與限制〉，收於國史館臺灣文獻館編，《第六屆臺灣總督府檔案學術研討會論文集》，頁 31-56。南投：國史館臺灣文獻館，2011。

洪紹洋，〈嚴家淦與戰後臺灣財政金融體系〉，收於吳淑鳳、陳中禹編，《轉

型關鍵：嚴家淦先生與戰後臺灣經濟發展》，頁 211-238。臺北：國史館，
2014。

洪紹洋，〈国家と石油開発政策：1950-1970 年台湾における中国石油公司を例
に〉，收於堀和生、萩原充編，《世界の工場への道》，頁 373-399。京都：
京都大學出版會，2019。

徐世榮、廖麗敏、萬曉瞳，〈戰後耕者有其田政策對「地主」衝擊的再檢討〉，
收於國史館編，《轉型關鍵：嚴家淦先生與臺灣經濟發展》，頁 37-67。臺
北：國史館，2014。

徐世榮、蕭新煌，〈臺灣土地改革再審視：一個「內因說」的嘗試〉，《臺灣
史研究》8：1（2001 年 6 月），頁 89-123。

徐世榮、蕭新煌，〈戰後初期臺灣業佃關係之探討：兼論耕者有其田政策〉，《臺
灣史研究》10：2（2003 年 12 月），頁 35-66。

徐永聖，〈臺灣之製藥工業〉，臺灣銀行經濟研究室編，《臺灣之工業論叢：
卷 3》，頁 96-109。臺北：臺灣銀行經濟研究室，1965。

高橋亀吉，〈現地で見た台湾経済事情と問題点〉，《経済倶楽部講演（第 91
集）》，頁 21-22。東京：東洋経済新報社，1956 年 10 月 20 日。

莊福，〈臺灣證券交易小史〉，《投資與企業》4（1962 年 4 月），頁 6-8

莊濠賓，〈從產業緣故關係論臺灣農林公司的分廠分售（1946-1954）〉，收於
李福鐘、若林正丈、川島真、洪郁如編，《臺灣與東亞近代青年學者研究
論集：第 2 輯》，頁 245-289。臺北：稻鄉出版社，2018。

許雪姬，〈1937-1947 年在上海的臺灣人〉，《臺灣學研究》13（2012 年 6 月），
頁 1-32。

許雪姬，〈唐傳宗與鼎盛時期的唐榮鐵工廠（1956-1960）〉，《思與言》33：2
（1995 年 6 月），頁 75-80。

許雪姬，〈唐榮鐵工場之研究（1940-1945）〉，收於黃俊傑編，《高雄歷史與
文化論集（第 2 輯）》，頁 155-199。高雄：陳中和文教基金會，1995。

許雪姬，〈戰後臺灣民營鋼鐵業的發展與限制（1945-1960）〉，收於陳永發編，
《兩岸分途：冷戰初期的政經發展》，頁 293-337。臺北：中央研究院近代
史研究所，2006。

許瓊丰，〈在日臺灣人與戰後日本神戶華僑社會的變遷〉，《臺灣史研究》
18：2（2011 年 6 月），頁 147-195。

陳文忠，〈中日合作工廠的現狀：中國化學製藥廠專訪紀〉，《中國與日本》4（1957），頁 20-23。

陳翠蓮，〈戰後臺灣菁英的憧憬與頓挫：延平學院創立始末〉，《臺灣史研究》13：2（2006 年 12 月），頁 123-167。

富澤芳亞，〈在華紡技術の中国へ移転〉，收於富澤芳亞、久保亨、萩原充編，《近代中國を生きた日系企業》。大阪：大阪大学出版会，2011。

馮宗道，〈中油人在泰國〉，中油人回憶文集編輯委員會，《中油人回憶文集（第二集）》，頁 113-114。臺北：中油人回憶文集編輯委員會，2006。

黃紹恆，〈日治初期三井物產在臺商業買賣之展開〉，收於許雪姬編，《臺灣歷史的多元傳承與鑲嵌》，頁 166-210。臺北：中央研究院臺灣史研究所，2014。

楊基銓，〈臺灣漁業之振興〉，收於徐慶鐘先生周甲紀念籌備會，《徐慶鐘先生周甲紀念論文集》，頁 272。臺北：徐慶鐘先生周甲紀念籌備會，1967。

楊翠華，〈美援技術協助：戰後臺灣工業化開端的一個側面〉，收於陳永發編，《兩岸分途：冷戰初期的政經發展》，頁 268-283。臺北：中央研究院近代史研究所檔案館，2006。

鹿島平和研究所編，《日本外交史第 30 卷：講和後外交（Ⅱ）經済（上）》，頁 133-146。東京：鹿島研究所出版会會，1972。

蔣靜一，〈臺灣之鋼鐵工業〉，臺灣銀行經濟研究室編，《臺灣之工業論集：卷 2》，頁 1-13。臺北：編者，1958。

盧承宗，〈企業經營分析：臺灣工礦股份有限公司（一）〉，《投資與企業》99（1964 年 7 月 15 日），頁 14。

盧承宗，〈企業經營分析：臺灣工礦股份有限公司（二）〉，《投資與企業》100（1964 年 7 月 25 日），頁 13。

錢昆，〈十年來中美技術訓練之回顧〉，《中美技術季刊》9：4（1964 年 12 月），頁 29-30。

薛月順，〈陳儀主政下「臺灣省貿易局」的興衰〉，《國史館學術集刊》6（2005 年 9 月），頁 193-223。

薛琦、胡仲英，〈民營化政策的回顧與展望〉，收於周添城編，《臺灣民營化的經驗》，頁 4-16。臺北：中華徵信所，1999。

謝芳怡，〈戰後臺灣「非獨占」公營企業的經營分析：以臺灣省農工企業公司為例（1957-2000 年）〉，頁 18-20。國立政治大學經濟研究所碩士論文，2007。

謝國興，〈1940 年代的興南客運：日治後期到戰後初期的轉折〉，《臺南文獻》創刊號（2012 年 7 月），頁 55-80。

謝國興，〈1949 年前後來臺的上海商人〉，《臺灣史研究》15：1（2008 年 3 月），頁 131-172。

謝國興，〈雙元繼承與合軌：從產業經營看一九三○一一九五○年代的臺灣經濟〉，收於財團法人臺灣研究基金會策劃，《三代臺灣人：百年追求的現實與理想》，頁 343–377。新北：遠足文化事業有限公司，2017。

鍾淑敏，〈臺灣總督府的「南支南洋」政策：以事業補助為中心〉，《臺大歷史學報》34（2004 年 12 月），頁 149-194。

鍾淑敏，〈戰後日本臺灣協會的重建〉，收於許雪姬編，《臺灣歷史的多元傳承與鑲嵌》。臺北：中央研究院臺灣史研究所，2015。

瞿宛文，〈自由化與企業集團化的趨勢〉，《臺灣社會研究季刊》44（2002 年 9 月），頁 13-47。

瞿宛文，〈重看臺灣棉紡織業早期的發展〉，《新史學》19：1（2008 年 3 月），頁 167-227。

瞿宛文，〈臺灣戰後工業化是殖民時期的延續嗎？：兼論戰後第一代企業家的起源〉，《臺灣史研究》17：2（2010 年 6 月），頁 39-84。

瞿宛文，〈臺灣戰後農村土地改革的前因後果〉，《台灣社會研究季刊》98（2015 年 3 月），頁 11-68。

瞿宛文，2008，〈重看臺灣棉紡織業早期的發展〉，《新史學》19：1，頁 167-227。

Gerald M. Meier, "The Old Generation of Development Economits and the New," Gerald M. Meier & Joseph E. Stiglitz editors, *Frotiers od Development Economics:the future in perspective*, pp.14-15. New York: Oxford University Press, 2000.

Wei-chen Lee, I-min CHANG, "US Aid and Taiwan." *Asian Review of World Historians* 2(1)：48-80.

國家圖書館出版品預行編目(CIP)資料

商人、企業與外資：戰後臺灣經濟史考察/洪紹洋作. -- 初版. -- 新北市：左岸文化出版：遠足文
化事業股份有限公司發行, 2021.12
　面；　公分
ISBN 978-626-95354-7-7(平裝)

1.臺灣經濟 2.經濟史

552.339　　　　　　　　　　　　　　　　　　　　　　　　　　　110021328

特別聲明：
有關本書中的言論內容，不代表本公司／出版集團的立場及意見，由筆者自行承擔文責

 遠足文化　　 讀者回函

商人、企業與外資：戰後臺灣經濟史考察（1945-1960）

作者・洪紹洋｜責任編輯・龍傑娣｜校對・李愛芳｜美術設計・林宜賢｜出版・左岸文化
第二編輯部｜社長・郭重興｜總編輯・龍傑娣｜發行人・曾大福｜發行・遠足文化事業股
份有限公司｜電話・02-22181417｜傳真・02-22188057｜客服專線・0800-221-029｜E-Mail・
service@bookrep.com.tw｜官方網站・http://www.bookrep.com.tw｜法律顧問・華洋國際專利商標事
務所・蘇文生律師｜印刷・凱林彩印股份有限公司｜初版・2021年12月｜初版2刷・2023年1月
｜定價・300元｜ISBN・978-626-95354-7-7｜版權所有・翻印必究｜本書如有缺頁、破損、裝訂
錯誤，請寄回更換